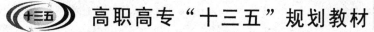

高职高专"十三五"规划教材

新编税法教程

主　编　唐月成　李　猜
副主编　欧阳惠　古怡源　钟海平

微信扫描
获取课件等资源

南京大学出版社

内容提要

《新编税法教程》是根据财税、会计等财经类专业人才培养方案和教学要求及特点编写,共分十个项目,主要内容包括税收基本知识、增值税、消费税、关税、企业所得税、个人所得税、财产税制、行为税制、资源税制和综合纳税模拟实训等。每个项目分成若干个任务进行讲解与训练,比较系统地介绍了目前我国税法中常见税种的基本法律知识和操作实务,并在每章最后一个项目中以综合案例的方式进行纳税模拟,使读者可以从全局上了解企业纳税工作的整体流程,培养读者应用税法的思维习惯,加强读者财会职业能力的养成。因近年税法变更频繁,所以本书更新和补充了最新的税法要点,同时从企业财税实践中常见的税收案例入手,引出需要讲述的知识内容,让读者有一个由浅入深的认识过程,具有很强的可读性和实用性。

《新编税法教程》适合高职高专院校财经类相关专业学生用作教材,也可作为成人高等教育、自学考试教材,同时可供从事税务工作的企事业单位人员阅读参考。

图书在版编目(CIP)数据

新编税法教程 / 唐月成,李猜主编. 一 南京:南

京大学出版社,2018.5

高职高专"十三五"规划教材. 财会专业

ISBN 978 - 7 - 305 - 20260 - 5

Ⅰ.①新… Ⅱ.①唐… ②李… Ⅲ.①税法-中国-

高等职业教育-教材 Ⅳ.①D922.22

中国版本图书馆 CIP 数据核字(2018)第 109926 号

出版发行 南京大学出版社
社　　址 南京市汉口路 22 号　　　邮　　编　210093
出 版 人 金鑫荣
书　　名 新编税法教程
主　　编 唐月成 李　猜
责任编辑 陈家霞 蔡文彬　　　　编辑热线 025-83592123
照　　排 南京理工大学资产经营有限公司
印　　刷 南京大众新科技印刷有限公司
开　　本 787×1092 1/16　印张 16　字数 399 千
版　　次 2018 年 5 月第 1 版　2018 年 5 月第 1 次印刷
ISBN 978-7-305-20260-5
定　　价 39.80 元

网　　址:http://www.njupco.com
官方微博:http://weibo.com/njupco
官方微信号:njuyuexue
销售咨询热线:(025)83594756

前　言

税收是国家财政收入的基本形式和主要来源,也是国家调节经济的重要杠杆。随着我国市场经济的深入发展,税收开始在不同的层面影响着企业和个人的经济生活,社会相关人员对了解税收知识与税收法律的渴望程度也越来越强烈。因此,拓宽税收人才的培养层面,普及税收法律知识,就显得特别重要。

次贷金融危机后,我国社会经济层面发生了深刻的变化。在全国经济发展放缓,进入新常态阶段,在供给侧结构性矛盾突出,实体经济发展乏力的形势下,我国税收制度改革取得了突破性的进展。"两税合一"后,我国企业所得税正式立法;历时4年的梳理,"营改增"取得了实质性的成果,成功完成了增值税的扩围行动;而目前,个人所得税、房产税、土地增值税等税收制度的改革也已逐渐提上议程。在新的经济形势下,我国税收法律制度正面临着系统性的调整和变革。

经过编者的精心安排,本教材主要突出以下特色:

(1) 结构丰富。为了增强读者的阅读兴趣和学习便利,本教程在结构安排上较为丰富,教程的每个项目都安排有引入案例、知识链接、任务训练、项目小结、案例解谜等栏目,为了开拓读者视野,教程内容中还以"知识卡片""学习提示"等形式穿插一些税收小知识。

(2) 内容新颖。本教程依据我国目前最新的税收法律法规和税收政策进行编写,克服了同类教材滞后于税收法律法规变更调整的现象。

(3) 实用性强。本教程对税法里的重要原理和知识点都有较详细的解读,并且附有充足的案例及解析,可以从不同角度认识和理解相关的税法要点。

(4) 通俗易懂。本书的内容结构依据学生的学习思维习惯进行安排,符合由浅入深的认识过程。

(5) 知识面宽。特别是本书最后一个项目的综合模拟纳税实训,既综合、灵活地介绍了税收实体法的内容,也增加了对办税业务流程的阐述,同时有涉税会计与纳税申报的实务应用。

鉴于以上特点,本书不仅可作为各类高职高专院校财经专业学生的教材,也可作为各类自考人员和社会财会人员的参考读本。

为适应我国经济发展变化对财税人员培养的需求,本书编者在广东省税务管理部门领导和财税实际工作者的大力支持下,根据近年税法变动及教学需要,由唐月成老师提供本教材所需的主要素材,组织广东创新科技职业学院财经学院的专业教师李猜、欧阳惠、古怡源等进行编撰,具体编撰情况如下:

唐月成负责编撰项目五和项目十;李猜负责编撰项目二;欧阳惠负责编撰项目一和项目三;古怡源负责编撰项目四和项目六至项目九。全书由唐月成和李猜负责修改并总撰定稿。

　　本书的编撰工作得到了广东创新科技职业学院董事长方植宁先生、学校副校长朱敏女士和财经学院院长黄正瑞教授等有关领导及老师的关心和支持,得到了广东省国家税务局领导和广东省地税系统的税务工作者,以及东莞市维斗科技股份有限公司财务总监钟海平先生的指导,同时,他们对本书的编撰工作提出了宝贵的意见及建议,在此表示衷心的感谢。

　　本书是广东创新科技职业学院的校企共建教材,但由于我们的能力和水平有限,教材中的不足或错漏之处在所难免,恳请各位领导、专家和同行批评指正,使其日臻完善。

编　者

2018 年 3 月

目 录

项目一　税法的基本知识

能力目标

- ◆ 会利用税收基本知识解释相关的涉税经济现象
- ◆ 能够对我国税法有较系统的认识

知识目标

- ◆ 认识税法与税收的基本概念
- ◆ 掌握税法的七要素
- ◆ 了解税务登记与税款征收

知识结构

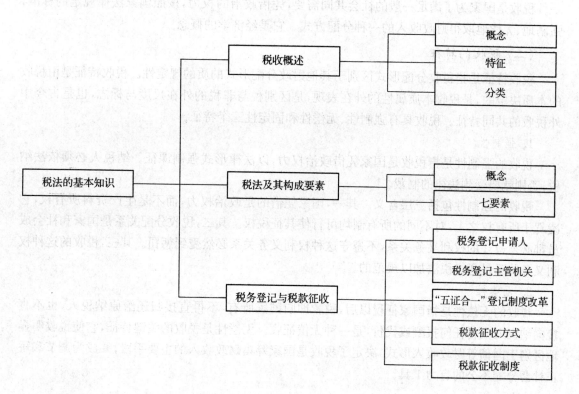

引入案例

西方人曰："只有死亡和税收是不可避免的"。过去,我们对这种说法难以理解,认为税收距离自己是相当遥远的事。然而,随着我国农业税的取消、企业所得税改革、营业税改征增值税、个人所得税改革、房产税改革等各种涉税事件的频频出现,人们越来越感觉到,税收已渗透到我们经济生活的各个角落,我们的衣、食、住、行、娱乐、经济发展等等无不与税收有极密切的关系。

案例思考:

我们为什么要向国家缴税呢?

注:本书各项目中引入案例的分析提示参见每个项目后的案例解谜。

知识链接

任务一　税收概述

一、税收的概念与特征

(一)税收的概念

税收是国家为了满足一般的社会共同需要,凭借政治的权力,按照国家法律规定的标准,强制地、无偿地取得财政收入的一种分配方式。它是经济学的概念。

(二)税收的特征

税收特征是指税收分配形式区别于其他财政分配形式的质的规定性。税收特征是由税收的本质决定的,是税收本质属性的外在表现,是区别税与非税的外在尺度与标志,也是古今中外税收的共同特征。税收具有强制性、无偿性和固定性三个特征。

1. 强制性

税收的强制性是指税收是国家凭借政治权力,以法律形式强制课征。纳税人必须依法纳税,否则就要受到法律的制裁。

税收的强制性包括三层含义。其一,国家凭借的是政治权力,而不是生产资料所有权,它凌驾于所有权之上,对不同的所有制均可行使其征税权。其二,税收分配关系是国家和社会成员都必须遵守的权利义务关系,不遵守这种权利义务关系必然受到惩罚。其三,税收的这种权利义务关系是通过税法加以规范的。

2. 无偿性

税收的无偿性是指国家征税以后,税款即归国家所有,不再直接归还给原纳税人,也不直接向纳税人支付任何报酬或代价,是一种无偿征收。无偿性是税收的关键特征,它使税收明显地区别于国债等财政收入形式,决定了税收是国家筹集财政收入的主要手段,并成为调节和矫正社会分配不公的有力工具。

3. 固定性

税收的固定性是指税收是国家预先通过法律形式规定征税对象、纳税人和征税标准等税制要素,征、纳双方都必须共同遵守,不能随意变动。税收的固定性对国家和纳税人都具有十分重要的意义:对于国家来说,可以保证财政收入的及时、稳定和可靠性,可以防止国家不顾客观经济条件和纳税人的负担能力,滥用征税权力;对于纳税人来说,可以保护其合法权益不受到侵犯,增强其依法纳税的法律意识,同时也有利于纳税人通过税收筹划选择合理的经营规模、经营方式和经营结构等,降低经营成本。

税收的三个特征是统一的整体,其中,无偿性是核心,强制性是保障,固定性是对强制性和无偿性的一种规范和约束。

二、税收的分类

税收分类是指按照一定标准,对各个不同税种所进行的归类和综合。进行税收分类有利于税收理论分析,并为有效地制定和实施税收政策提供依据。

(一)按征税对象的性质分类

按征税对象的性质分类,税收可以分为流转税类、所得税类、资源税类、财产税类和行为税类。

1. 流转税类

流转税类是指以商品或劳务的流转额为征税对象的一类税。其特点是与商品生产、流通、消费有着密切的联系,不受成本费用的影响,收入稳定,有利于国家发挥对经济的宏观调控作用,如增值税、消费税、关税等。

2. 所得税类

所得税类是指以纳税人的所得额为征税对象的一类税。其特点是可以直接调节纳税人的收入水平,发挥税收公平税负和调整分配关系的作用,如企业所得税、个人所得税等。

3. 资源税类

资源税类是指对开发和利用的自然资源征收的一类税。其特点是能够避免资源浪费,促进国家自然资源的合理利用,提高资源利用效率,还能够调节因自然资源和客观原因所形成的级差收入,如资源税、城镇土地使用税和耕地占用税等。

4. 财产税类

财产税类是指对纳税人所拥有或控制的财产征收的一类税。其特点是指能够避免财产闲置浪费,促进财产的节约和合理利用,如房产税、车船税、契税等。

5. 行为税类

行为税类是指以纳税人的某种特定行为作为征税对象的一类税。其特点是可选择面较大,课税对象单一,设置和废止相对灵活,可以因时、因地制宜制定具体征管方法,如印花税等。

(二)按税负能否转嫁分类

按税负能否转嫁分类,税收可以分为直接税和间接税。

1. 直接税

直接税是指纳税义务人同时是税收的实际负担人,纳税人不能或不便于把税收负担转嫁给别人的税种。属于直接税的这类纳税人,不仅在表面上有纳税义务,而且实际上也是税收承担者,即纳税人与赋税人一致。目前,在世界各国税法理论中,多以各种所得税、房产税等税种为直接税。

2. 间接税

间接税是指纳税义务人不是税收的实际负担人,纳税义务人能够用提高价格或提高收费标准等方法把税收负担转嫁给别人的税种。属于间接税税收的纳税人,虽然表面上负有纳税义务,但是实际上已将自己的税款加于所销售商品的价格上由消费者负担或用其他方式转嫁给别人,即纳税人与赋税人不一致。目前,世界各国多以关税、消费税、增值税等税种为间接税。

(三)按税收征收权限和收入支配权限分类。

按照税收的征收权限和收入支配权限分类,税收可以划分为中央税、地方税和中央地方共享税。

1. 中央税

中央税是指由中央立法、收入划归中央并由中央政府征收管理的税收。属于中央税的有关税、消费税、海关代征的增值税和消费税,以及各银行总行、各保险公司集中缴纳的所得税和城市维护建设税。

2. 地方税

地方税是指由中央统一立法或授权立法、收入划归地方并由地方负责征收管理的税收。属于地方税的税种包括个人所得税、房产税、车船使用税、契税、土地增值税等。

3. 中央地方共享税

中央地方共享税是指税收收入由中央和地方按比例或法定方式分享的税收。共享税包括以下几个方面:

① 增值税,税额的 75％划归中央政府,25％划归地方政府;

② 企业所得税,中央企业、地方银行、非银行金融机构缴纳的部分,铁道部、各银行总行、各保险公司集中缴纳的部分归中央政府,其余部分归地方政府;

③ 外商投资企业和外国企业所得税,外资银行缴纳的部分归中央政府,其余部分归地方政府;

④ 资源税,海洋石油资源税由中央、地方共享,其余资源税归地方;

⑤ 证券交易的印花税,中央分享 99％,地方分享 1％。

(四)按税收与价格的关系分类

按税收与价格的关系划分,税收可分为价内税和价外税。

价内税是指税金作为价格组成部分的一类税种,如我国现行的消费税。

价外税是指税金作为价格附加的一类税种,如我国现行的增值税。

(五)按计税依据的标准分类

税收按其计税依据的不同,可分为从价税和从量税。

从价税是以征税对象的价值量为标准计算征收的税收。税额的多少将随着价格的变动而相应增减。

从量税是以征税对象的重量、件数、容积、面积等为标准,采用固定税额征收的税收。

任务训练

一、单项选择题

1. 下列关于税收概念的表述中,正确的是( )。

A. 税收是国家为了满足政府的需要取得财政收入的一种特定的分配形式

B. 税收是国家凭借政治权力取得财政收入的一种特定的分配形式

C. 税收是强制、有偿性地取得财政收入的一种特定的分配形式

D. 税收是国家按照各地方实际需求取得财政收入的一种特定的分配形式

2. 下列各项中,不属于税收特征的是( )。

A. 法定性   B. 无偿性   C. 强制性   D. 固定性

3. 国家征税凭借的是( )。

A. 经济权利   B. 财产权利   C. 政治权力   D. 军事权力

4. 下列各项中,属于流转税的是( )。

A. 消费税   B. 房产税   C. 个人所得税   D. 契税

二、多项选择题

1. 下列各税种中,属于行为税的有( )。

A. 增值税   B. 屠宰税   C. 印花税   D. 企业所得税

2. 按税收管理和税款使用权限分类,税收可以分为( )。

A. 地方税   B. 中央地方共享税   C. 中央税   D. 临时税

任务二   税法及其构成要素

一、税法的概念

税法有广义和狭义的区分。广义的税法是指各种用以调整国家与纳税人之间在税收征纳方面的权利与义务关系的法律规范的总称。从立法层次上看,税法包括由国家最高权力机关即全国人民代表大会正式立法制定的税收法律,由国务院制定的税收法规或由省级人民代表大会制定的地方性税收法规,由有关政府部门制定的税收规章等组成。狭义的税法是指经过国家最高权力机关正式立法的税收法律,如《中华人民共和国税收征收管理法》《中华人民共和国个人所得税法》和《中华人民共和国企业所得税法》。

【思考题 1 - 1】 浅谈税收与税法的关系是什么?

二、税法的构成要素

税法的构成要素是指各种单行税法应当具备的基本要素的总称。它主要包括纳税人、征税对象、税率、纳税环节、纳税期限、税收优惠、违章处理等项目。无论什么税,都要规定由谁缴纳、对什么征、征多少,因此,纳税人、征税对象、税率就构成了税法的基本要素。

（一）纳税人

纳税人是指税法规定直接负有纳税义务的单位和个人，包括自然人和法人两种。税收制度里面的各个税种都有各自的纳税人。纳税人是税收实体法最基本的要素之一。

法人是指按照法律程序设立，具备必要的生产经营条件，实行独立经济核算并能独立承担经济责任和行使经济权利的单位。在我国，法人包括国有企业、集体企业、私营企业、中外合资经营企业和外资企业等。

自然人是指在法律上可以独立地享受民事权利并承担民事义务的公民个人，如从事工商营利的个人以及有应税收入和应税财产的个人。

要更好地理解纳税人的概念，还应该注意纳税人与赋税人、扣缴义务人、税务代理人、委托代征人之间的区别。

1. 纳税人与赋税人

赋税人一般是指税收的实际负担者。纳税人并不一定就是赋税人。在实际生活中，有的税收由纳税人自己负担，这时纳税人本身就是赋税人；有的税收虽然由纳税人缴纳，但实际却由别人负担，这时纳税人就不是赋税人了，这就是所谓的税负转嫁。由于税负转嫁的存在，纳税人和赋税人常常出现不一致的现象，故纳税人并不一定就等于赋税人。

2. 纳税人与扣缴义务人

现实生活中，到税务机关办理缴税事项的单位或个人并不一定就是纳税人，所以区分纳税人和扣缴义务人同样十分重要。一般情况下，各项税收是由纳税人自己直接申报缴纳或由税务机关直接征收，但为了能够有效控制税源，提高征管的效率，简化纳税手续，税法规定了税务机关扣缴义务人、税务代理人、委托代征人。

扣缴义务人是指税法规定负有代收代缴、代扣代缴义务的单位和个人，即在向纳税人支付款项时进行扣缴税款或向纳税人取得收入时代为收缴税款的单位和个人。例如，单位在发放员工工资时，一般是先把达到纳税标准的员工工资代税务机关扣下来并统一向税务机关缴纳，员工能够实际支配的往往就是税后工资。扣缴义务人必须要按税法规定履行扣缴义务，否则也要承担法律责任。

3. 税务代理人

税务代理人是指经有关部门批准，依照税法规定，在一定的代理权限内，以纳税人、扣缴义务人的名义代为办理各项税务事宜的单位或个人。如税务师事务所、会计师事务所或各种代理税务事项的机构等。

4. 委托代征人

委托代征人是指按照税法的规定，由税务机关指派、委托，代税务机关收缴税款的单位和个人。代征人一般要有税务机关发给的代征税款委托证书。例如，对于某些税源零散、征收困难的税种或地区，为了节约征收成本，税务机关可以在其职权范围内委托当地的工商部门、街道办事处、村委会等机构或个人代为征税。

（二）征税对象

征税对象是税法规定的征税的目的物，也称课税客体。

征税对象是一种税收区别于另一种税收的主要标志，主要解决对什么进行征税的问题，是税收制度的基本要素之一。国家为了筹集财政资金和调节经济的需要，可以根据客观的经济需要选择多种多样的征税对象。一般来说,可以选定作为征税对象的有商品、所得、收益、资源、财产和行为等。

与征税对象相关的概念如下:

1. 征税范围

征税范围也称为课税范围,是征税对象的具体界限,表明税收课征的广度。就某一具体税种而言,凡列入征税范围的都应该征税,未列入征税范围的则不该征税。如我国现行增值税的征税范围是动产货物的销售和加工、修理修配劳务,而不动产的销售则不属于增值税的征税范围。

2. 税目

税目即征税对象的具体项目,是对征税对象的分类和具体化,反映每一具体税种的征税范围和征税广度。一般来说,征税对象比较简单、明确的税种(如房产税)没有另行规定税目的必要性。但对征税对象比较复杂的税种,将征税对象具体划分为若干税目,有利于明确征税对象的界限,在税收征管过程中也便于操作。另外,通过规定税目,对具体的征税对象进行归类,便于针对不同的税目确定不同的税率,可以充分体现国家的经济政策和税收政策。例如,我国消费税的征税范围是应税消费品,但消费品的种类繁多,到底对什么样的消费品进行征税? 因此我国税法采用了列举的方法把应税的消费品分为了 15 大类,则这 15 大类的消费品就是我国税法规定的消费税的税目,而且根据各种消费品的具体特点规定了不同的税率,充分体现了国家的经济政策和税收政策。

确定税目通常采取两种方法,一种是列举法,即按商品或经营项目对征税对象进行分类列举,规定不同的税目,在必要时还可以在税目下划分若干细目,凡列举范围之内的必须征税,不在列举范围之内的则不征税;另一种是概括法,即按商品的大类或行业设计税目,其适用于征税对象品种繁多、不易划分的税种。以上两种方法,列举法界限明确,便于掌握,但税目过多,不便查找;概括法税目简单,查找方便,但税目过粗,界限不明。在实际运用时,可以根据具体情况来定,也可以将两种方法结合起来使用。

3. 计税依据

计税依据是计算应纳税额的根据,是征税对象在量上的表现,一般来说,无论用何种形式规定计税依据,都必须确定相应的计税单位。征税对象在量上的表现形式有以下两种:

(1) 价值量形式,如销售额、增值额、营业额等,通常以货币为计算单位,例如,元、美元等。

(2) 实物量形式,如重量、数量等,通常以自然量度为单位,例如,吨、升、千克、辆等。

(三) 税率

税率即税收征收的比例或额度,表明应纳税额与计税依据之间的比例关系,是国家税收课征深度或纳税人税收负担程度的外在表现。税率是税收制度的中心环节和核心要素,在其他要素确定的条件下,税率的高低直接关系到纳税人税收负担的轻重和国家税收收入的多少。所以,税率是计税的尺度,也是衡量税负轻重的主要标志。

税率可以用相对数来表示,也可以用绝对数来表示。其具体形式主要有比例税率、累进税率和定额税率等。

1. 比例税率

比例税率即对同一征税对象,不论其大小都规定相同征收比例的税率形式。实行比例税率征税,税收收入会随征税对象数额的增加而等比例增加,有利于保证国家财政收入的稳定增长。

　　在具体运用上,税率包括统一比例税率和差别比例税率两种。统一比例税率又称为单一比例税率,是指一个税种只规定一个征税比例,所有的纳税人都按照相同的比例缴纳税款。差别比例税率是指一个税种规定两个或两个以上的征税比例,不同的纳税人或不同的应税品目适用不同的比例征税。差别税率可细分为以下几种。

　　(1)产品差别比例税率,即按照产品大类或品种分别设计的税率,如我国消费税的税率,就是根据不同消费品分别设计不同的税率。

　　(2)行业差别比例税率,即按照应税产品或经营项目所属的行业分别设计的税率。

　　(3)地区差别比例税率,即按照纳税人所处地区的不同分别设计的税率。

　　(4)幅度差别比例税率,即在税法中只规定从最低到最高的统一比例幅度,实际执行时,由地方政府或征税机关根据具体情况在此幅度内确定的税率。

　　比例税率的优点,一是同一征税对象的不同纳税人的税收负担相同,税负比较均衡合理,具有鼓励先进、鞭策后进的作用,有利于在同等条件下展开竞争;二是计算简便,有等于税收的征收管理。但是,比例税率的税收负担与负担能力不相适应,不能体现负担能力强者多征、负担能力弱者少征的原则,税收负担程度不尽合理,调节收入有局限性。

　　2. 累进税率

　　累进税率是随征税对象数额的增大而逐级提高的税率,即将征税对象按数额大小划分为若干级次,每一级次分别规定从低到高的征税比例,征税对象的数额越大,适用的税率就越高。实行累进税率,税收收入会随征税对象数额的增加而增加,可以更有效地调节纳税人的收入水平,充分体现税收负担的纵向公平性。

　　按照税率累进依据的不同,累进税率可以分为额累和率累两种。额累是按征税对象数量的绝对额分级累进;率累是按征税对象数额的相对数分级累进。

　　按照累进方式的不同,额累可以分为全额累进税率和超额累进税率两种形式;率累可以分为全率累进税率和超率累进税率两种形式。

　　(1)全额累进税率

　　即对征税对象的全额按照与之相应等级的税率计算税额。当征税对象数额提高一个级距时,对征税对象全额都按一级的税率征税。

　　(2)超额累进税率

　　即把征税对象按数额大小划分为若干等级,每个等级由低到高规定相应的税率,当征税对象数额提高一个级距时,只对超过部分按照提高一级的税率征税,每个等级分别按该等级的税率计税。

　　(3)全率累进税率

　　它与全额累进税率的原理相同,只是税率累进的依据不同。全额累进税率的依据是征税对象的数额,而全率累进税率的是征税对象的某种比率。

　　(4)超率累进税率

　　它与超额累进税率的原理相同,只是税率累进的依据不是征税对象的数额,而是征税对象的某种比率。

　　全额累进税率和全率累进税率的优点是计算较为简单,但在两个级距的临界点,税负不合理。超额累进税率和超率累进税率的计算比较复杂,但累进程度缓和,税收负担较为合理。

3. 定额税率

定额税率又称为单位固定税率,是指按征税对象的计量单位直接规定应纳税额的税率形式。例如,我国现行消费税在计算汽油的消费税时,以 1 元/升计算,即每生产销售 1 升的汽油须缴纳 1 元的消费税;又如,计算啤酒的消费税时,以每吨 220 元计算。

定额税率适用于从量定额课税的税种,计算比较简便。但这些税种的征税对象应该是价格基本稳定或质量、规格标准比较统一的产品;否则,如果价格变化频繁,质量规格不统一,就容易造成纳税人税收负担的不公平。

4. 零税率

零税率即以"零"表示的税率,它是税率的一种特殊表现形式,即征税对象最终的税收负担为 0,主要适用于出口退税等。例如,我国现行增值税对部分出口货物的适用税率就是零税率。

零税率与免税不同,除本环节不用纳税外,还可以退还以前环节缴纳的税款。实行零税率的目的主要是使出口货物能以不含税的价格进入国际市场,以增强其在国际市场上的竞争能力。对出口货物实行零税率是国际社会通常采取的方法之一。

(四) 纳税环节

纳税环节是征税对象在运动过程中缴纳税款的环节。任何一种税都要确定纳税环节,有的税种纳税环节比较明确、固定,有的税种则需要在许多流转环节中选择和确定适当的纳税环节。如一种商品,在生产、批发零售环节中,可以选择只在生产环节征税,称为一次课征制;也可以选择在两个环节征税,称为两次课征制;还可以在所有流转环节都征税,称为多次课征制。如现行消费税的纳税环节一般为应税消费品的生产环节,是单一环节课税,属于一次课征制;而增值税的纳税环节为生产、批发和零售,是多环节征税,属多次课征制。

确定纳税环节是课税制度的一个重要问题。它关系到税制结构和税种的布局,关系到税款能否及时足额入库,关系到地区间税收收入的分配,同时也关系到企业的经济核算及是否方便纳税人缴纳税款等问题。所以,选择确定纳税环节要遵循以下原则:

① 有利于及时稳妥地集中税款;

② 符合纳税人纳税规律,便于征纳;

③ 有利于经济发展和控制税源。

(五) 纳税期限

纳税期限是纳税人向国家缴纳税款的法定期限。它是税收的固定性和强制性在时间上的体现。从原则上讲,纳税人取得应税收入或发生纳税义务后,应当立即向国家缴纳税款。但是,由于纳税人取得应税收入或发生纳税义务有阶段性,所以,不可能每取得一次应税收入或发生一次纳税义务就立即缴纳一次税款。为了简化纳税手续,便于纳税人经营管理,同时税款纳入国库,国家有必要根据各种税的不同特点和纳税人的具体情况分别规定不同的纳税期限。

纳税期限一般分为 1 日、3 日、5 日、10 日、15 日、1 个月或者 1 年,纳税人的具体纳税期限,可以由主管税务机关根据纳税人应纳税额的大小分别核定。不能按期纳税的纳税人,可以按次纳税。

由于纳税人需要一定时间对纳税期限内取得的应税收入和应纳税款进行结算并办理纳税

手续,所以,还必须规定一个报缴税款的期限,如限定在纳税期满后多少时间内将税款缴入国库,到期未缴就要按违章处理。

例如,我国增值税法规定纳税人以 1 个月为一期纳税的,自期满之日起 15 日内申报纳税;以 1 日、3 日、5 日、10 日或者 15 日为一期纳税的,自期满之日起 5 日内预缴税款,于次月 1 日起 10 日内申报纳税并结清上月应纳税款。

(六)税收优惠

税收优惠即税法中对特定纳税人或征税对象给予鼓励和照顾的具体方法,是税法严肃性和灵活性相结合的措施。税收优惠的方式包括以下内容。

1. 减免税

减税、免税,简称减免税,是税收优惠最常见也是最基本的方式。其中,减税是指将纳税人应纳的税款减少征收一部分,如减低税率征税等;免税是指将纳税人应纳的税款全部免予征收。

由于应纳税额=计税依据×税率,所以在减免税时可直接从应纳税额中减免,也可从税率中减免或在计税依据中进行减免。

2. 起征点

起征点即税法中规定的征税起点。凡达到或超过起征点标准的,应对其全额征税,未达到起征点的则不征税。规定起征点主要是为了照顾生产经营规模小、征税对象数额比较低的纳税人的负担状况。

3. 免征额

免征额即税法中所规定的征税对象免予征税的数额。它是按照一定的标准从征税对象总额中预先减除的数额。凡属于免征额的部分,均不征税,超过免征额的部分要依率计征应纳税款。规定免征额主要是为了体现税收负担的合理性,照顾纳税人的一般生活需要。

起征点与免征额的区别在于,达到起征点后,要就征税对象的全额计征;而如果规定的是免征额部分,就算征税对象的数额超过了免征额,也不用全额计征,而是只就超过部分进行征税。例如,某人的收入为 1 000 元,其适用税率为 5%,如果税法规定该纳税人的起征点为 500 元,则其应纳税额=1 000×5%=50 元;如果税法规定该纳税人的免征额为 500 元,则其应纳税额=(1 000−500)×5%=25 元。

4. 加速折旧

加速折旧就是缩短固定资产的折旧年限或加大当期计提折旧数额,其实质是放宽扣除项目标准,减轻纳税人负担的一种税收优惠措施。

5. 退税

退税即将纳税人已缴纳的税款全部或部分退还给纳税人,以减轻其税收负担的税收优惠措施。一般来说,退税通常有附加条件的规定,具体形式包括出口退税和再投资退税两种。

(七)违章处理

违章处理体现了税收的法律责任,是指纳税人违反税收法律所应当承担的法律后果,它是税收强制性在税收制度中的集中体现。纳税人必须依法纳税。纳税人如果发生偷税、欠税、骗税、抗税行为,或者发生不按规定办理税务登记、向税务机关提供有关纳税资料以及不配合税务机关的纳税检查等行为,都属于违法行为,根据情况不同,均应受到处罚。处罚的方式主要有以下三种：

  ① 经济责任。这包括补缴税款、加收滞纳金等。

  ② 行政责任。这包括吊销营业执照、罚款等。

  ③ 刑事责任。对违反税法情节严重构成犯罪的行为,要依法承担刑事责任。

任务训练

一、单项选择题

1. 区分不同税种的主要标志是( )。

A. 税目   B. 征税对象   C. 纳税地点   D. 纳税义务人

2. 确定税率的基础是( )。

A. 纳税人   B. 计税依据   C. 纳税主体   D. 征税对象

3. 目前采用超额累进税率的税种是( )。

A. 土地增值税   B. 城市维护建设税   C. 个人所得税   D. 增值税

4. 定额税率的一个重要特点是( )。

A. 税额的多少与征税对象的数量无关

B. 税额的多少只与征税对象的数量有关

C. 与征税对象的数额成正比

D. 与征税对象的数额成反比

5. 按征税对象的绝对额划分征税级距,以纳税人的征税对象的所属等级同时适用几个税率分别计算,将计算结果相加后得出应纳税额的税率,称之为( )。

A. 超率累进税率   B. 全率累进税率   C. 超额累进税率   D. 全额累进税率

二、多项选择题

1. 征税对象是税法构成要素中的最基础性要素,主要是因为( )。

A. 征税对象是区分不同税种的最主要标志

B. 征税对象体现着各种税的征税范围

C. 征税对象是国家据以征税的依据

D. 税法其他要素的内容一般都是以征税对象为基础来确定的

2. 纳税人和赋税人一致的税种包括( )。

A. 消费税   B. 企业所得税   C. 个人所得税   D. 房产税

3. 我国现行税法中的纳税期限,主要有( )几种形式。

A. 按期纳税   B. 按次纳税

C. 按年计征,分期预缴   D. 按月纳税

4. 税收优惠的形式主要有( )。

A. 减免税   B. 免征额   C. 偷漏税   D. 起征点

5. 比例税率在适用中的具体形式包括( )。

A. 单一比例税率   B. 差别比例税率   C. 中央税   D. 幅度比例税率

任务三 税务登记与税款征收

一、税务登记

税务登记是税务机关对纳税人的基本情况和生产经营项目进行登记管理的一项基本制度。它是税务机关对纳税人实施管理、了解掌握税源情况的基础，也是纳税人为履行纳税义务就有关纳税事宜依法向税务机关办理登记的一种法定手续。

税务登记的作用在于掌握纳税人的基本情况和税源分布情况。从税务登记开始，纳税人的身份及征、纳双方的法律关系即得到确认。

（一）税务登记申请人

企业，企业在外地设立的分支机构和从事生产、经营的场所，个体工商户和从事生产、经营的事业单位，都应当办理税务登记（统称从事生产、经营的纳税人）。

根据税收法律、行政法规的规定，负有扣缴税款义务的扣缴义务人（国家机关除外），应当办理扣缴税款登记。

【思考题 1-2】 2017 年 1 月，下岗职工赵某开办了一个商品经销部，按规定享受一定期限内的免税优惠。他认为既然免税就不需要办理税务登记。

请问赵某的观点是否正确？

（二）税务登记主管机关

县以上（含本级，下同）国家税务局（分局）、地方税务局（分局）是税务登记的主管机关，负责税务登记的设立登记、变更登记、注销登记以及非正常户处理，报验登记等有关事项。

（三）"五证合一"登记制度改革

在企业、农民专业合作社实行工商营业执照、组织机构代码证、税务登记证"三证合一、一照一码"登记制度改革的基础上，再整合社会保险登记证、统计登记证，实现"五证合一、一照一码"。改革后，通过"一表申请、一窗受理、一次告知、一份执照、一个代码"，将由工商（市场监管）、人力资源社会保障、统计、质监、国税、地税等部门分别办理、各自发证（照），改为由申请人"一次申请"、工商（市场监管）部门核发加载统一社会信用代码的营业执照，以"一照一码"形式实现"五证合一"。

从 2016 年 10 月 1 日起正式实施"五证合一、一照一码"，在更大范围、更深层次实现信息共享和业务协同，巩固和扩大"三证合一"登记制度改革成果，进一步为企业开办和成长提供便利化服务，降低创业准入的制度性成本，优化营商环境，激发企业活力，推进大众创业、万众创新，促进就业增加和经济社会持续健康发展。

二、税款征收

税款征收是指税务机关依据法律、行政法规规定的标准和范围，将纳税人依法应该向国家缴纳的税款,及时足额地征收入库的一系列活动的总和。税款征收是税收征管的目的,在整个税收征管中处于核心环节和关键地位,是税收征管的出发点和归宿。

(一)税款征收方式

1. 查账征收

纳税人依据账簿记载,先自行计算缴纳,事后经税务机关查账核实,如有不符合税法规定的,则多退少补。这种税款征收方式适用于经营规模较大、财务会计制度健全、能够如实核算和提供生产经营情况、正确计算应纳税款的纳税人。

2. 查定征收

税务机关根据纳税人在正常情况下的生产、销售情况,对其生产的应税产品查定产量和销售额,然后依照税法规定的税率计算征收应纳税款。这种税款征收方式适用于生产经营规模较小、产品零星、税源分散、会计账册不健全的小型厂矿和作坊。

3. 查验征收

税务机关对纳税申报人的应税产品进行查验后征税,并贴上完税证、查验证或盖查验戳,并据以征税的一种税款征收方式。这种税款征收方式适用于纳税人财务制度不健全,生产经营不固定,零星分散、流动性大的税源。

4. 定期定额征收

税务机关依照有关法律、法规的规定,按照一定的程序,核定纳税人在一定经营时期内的应纳税经营额及收益额,并以此为计税依据,确定其应纳税额的一种税款征收方式。这种税款征收方式适用于"定期定额户"。所谓定期定额户,是指经主管税务机关认定和县级以上税务机关(含县级)批准生产、且经营规模小,达不到《个体工商户建账管理暂行办法》规定的设置账簿标准,难以查账征收,不能准确计算计税依据的个体工商户(包括个人独资企业)。

5. 其他

税务机关为了更好地控制税源,对于一些比较分散的税源会采用代扣代缴、代收代缴、委托代征等税款征收方式。

(二)税款征收制度

为了保证纳税人应纳的税款能够及时、足额地解缴入国库,税款征收制度还规定了以下的相关制度。

1. 责令缴纳

纳税人未按照规定期限缴纳税款,扣缴义务人未按照规定的期限解缴税款的,对欠缴的纳税人、扣缴义务人按日征收欠缴税款 0.5‰ 的滞纳金。加收滞纳金的起止日期为从规定的纳税期限届满的次日至纳税人、扣缴义务人缴纳或者解缴税款的当日。

例如,甲公司 2017 年 8 月份应纳增值税 30 万元,甲公司迟迟未缴,税务机关责令其缴纳并加收滞纳金,甲公司直到 10 月 15 日才缴清上述税款。已知,甲公司的增值税纳税期限为 1 个月,不考虑其他因素。在本案中,增值税纳税期限为 1 个月的,应于次月 1 日起 15 日内申报纳税并结清上月应纳税款。因此,加收滞纳金的起止时间为 9 月 16 日(含)至 10 月 15 日(含),共计 30(15+15)天。甲公司应缴纳的税款滞纳金为 0.45(30×0.5‰×30)万元。

对未按照规定办理税务登记而从事生产、经营的纳税人,以及临时从事经营的纳税人,税务机关核定其应纳税额,责令其缴纳应纳税额。纳税人不缴纳的,税务机关可以扣押其价值相当于应纳税款的商品、货物。扣押后缴纳应纳税额的,税务机关必须立即解除扣押,并归还所扣押的商品、货物;扣押后仍不缴纳应纳税额的,经县以上税务局(分局)局长批准,依法拍卖或者变卖所扣押的商品、货物,以拍卖或者变卖所得抵缴税款。

税务机关有根据认为从事生产、经营的纳税人有逃避纳税义务行为,可在规定的纳税期之前责令其限期缴纳应纳税款。逾期仍未缴纳的,税务机关有权采取其他税款征收措施。

2. 责令提供纳税担保

纳税担保是指经税务机关同意或确认,纳税人或其他自然人、法人、经济组织以保证、抵押、质押的方式,为纳税人应当缴纳的税款及滞纳金提供担保的行为。它包括经税务机关认可的有纳税担保能力的保证人为纳税人提供的纳税保证。

(1) 适用纳税担保的情形

① 税务机关有根据认为从事生产、经营的纳税人有逃避纳税义务行为,可以在规定的纳税期之前,责令其限期缴纳应纳税款,在限期内发现纳税人有明显的转移、隐匿其应纳税的商品、货物以及其他财产或者应纳税收入的迹象,责成纳税人提供纳税担保的;

② 欠缴税款、滞纳金的纳税人或者其法定代表人需要出境的;

③ 纳税人同税务机关在纳税上发生争议而未缴清税款,需要申请行政复议的;

④ 税收法律、行政法规规定可以提供纳税担保的其他情形。

(2) 纳税担保的范围

它包括税款、滞纳金和实现税款、滞纳金的费用。

纳税担保人未按照规定的期限缴纳所担保的税款,税务机关可责令其限期缴纳应纳税款。逾期仍未缴纳的,税务机关有权采取其他税款征收措施。

3. 税收保全措施制度

税务机关有根据认为纳税人有逃避纳税义务的行为,可以在规定的纳税期限之前,责令其限期缴纳应纳税款。在限期内发现纳税人有明显的转移、隐匿其应纳税的商品、货物以及其他财产或者应纳税收入等的,税务机关应责令其提供纳税担保。如果纳税人不能提供纳税担保的,经县以上税务局(分局)局长批准,税务机关可以采取下列税收保全措施:

① 书面通知纳税人的开户银行或者其他金融机构冻结纳税人的相当于应纳税款的存款;

② 扣押、查封纳税人的价值相当于应纳税款的商品、货物或者其他财产。

4. 强制执行措施制度

纳税人、扣缴义务人超过纳税期限,未按照规定的期限纳税或者解缴税款,纳税担保人未按照规定的期限缴纳所担保的税款,税务机关可责令其限期缴纳应纳税款,逾期仍未缴纳的,经县以上税务局(分局)局长批准,税务机关可以采取下列强制执行措施:

① 书面通知纳税人的开户银行或者其他金融机构从其存款中扣缴税款;

② 扣押、查封、依法拍卖或者变卖其相当于应纳税款的商品、货物或者其他财产。

税务机关采取强制执行措施时,对上述纳税人、扣缴义务人、纳税担保人未缴纳的滞纳金同时强制执行。个人及其所扶养家属维持生活必需的住房和用品,不在强制执行措施的范围之内。税务机关对单价 5 000 元以下的其他生活用品,不采取强制执行措施。

5. 阻止出境

欠缴税款的纳税人或者其法定代表人在出境前未按规定结清应纳税款、滞纳金或者提供纳税担保的,税务机关可以通知出境管理机关阻止其出境。

任务训练

一、单项选择题

1. 根据税收征收管理法律制度的规定,纳税人财务制度不健全,生产经营不固定,零星分散、流动性大,适合采用的征收方式是( )。

A. 查账征收   B. 查定征收

C. 查验征收   D. 定期定额征收

2. 下列各项中,属于税收保全措施的是( )。

A. 暂扣纳税人的营业执照

B. 书面通知纳税人开户银行从其存款中扣缴税款

C. 拍卖纳税人价值相当于应纳税款的货物,以拍卖所得抵缴税款

D. 查封纳税人价值相当于应纳税款的货物

3. 根据税收征收管理法律制度的规定,下列各项中,不属于纳税担保范围的是( )。

A. 罚款   B. 滞纳金

C. 税款   D. 实现税款、滞纳金的费用

4. 根据税收征收管理法律制度的规定,税务机关依法采取强制执行措施时,对个人及其所扶养家属维持生活必需的住房和用品,不在强制执行措施的范围之内。对单价在一定金额以下的其他生活用品,不采取强制执行措施。该金额为( )。

A. 5 000元   B. 10 000元   C. 20 000元   D. 15 000元

5. 税务机关采取税收保全措施的期限一般不得超过( )。

A. 3个月   B. 6个月   C. 1年   D. 3年

二、多项选择题

1. 下列各项中,可以不办理税务登记的是( )。

A. 国家机关

B. 企业在外地设立的分支机构

C. 无固定生产经营场所的流动性农村小商贩

D. 负有个人所得税纳税义务的个人

2. 根据税收征收管理法律制度的规定,税务机关在税款征收中可以根据不同情况采取相应的税款征收措施的有( )。

A. 罚款   B. 责令缴纳

C. 阻止出境   D. 责令提供纳税担保

3. 根据税收征收管理法律制度的规定,下列各项中,适用纳税担保的情形有( )。

A. 纳税人同税务机关在纳税上发生争议而未缴清税款,需要申请行政复议的

B. 欠缴税款、滞纳金的纳税人或者其法定代表人需要出境的

C. 纳税人在税务机关责令其缴纳应纳税款的限期内,有明显的转移、隐匿其应纳税的商品、货物以及应纳税收入的迹象的

D. 从事生产、经营的纳税人未按规定期限缴纳税款,税务机关责令其限期缴纳,逾期未缴纳的

三、判断题

1. 企业在外地设立的分支机构和生产、经营的场所不需要办理税务登记。　　　（　　）
2. 税务机关有权对个人及其所扶养家属维持生活必需的住房和用品采取强制执行措施。
　　　　　　　　　　　　　　　　　　　　　　　　　　　　　　　　　（　　）

项目小结

　　税收是以国家为主体，为满足社会公共需要，凭借政治权力，强制、无偿地取得财政收入的一种形式。税收具有强制性、无偿性和固定性三个特点。税收按不同的标准进行分类，有利于其理论分析并为有效地制定和实施税收政策提供依据。税法要素包括纳税人、征税对象、税率、纳税环节、纳税期限、税收优惠、违章处理等项目。税务登记和税款征收是保障国家财政收入征收工作开展的重要环节。

➤ 案例解谜

　　国家是以向其人民提供公共服务为己任，国家为完成这一任务需要庞大的资金。税收就是国家以强制手段将所需的庞大资金从公民个人征集到国家手中的一种财富，征税是保障国家财政收入来源的主要方式。人民只有向国家缴税，国家才能为人民提供更好的公共服务，人民才能获得更好的福利和社会便利。

项目二 增值税

能力目标

- ◆ 会计算增值税的应纳税额
- ◆ 会办理增值税的纳税申报

知识目标

- ◆ 掌握增值税的基本法律规定
- ◆ 掌握增值税应纳税额的计算

知识结构

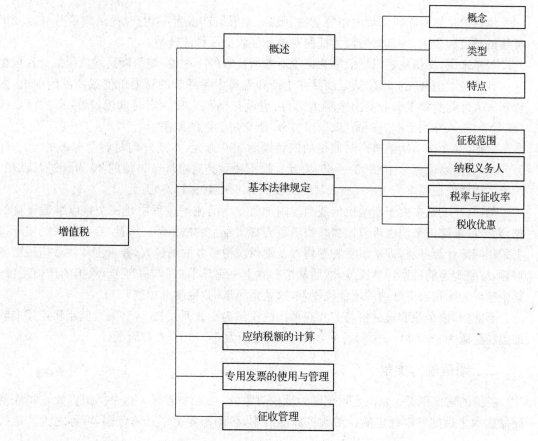

某品牌洗发水生产商想针对最近研发生产的一种洗发水做促销活动,这种洗发水目前的市场销售价格是16元一瓶,每瓶的容量是400 mL。市场部推出两套促销方案,一套方案是加量20%不加价,即在价格不变的前提下每瓶洗发水的容量由400 mL加到480 mL,相当于480 mL的洗发水卖400 mL的价钱;另外一套方案是买一送一,即购买16元400 mL的洗发水一瓶,赠送80 mL小瓶的同类洗发水。大家觉得这两套方案都差不多,但是该厂的财务总监提出了不同的看法。

案例思考:

站在纳税的角度,请问你会选择哪套促销方案呢?

知识链接

任务一　增值税概述

一、增值税的概念

增值税是指对在我国境内销售货物、服务、无形资产或者不动产、提供应税劳务以及进口货物的单位和个人,以其增值额为征税对象而征收的一种流转税。

简单来说,增值税是以增值额为课税对象所征收的一种税,增值额是增值税的计税依据。

什么是增值额呢? 增值额是商品在生产和流通中各环节的新增价值或商品附加值,即销售额减去外购货物及劳务支出金额的部分,也就是纳税人在一定时期内,所取得的商品销售(或劳务)收入额大于购进商品(或取得劳务)所支付金额的差额。

例如,某企业本期销售产品取得的销售额为100万元,本期外购材料与劳务的支出为60万元,那么其增值额是40(100 — 60)万元。增值税就是对本环节增值的40万元进行课税,假设所适用增值税税率为16%,那么其应纳税额为6.4(40×16%)万元。

然而,在实际中由于新增价值或商品附加值在商品流通过程中是一个难以准确计算的数据,对于税务部门来说也难以监督核查纳税人真实发生的增值额。因此,在增值税的实际操作上采用间接计算办法,即从事货物销售以及提供应税劳务的纳税人,要根据货物或应税劳务销售额,按照规定的税率计算税款,然后从中扣除上一道环节(即购进环节)承担的增值税税款,其余额即为纳税人应缴纳的增值税税款,这就是所谓的"税款抵扣制"。

承前例,该企业购进材料与劳务应承担的税额为9.6万元(60×16%),其销售产品应收取的销项税额为16(100×16%)万元,本期应纳税额为6.4(16—9.6)万元。

二、增值税的类型

各国的增值税都是以法定增值额为课税对象的,法定增值额又是根据销售收入扣除购进商品成本之后的差额确定的。对购进商品成本,各国都界定了具体范围,可称之为法定扣除额。法定扣除额一般包括原材料、半成品、燃料、动力、包装物等流动资产的外购价款,但是否包括外购固定资产的价款,各国的规定则不尽相同,所以在计算增值税时,按对外购固定资产处理方式的不同,可以把增值税的类型划分为生产型、收入型和消费型。

（一）生产型增值税

生产型增值税是指计算增值税时不允许扣除任何外购固定资产的价款,作为课税基数的法定增值额除包括纳税人新创造的价值外,还包括当期计入成本的外购固定资产价款部分,即法定增值额相当于当期工资、利息、租金、利润等增值额和折旧额之和。从整个国民经济来看,这一课税基数大体相当于国民生产总值的统计口径,故称为生产型增值税。此种类型的增值税对固定资产存在重复征税,所以这种增值税对资本有机构成低的行业及劳动密集型的生产行业有利,所以一些经济不发达的国家往往会选择这种类型的增值税。

【思考题 2-1】 某企业属于生产型增值税,本月销售额为 300 万元,本月外购材料成本 100 万元,另购进一项固定资产价值 50 万元。

请问该企业本月的增值额是多少?

（二）收入型增值税

收入型增值税是指计算增值税时对外购固定资产价款只允许扣除当期计入产品价值的折旧费部分,作为课税基数的法定增值额相当于当期工资、利息、租金和利润等增值项目之和。从整个国民经济来看,这一课税基数相当于国民收入部分,故称为收入型增值税。

【思考题 2-2】 某企业属于收入型增值税,本月销售额为 300 万元,本月外购材料成本 100 万元,另购进一项固定资产价值 50 万元,本月固定资产折旧 5 万元。

请问该企业本月的增值额是多少?

（三）消费型增值税

消费型增值税是指计算增值税时,允许将当期购入的固定资产价款一次全部扣除,作为课税基数的法定增值额相当于纳税人当期的全部销售额扣除外购的全部生产资料价款后的余额。从整个国民经济来看,这一课税基数仅限于消费资料价值的部分,故称为消费型增值税。此种类型的增值税最能体现按增值额征税的计税原理,有利于鼓励投资,加速设备更新。西方国家多采用这种类型的增值税。我国目前采用的也是消费型增值税。

【思考题 2-3】 某企业属于消费型增值税,本月销售额为 300 万元,本月外购材料成本 100 万元,另购进一项固定资产价值 50 万元。

请问该企业本月的增值额是多少?

三、增值税的特点

从上述我们对增值额的讨论中可以看出,以增值额作为计税依据的增值税,在现实生活中很难实现法定增值额与理论增值额的一致。那么,我们不禁会问,既然这样,我们为什么不直接采用货物的销售额进行计算呢,那样不是更加直观和方便吗?

确实,如果直接用销售额作为计税依据来进行计算会很直观和方便,但是直接用销售额来进行计算会存在很多的不足与缺陷。采用增值额作为计税依据的增值税之所以能够被大多数国家采用,是由增值税本身所具有的特点所决定的。

下面以销售额和增值额作为计税依据进行比较,假定采用销售额和增值额进行计税的税率都是 16%,比较结果如表 2 - 1 所示。

表 2 - 1 以固定计税税率比较销售额和增值额　　　　　　万元

环节 项目	生产环节	批发环节	零售环节	合 计
销售额	10.0	20.0	30.0	—
销售税	1.7	3.4	5.1	—
增值额	10.0	10.0	10.0	30.0
增值税	1.6	1.6	1.6	4.8

从上表 2 - 1 中的比较结果可以看出,采用增值额作为计税依据的增值税具有以下特点:

（一）税不重征

这主要体现在增值税只是对生产过程中纳税人创造的增值额进行征税,也就是只对货物或劳务销售额中没有征过税的那部分增值额征税,对销售额中属于转移过来的、以前环节已征过税的那部分销售额则不再征税。

（二）道道征税

增值税就各个生产流通环节道道征税,是一种多环节连续性课征的税种。它的征收范围可以延伸到生产、流通的各个领域,体现普遍征收的原则。同时,一种商品从生产到最后进入消费,每经过一道环节就征一道税,因此从生产经营的全过程来看,具有道道征税的特点。

（三）凭票管理,凭票抵扣

为了保证税款抵扣制度的实施,税务部门在很大程度上通过增值税发票对纳税人的交易进行管理。根据相关规定,发生交易行为时销售方应该开具增值税发票给购买方,发票上注明货物的价款、税款及价税合计数,销售方凭发票上价税合计的金额收取货款,而购买方凭发票上注明的税款在计算当期应纳税额时进行抵扣。在实际操作中,税务部门对发票的开具和使用是严格进行管理的,购买方取得发票抵扣联应当经过税务部门的认证才能够进行抵扣。

例如,A 企业销售了一批 100 万元的货物给 B 企业,B 企业再把这批货物以 150 万元的价格销售给 C 公司。在正常的情况下,如果按 16% 的税率计算,纳税人 B 企业应该缴纳的增值税 $=150 \times 16\% - 100 \times 16\% = 8$(万元)。但如果 B 企业未向 A 企业索取发票,或没能通过发票的认证,则 B 企业在这笔交易中可以抵扣的进项税就为 0。也就是说,在这种情况下,B 企业应该缴纳的增值税 $=150 \times 16\% - 0 = 24$(万元)。从而该项货物以前环节的增值税税款就变成了由纳税人 B 企业自己全部承担了。

（四）价外计税,税负转嫁

增值税属于价外税,即税金不包含在销售价格内,把税款同价格分开,使企业的成本核算不受税收的影响。货物或应税劳务的增值税税款,由纳税人向购买方收取,可以更鲜明地体现增值税的转嫁性质。税款抵扣环节环环相连,随着各环节交易活动的进行,增值税税负具有逐环节向前推移的特点,作为纳税人的生产经营者并不是增值税的真正负担者,只有最终消费者才是全部税款的负担者。

 **知识卡片**

增值税在我国的发展历程

我国于1979年引进、试点增值税。

1984年,完成试点,正式颁布《中华人民共和国增值税条例(草案)》,自1984年10月1日起试行,标志着我国正式确定实行增值税。

1986年、1987年、1988年三次扩大征收范围,发展到对31大类商品征收增值税。

1994年对原有的增值税进行全面、彻底改革,并以增值税改革为核心建立了新的税制格局。

2004年7月1日起,增值税转型试点首先在东北三省装备制造业、石油化工业等八大行业进行。

2009年1月1日起,在全国范围内实施增值税由生产型向消费型的转型。

2012年1月1日起,在上海市开展交通运输业和部分现代服务业营业税改征增值税试点。

2014年1月1日,铁路运输业和邮政业在全国范围内实施"营改增"试点。

2014年6月1日,电信业在全国范围内实施"营改增"试点。

2016年5月1日,在全国范围内全面推开"营改增"试点。将建筑业、房地产业、金融业、生活服务业纳入试点范围,营业税自此退出历史舞台。此次试点还将所有企业新增不动产所含增值税纳入抵扣范围,实行消费型增值税。

 **任务训练**

单项选择题

1. 按对外购固定资产价款处理方式的不同进行划分,我国采用的增值税是(　　)。

A. 生产型增值税　　B. 收入型增值税　　C. 消费型增值税　　D. 积累型增值税

2. 下列不属于增值税特点的是(　　)。

A. 价内税　　　　B. 道道征收　　　　C. 间接税　　　　D. 不重复征收

3. 按照征税对象的性质不同,增值税属于(　　)。

A. 流转税　　　　B. 所得税　　　　　C. 行为税　　　　D. 资源税

任务二　增值税的基本法律规定

一、增值税的征税范围

(一)征税范围的一般规定

现行《中华人民共和国增值税暂行条例》(以下简称《增值税暂行条例》)明确规定,增值税的征税范围为在中华人民共和国境内销售货物,提供加工、修理修配劳务,销售服务、无形资产或者不动产以及进口货物。增值税征税范围的具体内容包括以下几个方面：

1. 销售货物

销售货物是指在中国境内有偿转让货物的所有权。货物是指有形动产，包括电力、热力、气体在内。有偿是指从购买方取得货币、货物或者其他经济利益。在我国境内销售货物是指销售货物的起运地或者所在地在中国境内。

2. 提供加工、修理修配劳务

加工是指接收来料承做货物，加工后的货物所有权仍属于委托者的业务，即通常所说的委托加工业务。委托加工业务是指由委托方提供原料及主要材料，受托方按照委托方的要求制造货物并收取加工费的业务。

修理修配是指受托对损伤和丧失功能的货物进行修复，使其恢复原状和功能的业务。这里的"提供加工、修理修配劳务"都是指有偿提供加工和修理修配劳务。但单位或个体经营者聘用的员工为本单位或雇主提供加工、修理修配劳务则不包括在内。

3. 销售服务

销售服务是指提供交通运输服务、邮政服务、电信服务、建筑服务、金融服务、现代服务、生活服务。

(1) 交通运输服务

交通运输服务是指使用运输工具将货物或旅客送达目的地，使其空间位置得到转移的业务活动。它包括陆路运输服务、水路运输服务、航空运输服务、管道运输服务。

① 陆路运输服务是指通过陆路（地上或者地下）运送货物或者旅客的运输业务活动，包括铁路运输服务和其他陆路运输服务。

出租车公司向使用本公司自有出租车的出租车司机收取的管理费用，按照陆路运输服务缴纳增值税。

② 水路运输服务是指通过江、河、湖、川等天然、人工水道或者海洋航道运送货物或者旅客的运输业务活动。

水路运输的程租、期租业务，属于水路运输服务。

③ 航空运输服务是指通过空中航线运送货物或者旅客的运输业务活动。航空运输的湿租业务，属于航空运输服务。

航天运输服务是指利用火箭等载体将卫星、空间探测器等空间飞行器发射到空间轨道的业务活动。航天运输服务按照航空运输服务缴纳增值税。

④ 管道运输服务是指通过管道设施输送气体、液体、固体物质的运输业务活动。

无运输工具承运业务是指经营者以承运人身份与托运人签订运输服务合同，收取运费并承担承运人责任，然后委托实际承运人完成运输服务的经营活动。无运输工具承运业务按照交通运输服务缴纳增值税。

(2) 邮政服务

邮政服务是指中国邮政集团公司及其所属邮政企业提供邮件寄递、邮政汇兑和机要通信等邮政基本服务的业务活动。它包括邮政普遍服务、邮政特殊服务和其他邮政服务。

① 邮政普遍服务是指函件、包裹等邮件寄递，以及邮票发行、报刊发行和邮政汇兑等业务活动。

② 邮政特殊服务是指义务兵平常信函、机要通信、盲人读物和革命烈士遗物的寄递等业务活动。

③ 其他邮政服务是指邮册等邮品销售、邮政代理等业务活动。

（3）电信服务

电信服务是指利用有线、无线的电磁系统或者光电系统等各种通信网络资源，提供语音通话服务，传送、发射、接收或者应用图像、短信等电子数据和信息的业务活动。它包括基础电信服务和增值电信服务。

① 基础电信服务是指利用固网、移动网、卫星、互联网，提供语音通话服务的业务活动，以及出租或者出售带宽、波长等网络元素的业务活动。

② 增值电信服务是指利用固网、移动网、卫星、互联网、有线电视网络，提供短信和彩信服务、电子数据和信息的传输及应用服务、互联网接入服务等业务活动。

卫星电视信号落地转接服务按照增值电信服务缴纳增值税。

（4）建筑服务

建筑服务是指各类建筑物、构筑物及其附属设施的建造、修缮、装饰，线路、管道、设备、设施等的安装以及其他工程作业的业务活动。它包括工程服务、安装服务、修缮服务、装饰服务和其他建筑服务。

① 工程服务是指新建、改建各种建筑物、构筑物的工程作业，包括与建筑物相连的各种设备或者支柱、操作平台的安装或者装设工程作业，以及各种窑炉和金属结构工程作业。

② 安装服务是指生产设备、动力设备、起重设备、运输设备、传动设备、医疗实验设备以及其他各种设备、设施的装配、安置工程作业，包括与被安装设备相连的工作台、梯子、栏杆的装设工程作业，以及被安装设备的绝缘、防腐、保温、油漆等工程作业。

固定电话、有线电视、宽带、水、电、燃气、暖气等经营者向用户收取的安装费、初装费、开户费、扩容费以及类似收费，按照安装服务缴纳增值税。

③ 修缮服务是指对建筑物、构筑物进行修补、加固、养护、改善，使之恢复原来的使用价值或者延长其使用期限的工程作业。

④ 装饰服务是指对建筑物、构筑物进行修饰装修，使之美观或者具有特定用途的工程作业。

⑤ 其他建筑服务是指上列工程作业之外的各种工程作业服务，如钻井（打井）、拆除建筑物或者构筑物、平整土地、园林绿化、疏浚（不包括航道疏浚）、建筑物平移、搭脚手架、爆破、矿山穿孔、表面附着物（包括岩层、土层、沙层等）剥离和清理等工程作业。

（5）金融服务

金融服务是指经营金融保险的业务活动。它包括贷款服务、直接收费金融服务、保险服务和金融商品转让。

① 贷款服务是指将资金贷与他人使用而取得利息收入的业务活动。各种占用、拆借资金取得的收入，包括金融商品持有期间（含到期）利息（保本收益、报酬、资金占用费、补偿金等）收入、信用卡透支利息收入、买入返售金融商品利息收入、融资融券收取的利息收入，以及融资性售后回租、押汇、罚息、票据贴现、转贷等业务取得的利息及利息性质的收入，按照贷款服务缴纳增值税。

融资性售后回租是指承租方以融资为目的,将资产出售给从事融资性售后回租业务的企业后,从事融资性售后回租业务的企业将该资产出租给承租方的业务活动。

以货币资金投资收取的固定利润或者保底利润按照贷款服务缴纳增值税。

② 直接收费金融服务是指为货币资金融通及其他金融业务提供相关服务并且收取费用的业务活动。它包括提供货币兑换、账户管理、电子银行、信用卡、信用证、财务担保、资产管理、信托管理、基金管理、金融交易场所(平台)管理、资金结算、资金清算、金融支付等服务。

③ 保险服务是指投保人根据合同约定,向保险人支付保险费,保险人对于合同约定的可能发生的事故因其发生所造成的财产损失承担赔偿保险金责任,或者当被保险人死亡、伤残、疾病或者达到合同约定的年龄、期限等条件时承担给付保险金责任的商业保险行为。它包括人身保险服务和财产保险服务。

④ 金融商品转让是指转让外汇、有价证券、非货物期货和其他金融商品所有权的业务活动。其他金融商品转让包括基金、信托、理财产品等各类资产管理产品和各种金融衍生品的转让。

(6) 现代服务

现代服务是指围绕制造业、文化产业、现代物流产业等提供技术性、知识性服务的业务活动。它包括研发和技术服务、信息技术服务、文化创意服务、物流辅助服务、租赁服务、鉴证咨询服务、广播影视服务、商务辅助服务和其他现代服务。

① 研发和技术服务包括研发服务、合同能源管理服务、工程勘察勘探服务、专业技术服务。

② 信息技术服务是指利用计算机、通信网络等技术对信息进行生产、收集、处理、加工、存储、运输、检索和利用,并提供信息服务的业务活动。它包括软件服务、电路设计及测试服务、信息系统服务、业务流程管理服务和信息系统增值服务。

③ 文化创意服务包括设计服务、知识产权服务、广告服务和会议展览服务。

④ 物流辅助服务包括航空服务、港口码头服务、货运客运场站服务、打捞救助服务、装卸搬运服务、仓储服务和收派服务。

⑤ 租赁服务包括融资租赁服务和经营租赁服务。

融资性售后回租不按照本税目缴纳增值税,按金融服务缴纳增值税。

将建筑物、构筑物等不动产或者飞机、车辆等有形动产的广告位出租给其他单位或者个人用于发布广告,按照经营租赁服务缴纳增值税。

车辆停放服务、道路通行服务(包括过路费、过桥费、过闸费等)等按照不动产经营租赁服务缴纳增值税。

程租、期租、光租、湿租、干租业务的所属税目及含义见表 2-2。

表 2-2　程租、期租、光租、湿租、干租等业务的含义

序号	业　务	所属税目	含　义
1	程租业务	交通运输服务	是指运输企业为租船人完成某一特定航次的运输任务并收取租赁费的业务
2	期租业务	交通运输服务	是指运输企业将配备有操作人员的船舶承租给他人使用一定期限,承租期内听候承租方调遣,不论是否经营,均按天向承租方收取租赁费,发生的固定费用均由船东负担的业务

序号	业　务	所属税目	含　义
3	光租业务	现代服务—租赁服务	是指运输企业将船舶在约定的时间内出租给他人使用,不配备操作人员,不承担运输过程中发生的各项费用,只收取固定租赁费的业务活动
4	湿租业务	交通运输服务	是指航空运输企业将配备有机组人员的飞机承租给他人使用一定期限,承租期内听候承租方调遣,不论是否经营,均按一定标准向承租方收取租赁费,发生的固定费用均由承租方承担的业务
5	干租业务	现代服务—租赁服务	是指航空运输企业将飞机在约定的时间内出租给他人使用,不配备机组人员,不承担运输过程中发生的各项费用,只收取固定租赁费的业务活动

⑥ 鉴证咨询服务包括认证服务、鉴证服务和咨询服务。

⑦ 广播影视服务包括广播影视节目(作品)的制作服务、发行服务和播映(含放映,下同)服务。

⑧ 商务辅助服务包括企业管理服务、经纪代理服务、人力资源服务、安全保护服务。

⑨ 其他现代服务是指除研发和技术服务、信息技术服务、文化创意服务、物流辅助服务、租赁服务、鉴证咨询服务、广播影视服务和商务辅助服务以外的现代服务。

（7）生活服务

生活服务是指为满足城乡居民日常生活需求提供的各类服务活动。它包括文化体育服务、教育医疗服务、旅游娱乐服务、餐饮住宿服务、居民日常服务和其他生活服务。

① 文化体育服务包括文化服务和体育服务。

② 教育医疗服务包括教育服务和医疗服务。

③ 旅游娱乐服务包括旅游服务和娱乐服务。

④ 餐饮住宿服务包括餐饮服务和住宿服务。

⑤ 居民日常服务是指主要为满足居民个人及其家庭日常生活需求提供的服务。它包括市容市政管理、家政、婚庆、养老、殡葬、照料和护理、救助救济、美容美发、按摩、桑拿、氧吧、足疗、沐浴、洗染、摄影扩印等服务。

⑥ 其他生活服务是指除文化体育服务、教育医疗服务、旅游娱乐服务、餐饮住宿服务和居民日常服务之外的生活服务。

4. 销售无形资产

销售无形资产是指转让无形资产所有权或者使用权的业务活动。无形资产是指不具实物形态,但能带来经济利益的资产,包括技术、商标、著作权、商誉、自然资源使用权和其他权益性无形资产。

技术包括专利技术和非专利技术。

自然资源使用权包括土地使用权、海域使用权、探矿权、采矿权、取水权和其他自然资源使用权。

其他权益性无形资产包括基础设施资产经营权、公共事业特许权、配额、经营权(包括特许经营权、连锁经营权、其他经营权)、经销权、分销权、代理权、会员权、席位权、网络游戏虚拟道具、域名、名称权、肖像权、冠名权、转会费等。

5. 销售不动产

销售不动产是指转让不动产所有权的业务活动。不动产是指不能移动或者移动后会引起性质、形状改变的财产，包括建筑物、构筑物等。

建筑物包括住宅、商业营业用房、办公楼等可供居住、工作或者进行其他活动的建造物。

构筑物包括道路、桥梁、隧道、水坝等建造物。

转让建筑物有限产权或者永久使用权的，转让在建的建筑物或者构筑物所有权的，以及在转让建筑物或者构筑物时一并转让其所占土地的使用权的，按照销售不动产缴纳增值税。

《增值税暂时条例》规定，在境内销售服务、无形资产或者不动产，是指：

① 服务（租赁不动产除外）或者无形资产（自然资源使用权除外）的销售方或者购买方在境内；

② 所销售或者租赁的不动产在境内；

③ 所销售自然资源使用权的自然资源在境内；

④ 财政部和国家税务总局规定的其他情形。

下列情形不属于在境内销售服务或者无形资产：

① 境外单位或者个人向境内单位或者个人销售完全在境外发生的服务。

② 境外单位或者个人向境内单位或者个人销售完全在境外使用的无形资产。

③ 境外单位或者个人向境内单位或者个人出租完全在境外使用的有形动产。

④ 财政部和国家税务总局规定的其他情形。

【思考题 2 - 4】　境外单位 A 向境外单位 B 出售一栋位于北京的大楼；境内某公司接受境外某公司提供的产品设计服务并将此设计用于本企业新产品；某公司在境外租用仓库保管货物。

请问上述三种情形之下，纳税人是否应该向我国政府缴纳增值税？

6. 进口货物

进口货物是指申报进入我国海关境内的货物。税法规定，凡报关进口的应税货物，无论进口后是自用还是销售，均应在进口环节缴纳增值税（享受免税政策的货物除外）。

下列项目不征收增值税：

① 根据国家指令无偿提供的铁路运输服务、航空运输服务，用于公益事业的服务。

② 存款利息。

③ 被保险人获得的保险赔付。

④ 房地产主管部门或者其他指定机构、公积金管理中心、开发企业以及物业管理单位代收的住宅专项维修资金。

⑤ 在资产重组过程中，通过合并、分立、出售、置换等方式，将全部或者部分实物资产以及与其相关联的债权、负债和劳动力一并转让给其他单位和个人，其中涉及的不动产、土地使用权转让行为。

（二）征税范围的特殊规定

1. 视同销售行为

根据《中华人民共和国增值税暂行条例实施细则》的规定，单位或个体工商户的下列行为，视同销售货物，征收增值税：

① 将货物交付其他单位或个人代销；

② 销售代销货物；

③ 设有两个以上分支机构并实行统一核算的纳税人，将货物从一个机构移送其他机构用于销售，但相关机构设在同一县(市)的除外；

④ 将自产、委托加工的货物用于集体福利或者个人消费；

⑤ 将自产、委托加工或者购进的货物作为投资，提供给其他单位或者个体工商户；

⑥ 将自产、委托加工或者购进的货物分配给股东或者投资者；

⑦ 将自产、委托加工或购买的货物无偿赠送给他人；

⑧ 单位或者个体工商户向其他单位或者个人无偿提供服务，但用于公益事业或者以社会公众为对象的除外。

⑨ 单位或者个人向其他单位或者个人无偿转让无形资产或者不动产，但用于公益事业或者以社会公众为对象的除外。

⑩ 财政部和国家税务总局规定的其他情形。

对上述行为视同销售行为，均要征收增值税。其确定的目的有两个，一是为了防止纳税人通过这些行为逃避纳税，造成税款流失；二是为了避免税款抵扣链条的中断，导致各环节间税负的不均衡。

【思考题 2 - 5】 某摩托车厂生产出最新型号的摩托车，不含税销售单价为 5 000 元/辆，2017 年 12 月 21 日发货给外省的分支机构 200 辆摩托车用于销售。

请问该业务是否计算销项税？为什么？

【思考题 2 - 6】 某生产厂商为了奖励某奥运冠军队，决定给每位队员赠送一台 VCD 机，共赠送了 20 台，当月该厂家同类 VCD 不含税销售价为 1 000 元/台。

请问该业务是否计算销项税？为什么？

2. 混合销售行为

一项销售行为如果既涉及货物又涉及服务，即为混合销售。混合销售行为的特点是销售货物与销售服务是在同一项交易过程中发生，由同一纳税人实现，价款是同时从一个购买方取得的。

从事货物的生产、批发或者零售的单位和个体工商户的混合销售行为，按照销售货物缴纳增值税；其他单位和个人的混合销售行为，按照销售服务缴纳增值税。

上述从事货物的生产、批发或者零售的单位和个体工商户，包括以从事货物的生产、批发或者零售为主，并兼营销售服务的单位和个体工商户在内。

例如，生产货物的单位，在销售货物的同时附带运输，这种销售货物及提供运输的行为就属于混合行为，所收取的货物款项及运输费用应一律按销售货物计算缴纳增值税。

3. 兼营行为

兼营是指纳税人的经营中既包括销售货物和加工修理修配劳务，又包括销售服务、无形资产和不动产的行为。

这里讲的销售货物和加工修理修配劳务与销售服务、无形资产和不动产主要是指纳税人的经营范围，并且兼营行为不同时发生在同一购买者身上，即不发生在同一项销售行为。例如，某超市有商品零售业务，也设有餐饮部提供饮食服务，其中商品零售业务是销售货物行为，餐饮服务是销售服务行为，但两者没有直接的联系，不在同一项销售行为中，是超市的经营范围有这两项，所以是兼营行为。

根据相关规定，纳税人兼营销售货物、劳务、服务、无形资产或者不动产，适用不同税率或者征收率的，应当分别核算不同税率或者征收率的销售额；未分别核算的，适用从高税率或者征收率。

4. 属于增值税征税范围的其他项目

① 货物期货（包括商品期货和贵金属期货），在期货的实物交割环节征收增值税。

② 银行销售金银的业务，应当征收增值税。

③ 典当业的死当物品销售业务和寄售业代委托人销售寄售物品的业务，均应征收增值税。

④ 缝纫业务，征收增值税。

⑤ 基本建设单位和从事建筑安装业务的企业附设的工厂、车间生产的水泥预制构件、其他构件或建筑材料，用于本单位或本企业建筑工程的，在移送使用时，征收增值税。

⑥ 电力公司向发电企业收取的过网费，征收增值税。

⑦ 旅店业和饮食业纳税人销售非现场消费的食品应当缴纳增值税。

⑧ 纳税人提供的矿产资源开采、挖掘、切割、破碎、分拣、洗选等劳务，属于增值税应税劳务，应当缴纳增值税。

二、增值税的纳税义务人

（一）纳税义务人

凡在中华人民共和国境内销售货物、服务、无形资产或者不动产，提供加工、修理修配劳务以及进口货物的单位和个人均为增值税的纳税义务人。

单位是指企业、行政单位、事业单位、军事单位、社会团体及其他单位。

个人是指个体工商户和其他个人。

单位以承包、承租、挂靠方式经营的，承包人、承租人、挂靠人（以下称承包人）以发包人、出租人、被挂靠人（以下称发包人）名义对外经营并由发包人承担相关法律责任的，以该发包人为纳税人；否则，以承包人为纳税人。

对报关进口的货物，以进口货物的收货人或办理报关手续的单位和个人为进口货物的纳税人。

两个或者两个以上的纳税人，经财政部和国家税务总局批准可以视为一个纳税人合并纳税，具体办法由财政部和国家税务总局另行制定。

（二）纳税义务人的分类

根据纳税人的经营规模以及会计核算健全程度的不同，增值税的纳税人可划分为一般纳税人和小规模纳税人两类。

1. 小规模纳税人

小规模纳税人的认定标准如下：

① 从事货物生产或提供应税劳务的纳税人，以及以从事货物生产或提供应税劳务为主，并兼营货物批发或零售的纳税人，年应税销售额在 500 万元（含）以下的；

② 从事货物批发或零售的纳税人，年应税销售额在 500 万元（含）以下的；

③ 从事销售服务、无形资产或者不动产的纳税人,年销售额未超过 500 万元(含)以下的。

所谓年应税销售额,是指纳税人在连续不超过 12 个月的经营期内累计应征增值税销售额,包括纳税申报销售额、稽查查补销售额、纳税评估调整销售额、税务机关代开发票销售额和免税销售额。

小规模纳税人会计核算健全,能够提供准确税务资料的,可以向主管税务机关申请认定为一般纳税人,不作为小规模纳税人。会计核算健全是指能够按照国家统一的会计制度规定设置账簿,根据合法、有效凭证核算。

纳税人销售额超过小规模纳税人标准的,就应申请办理一般纳税人认定。未申请办理一般纳税人认定手续的,要按销售额依照增值税税率计算应纳税额,不得抵扣进项税额,也不得使用增值税专用发票。

2. 一般纳税人

一般纳税人是指年应税销售额超过财政部规定的小规模纳税人标准的企业和企业性单位(以下简称企业)。

兼有销售货物、提供加工修理修配劳务以及应税服务的纳税人,应税货物及劳务销售额与应税服务销售额分别计算,分别适用增值税一般纳税人资格认定标准。

年应税销售额超过小规模纳税人标准的其他个人(不包括个体工商户)按小规模纳税人纳税;年应税销售额超过规定标准的非企业性单位和不经常发生应税行为的单位(包括个体工商户)可选择按小规模纳税人纳税。

除国家税务总局另有规定外,一经登记为一般纳税人后,不得转为小规模纳税人。

（三）扣缴义务人

中华人民共和国境外的单位或个人在境内发生应税行为,在境内未设有经营机构的,以期境内代理人为扣缴义务人;在境内没有代理人的,以购买者为扣缴义务人

三、增值税的税率与征收率

（一）税率

1. 销售货物、进口货物或者提供修理修配劳务的税率

（1）基本税率

增值税的基本税率为 16%,适用于除实行低税率和零税率以外的所有销售货物或进口货物及提供加工、修理修配劳务。

（2）低税率

纳税人销售或进口下列货物,适用 10% 的税率:

① 粮食、食用植物油、鲜奶。

② 暖气、冷气、热水、煤气、石油液化气、天然气、沼气、居民用煤炭制品。

③ 图书、报纸、杂志。

④ 饲料、化肥、农药、农机(不包括农机零部件)、农膜。

⑤ 国务院规定的其他货物,目前农产品、食用盐、音像制品、电子出版物、二甲醚等也适用低税率。

（3）零税率

纳税人出口货物实行零税率，但国务院另有规定的除外。

2. 销售服务、无形资产或者不动产的税率

① 提供增值电信服务、金融服务、现代服务（除有形动产租赁服务和不动产租赁服务外）、生活服务、销售无形资产（除转让土地使用权外），税率为6%。

② 提供交通运输、邮政、基础电信、建筑、不动产租赁服务，销售不动产，转让土地使用权，税率为10%。

③ 提供有形动产租赁服务，税率为16%。

④ 境内单位和个人发生的跨境应税行为，税率为0。其具体范围由财政部和国家税务总局另行规定。

（二）征收率

1. 小规模纳税人

由于小规模纳税人经营规模小，且会计核算不健全，难以按税率计税和使用增值税专用发票抵扣进项税额，因此，实行按销售额与征收率计算应纳税额的简易方法。

① 销售自己使用过的固定资产，减按2%的征收率征收增值税；

② 销售旧货，按照3%征收率减按2%征收增值税；

③ 销售及出租不动产，按照5%的征收率征收增值税；

④ 房地产开发企业中的小规模纳税人，销售自行开发的房地产项目，按照5%的征收率征收增值税；

⑤ 其他应税行为，适用3%的征收率。

2. 一般纳税人

一般纳税人如从事符合规定的特定项目，可以适用简易计税方法。征收率目前除财政部和国家税务总局规定的销售及出租不动产适用5%征收率外，其余为3%。一般纳税人选择简易办法计算缴纳增值税后，36个月内不得变更。

增值税税率表见表2-3。

表2-3　增值税税率表

纳税人	应税行为	征税范围	税　率
原增值税纳税人	销售货物、进口货物、提供应税劳务	销售或者进口货物（另有列举的货物除外）；提供加工、修理修配劳务	16%
		粮食、食用植物油	10%
		暖气、冷气、热水、煤气、石油液化气、天然气、沼气、居民用煤炭制品	
		图书、报纸、杂志	
		饲料、化肥、农药、农机、农膜	
		农产品、食用盐、音像制品、电子出版物、二甲醚	
		国务院规定的其他货物	

（续表）

纳税人	应税行为	征税范围				税率
"营改增"一般纳税人	销售服务	交通运输服务				10%
		邮政服务				10%
		电信服务	基础电信服务			10%
			增值电信服务			6%
		建筑服务				10%
		金融服务				6%
		现代服务	研发和技术服务			6%
			信息技术服务			6%
			文化创意服务			6%
			物流辅助服务			6%
			租赁服务	融资租赁服务	有形动产融资租赁服务	16%
					不动产融资租赁服务	10%
				经营租赁服务	有形动产经营租赁服务	16%
					不动产经营租赁服务	10%
			鉴证咨询服务			6%
			广播影视服务			6%
			商务辅助服务			6%
			其他现代服务			6%
		生活服务				6%
	销售无形资产	技术				6%
		商标				
		著作权				
		商誉				
		其他权益性无形资产				
		自然资源使用权	海域使用权、探矿权、采矿权、取水权、其他自然资源使用权			10%
			土地使用权			10%
	销售不动产					
小规模纳税人		从事销售货物、服务、无形资产或者不动产,提供加工、修理修配劳务以及进口货物				征收率3%或5%

附:除部分不动产销售和租赁行为、劳务派遣适用简易计税差额的征收率为5%外,小规模纳税人发生的应税行为以及一般纳税人发生特定应税行为适用简易计税,增值税征收率为3%。

四、增值税的税收优惠

（一）法定免税项目

下列项目免征增值税：

① 农业生产者销售的自产农产品。

农业是指种植业、养殖业、林业、牧业、水产业。农业生产者指直接从事农业生产（包括植物的种植、收割和动物的饲养、捕捞等）的单位和个人。农业产品是指初级农业产品，具体范围由国家税务总局直属分局确定。

② 避孕药品和用具。

③ 古旧图书。古旧图书是指向社会收购的古书和旧书。

④ 直接用于科学研究、科学试验和教学的进口仪器、设备。

⑤ 外国政府、国际组织无偿援助的进口物资和设备。

⑥ 由残疾人的组织直接进口供残疾人专用的物品。

⑦ 除个体经营者外的其他个人销售的自己使用过的物品。

（二）"营改增"试点过渡政策

过渡期的其他免征项目：

① 托儿所、幼儿园提供的保育和教育服务。超过规定收费标准的收费，以开办实验班、特色班和兴趣班等为由另外收取的费用以及与幼儿入园挂钩的赞助费、支教费等超过规定范围的收入，不属于免征增值税的收入。

② 养老机构提供的养老服务。

③ 残疾人福利机构提供的育养服务。

④ 婚姻介绍服务。

⑤ 殡葬服务。

⑥ 残疾人员本人为社会提供的服务。

⑦ 医疗机构提供的医疗服务。

⑧ 从事学历教育的学校提供的教育服务。

上述学校均包括符合规定的从事学历教育的民办学校，但不包括职业培训机构等国家不承认学历的教育机构。学校以各种名义收取的赞助费、择校费等，不属于免征增值税的范围。

⑨ 学生勤工俭学提供的服务。

⑩ 农业机耕、排灌、病虫害防治、植物保护、农牧保险以及相关技术培训业务，家禽、牲畜、水生动物的配种和疾病防治。

⑪ 纪念馆、博物馆、文化馆、文物保护单位管理机构、美术馆、展览馆、书画院、图书馆在自己的场所提供文化体育服务取得的第一道门票收入。

⑫ 寺院、宫观、清真寺和教堂举办文化、宗教活动的门票收入。

⑬ 行政单位之外的其他单位收取的符合《试点实施办法》第十条规定条件的政府性基金和行政事业性收费。

⑭ 个人转让著作权。

⑮ 个人销售自建自用住房。

⑯ 2018 年 12 月 31 日前,公共租赁住房经营管理单位出租公共租赁住房。

⑰ 纳税人提供的直接或者间接国际货物运输代理服务。

⑱ 保险公司开办的 1 年期以上人身保险产品取得的保费收入。

⑲ 符合条件的贷款、债券利息收入。

⑳ 符合条件的金融商品转让收入。

㉑ 金融同业往来利息收入。

㉒ 符合条件的担保机构从事中小企业信用担保或者再担保业务取得的收入(不含信用评级、咨询、培训等收入)3 年内免征增值税。

㉓ 国家商品储备管理单位及其直属企业承担商品储备任务,从中央或者地方财政取得的利息补贴收入和价差补贴收入。

㉔ 纳税人提供技术转让、技术开发和与之相关的技术咨询、技术服务。

㉕ 同时符合条件的合同能源管理服务。

㉖ 政府举办的从事学历教育的高等、中等和初等学校(不含下属单位),举办进修班、培训班取得的全部归该学校所有的收入。

㉗ 政府举办的职业学校设立的主要为在校学生提供实习场所,并由学校出资自办、由学校负责经营管理、经营收入归学校所有的企业,从事《销售服务、无形资产或者不动产注释》中"现代服务"(不含融资租赁服务、广告服务和其他现代服务)、"生活服务"(不含文化体育服务、其他生活服务和桑拿、氧吧)业务活动取得的收入。

㉘ 家政服务企业由员工制家政服务员提供家政服务取得的收入。

㉙ 福利彩票、体育彩票的发行收入。

㉚ 军队空余房产租赁收入。

㉛ 为了配合国家住房制度改革,企业、行政事业单位按房改成本价、标准价出售住房取得的收入。

㉜ 将土地使用权转让给农业生产者用于农业生产。

㉝ 涉及家庭财产分割的个人无偿转让不动产、土地使用权。

家庭财产分割包括下列情形:离婚财产分割;无偿赠予配偶、父母、子女、祖父母、外祖父母、孙子女、外孙子女、兄弟姐妹;无偿赠予对其承担直接抚养或者赡养义务的抚养人或者赡养人;房屋产权所有人死亡,法定继承人、遗嘱继承人或者受遗赠人依法取得房屋产权。

㉞ 土地所有者出让土地使用权和土地使用者将土地使用权归还给土地所有者。

㉟ 县级以上地方人民政府或自然资源行政主管部门出让、转让或收回自然资源使用权(不含土地使用权)。

㊱ 随军家属就业。

㊲ 军队转业干部就业

(三) 起征点

对未达到起征点的纳税人实行免税;超过起征点的全额征税。增值税起征点的适用范围限于个人(认定为一般纳税人的个体工商户除外)。现行规定增值税起征点的幅度规定如下:

① 销售货物或者应税劳务的,为月销售额 5 000～20 000 元(含本数);

② 按次纳税的,为每次(日)销售额 300～500 元(含本数)。

省、自治区、直辖市财政厅(局)和国家税务局应在规定的幅度内,根据实际情况确定本地区适用的起征点,并报财政部、国家税务总局备案。

（四）小微企业免税规定

① 增值税小规模纳税人,月销售额不超过 3 万元(含 3 万元,下同)的,免征增值税。其中,以 1 个季度为纳税期限的增值税小规模纳税人,季度销售额不超过 9 万元的,免征增值税。

② 增值税小规模纳税人兼营"营改增"应税服务的,应当分别核算"营改增"应税服务的销售额,月销售额不超过 3 万元(按季纳税 9 万元)的,免征增值税。

③ 增值税小规模纳税人月销售额不超过 3 万元(按季纳税 9 万元)的,当期因代开增值税专用发票(含货物运输业增值税专用发票)已经缴纳的税款,在专用发票全部联次追回或者按规定开具红字专用发票后,可以向主管税务机关申报退还。

（五）其他减免税规定

① 纳税人兼营免税、减税项目的,应当分别核算免税、减税项目的销售额;未分别核算销售额的,不得免税、减税。

② 纳税人销售货物或者应税劳务适用免税规定的,可以放弃免税,依照《增值税暂行条例》的规定缴纳增值税。放弃免税后,36 个月内不得再申请免税。

 知识卡片

根据《财政部税务总局关于调整增值税税率的通知》(财税〔2018〕32 号),自 2018 年 5 月 1 日起,一是将制造业等行业增值税税率从 17% 降至 16%,将交通运输、建筑、基础电信服务等行业及农产品等货物的增值税税率从 11% 降至 10%。纳税人购进农产品,原适用 11% 扣除率的,扣除率调整为 10%。纳税人购进用于生产销售或委托加工 16% 税率货物的农产品,按照 12% 的扣除率计算进项税额。二是统一增值税小规模纳税人标准。将工业企业和商业企业小规模纳税人的年销售额标准由 50 万元和 80 万元上调至 500 万元,并在一定期限内允许已登记为一般纳税人的企业转登记为小规模纳税人。

 任务训练

一、单项选择题

1. 增值税的一般纳税人销售不动产适用的税率是(　　)。

A. 6%　　　　　　　　　　　　B. 10%

C. 16%　　　　　　　　　　　 D. 3%

2. 下列各项中,不征收增值税的是(　　)。

A. 存款利息　　　　　　　　　 B. 提供代理服务

C. 提供保险劳务　　　　　　　 D. 提供房产租赁服务

3. 应税服务的年应征增值税销售额超过财政部和国家税务总局规定标准的纳税人为一般纳税人,未超过规定标准的纳税人为小规模纳税人。目前该规定标准为(　　)万元。

A. 50　　　　　　　　　　　　 B. 80

C. 180　　　　　　　　　　　　D. 500

4. 一般纳税人提供财政部和国家税务总局规定的特定应税行为,可以选择适用简易计税方法计税,但一经选择,(   )内不得变更。

A. 12 个月 　　　　　　　　　　 B. 1 年

C. 36 个月 　　　　　　　　　　 D. 3 年

5. 应税服务年销售额超过规定标准的(   )不属于一般纳税人。

A. 行政单位 　　 B. 事业单位 　　 C. 个体工商户 　　 D. 其他个人

6. 下列服务项目中,不属于"营改增"鉴证咨询服务的是(   )。

A. 认证服务 　　 B. 鉴证服务 　　 C. 咨询服务 　　　 D. 代理服务

7. 下列服务项目中,不属于"营改增"信息技术服务的是(   )。

A. 软件服务 　　　　　　　　　　 B. 技术转让服务

C. 信息系统服务 　　　　　　　　 D. 业务流程管理服务

8. 属于现行增值税划分纳税人标准的是(   )。

A. 年应税销售额 50 万 　　　　　 B. 年应税销售额 80 万

C. 会计核算健全 　　　　　　　　 D. 年应税销售额 100 万

9. 纳税人实行零税率的,该经济业务对应的进项税额(   )。

A. 可以抵扣 　　 B. 不得抵扣 　　 C. 无法确定 　　　 D. 部分抵扣

10. 下列各项中,符合增值税减免税规定的是(   )。

A. 纳税人经营免税项目并同时兼营应税项目的,不可享受免税优惠

B. 纳税人书面申请备案后,可以放弃其享受的免税权

C. 纳税人放弃免税权后 5 年内不得再申请享受免税优惠

D. 超市销售农产品享受免税

二、多项选择题

1. 增值税一般纳税人发生应税行为,适用 10% 税率的有(   )。

A. 销售土地使用权 　　　　　　　 B. 销售建筑服务

C. 销售不动产 　　　　　　　　　 D. 销售基础电信服务

2. 根据增值税法律制度的规定,下列各项中,属于增值税征收范围的有(   )。

A. 技术咨询 　　　　　　　　　　 B. 知识产权服务

C. 旅游服务 　　　　　　　　　　 D. 不动产租赁服务

3. 根据《增值税暂行条例》的规定,个人销售额未达到起征点的,免征增值税。现行增值税的起征点为(   )。

A. 销售货物的起征点为月销售额 5 000～20 000 元

B. 销售应税劳务的起征点为月销售额 3 000 元～10 000 元

C. 按次纳税的起征点为每次(日)销售额 300～500 元

D. 按次纳税的起征点为每次(日)销售额 200～500 元

4. 混合销售行为的基本特征为(   )。

A. 既涉及货物销售又涉及服务 　　 B. 发生在同一项销售行为中

C. 从一个购买方取得货款 　　　　 D. 从不同购买方收取货款

5. 增值税一般纳税人发生应税行为,适用 6% 税率的有(   )。

A. 销售基础电信服务 　　　　　　 B. 销售增值电信服务

C. 销售生活服务   D. 销售现代服务

6. 下列各项中,应计入年应税销售额的有(　　)。

A. 预售销售额   B. 免税销售额

C. 稽查查补销售额   D. 纳税评估调整销售额

7. 下列各选项中,不属于在境内提供应税服务情形的是(　　)。

A. 境外单位或者个人向境内单位或者个人提供完全在境外消费的应税服务

B. 境外单位或者个人向境内单位或者个人出租完全在境外使用的有形动产

C. 应税服务提供方在境内

D. 应税服务购买方在境内

8. 下列属于"营改增"有形动产租赁服务的是(　　)。

A. 远洋运输的程租业务   B. 远洋运输的光租业务

C. 航空运输的湿租业务   D. 航空运输的干租业务

9. 下列属于"营改增"陆路运输服务的是(　　)。

A. 公路运输   B. 缆车运输   C. 索道运输   D. 铁路运输

10. 不征收增值税的项目包括(　　)。

A. 存款利息   B. 转让土地使用权

C. 被保险人获得的保险赔付   D. 销售有形动产

任务三　增值税应纳税额的计算

增值税的计税方法包括一般计税方法和简易计税方法。

一般情况下,一般纳税人适用一般计税方法,即按照销项税额减去进项税额的差额作为应纳税额;小规模纳税人适用简易计税方法,即按照销售额与征收率的乘积作为应纳税额。此外,一般纳税人部分特定项目可以选择简易计税方法来计算征收增值税。

一、一般计税方法

增值税一般纳税人当期应纳增值税税额为当期销项税额抵扣当期进项税额后的余额。应纳税额计算公式如下:

$$应纳税额 = 当期销项税额 - 当期进项税额$$

根据税法的规定,当期销项税额小于当期进项税额不足抵扣时,其不足部分可以结转下期继续抵扣。

（一）销项税额的计算

1. 销项税额的概念

销项税额是指纳税人发生应税行为,按照销售额和增值税税率计算并向购买方收取的增值税税额。销项税额的计算公式为:

$$销项税额 = 销售额 \times 适用税率$$

需要强调的是,增值税是价外税,计税时的"销售额"必须是不包括收取的销项税额的销售额。一般纳税人发生应税行为时取得的含税销售额在计算销项税额时,必须将其换算为不含税的销售额。不含税销售额的计算公式为:

$$不含税销售额 = 含税销售额 \div (1 + 适用税率)$$

【思考题 2-7】 某钢厂属于增值税一般纳税人,2018 年 10 月销售 A 类钢材开出的增值税专用发票上注明的价款为 500 万元,税额 85 万元,销售 B 类钢材开具了普通发票并取得含税销售额 23.2 万元。

请问该钢厂当月应纳增值税的销售额是多少?

2. 销售额的确定

(1) 一般销售方式下的销售额

销售额是指纳税人发生应税行为取得的全部价款和价外费用。财政部和国家税务总局另有规定的除外。

价外费用是指价外收取的各种性质的费用,具体包括手续费、补贴、基金、集资费、返还利润、奖励费、违约金(延期付款利息)、包装费、包装物租金、储备费、优质费、运输装卸费、代收款项、代垫款项及其他各种性质的价外收费。

但上述价外费用不包括以下项目:

① 受托加工应征消费税的货物所代收代缴的消费税。

② 代为收取并符合规定的政府性基金或者行政事业性收费。

③ 以委托方名义开具发票代委托方收取的款项。

销售额以人民币计算。纳税人按照人民币以外的货币结算销售额的,应当折合成人民币计算,折合率可以选择销售额发生的当天或者当月 1 日的人民币汇率中间价。纳税人应当在事先确定采用何种折合率,确定后 12 个月内不得变更。

【思考题 2-8】 某增值税一般纳税人销售货物一批,开出增值税专用发票,销售额为 100 000 元,税额 16 000 元,另开出一张普通发票收取包装费 116 元。

请问该笔业务的计税销售额是多少?

(2) 混合销售和兼营的销售额

根据《营业税改征增值税试点实施办法》及相关规定,混合销售的销售额为货物的销售额与服务销售额的合计。纳税人兼营不同税率的货物、劳务、服务、无形资产或者不动产,应当分别核算不同税率或者征收率的销售额;未分别核算销售额的,从高适用税率。

【思考题 2-9】 某商场为增值税一般纳税人,销售电脑一批,开出专用发票上注明电脑价款为 10 万元,销项税额为 1.6 万元,另向购买方收取运输费用 232 元。

请问该商场销售该批电脑的应纳税销售额是多少?

(3) 视同销售行为的销售额

纳税人发生应税行为,价格明显偏低且无正当理由的,或纳税人发生了视同销售行为而无销售额的,主管税务机关有权按照下列顺序核定其销售额:

① 按照纳税人最近时期同类货物的平均销售价格确定。

② 按照其他纳税人最近时期同类货物的平均销售价格确定。

③ 按照组成计税价格确定。组成计税价格的公式为:

$$组成计税价格 = 成本 \times (1 + 成本利润率)$$

征收增值税的货物同时又征收消费税的,其组成计税价格中应加计消费税税额。其组成计税价格公式为:

$$组成计税价格 = 成本 \times (1 + 成本利润率) + 消费税税额$$

或:

$$组成计税价格 = 成本 \times (1 + 成本利润率) \div (1 - 消费税税率)$$

公式中,成本是指销售自产货物的为实际生产成本。销售外购货物的为实际采购成本。公式中的成本利润率,不征消费税的货物成本利润率确定为10%。但属于应从价定率征收消费税的货物,为《消费税若干具体问题的规定》中规定的成本利润率。

《营业税改征增值税试点实施办法》规定,纳税人发生应税行为价格明显偏低或者偏高且不具有合理商业目的的,或者发生视同销售行为而无销售额的,主管税务机关有权按照下列顺序确定销售额:

① 按照纳税人最近时期销售同类服务、无形资产或者不动产的平均价格确定。

② 按照其他纳税人最近时期销售同类服务、无形资产或者不动产的平均价格确定。

③ 按照组成计税价格确定。组成计税价格的公式为:

$$组成计税价格 = 成本 \times (1 + 成本利润率)$$

不具有合理商业目的是指以谋取税收利益为主要目的,通过人为安排,减少、免除、推迟缴纳增值税税款,或者增加退还增值税税款。

【思考题 2-10】 某企业某月发生以下业务:销售给 A 企业货物 1 000 件,单价 1 500 元;销售给 B 企业同类货物 2 000 件,单价 1 400 元;销售给 C 企业同类货物 500 件,单价 500 元;将同类货物 100 件用于换取生活资料。当月生产一种新产品 500 件,生产成本为每件 2 000 元,全部发放职工福利和赠送客户使用。

请问该企业当月的销售额是多少?

【思考题 2-11】 某企业为增值税一般纳税人,本月生产加工一批新产品 450 件,每件成本价 380 元(无同类产品市场价格),全部售给本企业职工,取得不含税销售额 171 000 元。

请问其销售额是多少?

【思考题 2-12】 某钢厂为增值税一般纳税人,本月将成本价为 16 万元的钢材用于对外投资,成本利润率为 10%。

请问该钢厂增值税的销项税额是多少?

(4) 特殊销售方式下的销售额

① 以折扣方式销售货物或应税劳务。折扣销售又称商业折扣,是指销货方为了鼓励购货方多购买货物而给予买方的一种价格优惠,实质是一种促销方式。目前税法规定,这种因为促销而发生的价格折扣,其折扣额可以在销售额中扣减,以折扣后的余额计算增值税。旧的规定强调折扣额和销售额是否在同一张发票上分别注明,而基于目前增值税防伪税控开票系统开票的实际情况,已不用再强调这一点了。

还需注意,折扣销售可以从销售额中扣减折扣额的,只能是价格折扣。如果是给予的是实物折扣,应该按视同销售行为中的"无偿赠送"进行处理,实物款额不能从原销售额中减除。

销售折扣又称现金折扣,是指销货方在采用赊销方式销售货物或提供劳务时,为了鼓励购货方尽早偿还货款,按协议许诺给予购货方的一种债务扣除,如10天内付款,货款折扣2%;20天内付款,折扣1%;30天内全价付款。销售折扣是发生在销售货物之后的,从其性质看属于企业本身的一种融资行为,故折扣额不能从销售额中扣除。

销售折让是指货物售出后购货方发现品种、质量有问题,但没有提出退货,而销货方因此给予买方一定的价格折让。销售折让实质是原销售额的减少。按税法的规定,因为产品质量等问题发生销售折让的,销货方取得税务机关出具的"企业进货退出及索取折让证明单",方可开具红字专用发票,据以扣减折让当期的增值税销项税额。

【思考题2-13】 甲企业销售给乙公司10 000件玩具,每件不含税价格为20元,由于乙公司购买数量多,甲企业按原价的8折优惠销售,并提供"1/10,n/20"的销售折扣。乙公司于10日内付款。

请问甲企业此项业务的销售额是多少?

【思考题2-14】 某建材公司本月销售瓷砖一批,售价1 000万元,合同规定购买方所需瓷砖为绿色,但购买方检验时发现瓷砖为蓝色,后来查明原因,装货负责人患有色弱,经协商销售方同意以3%的价格做出让步,退还购买方货款30万元。

请问该建材公司上述业务应纳的销项税额为多少?

② 以旧换新方式销售货物。以旧换新是指纳税人在销售自己的货物时,有偿收回旧货物的行为。根据税法的规定,采取以旧换新方式销售货物的,应按新货物的同期销售价格确定销售额,不得扣减旧货物的收购价格。之所以这样规定,既是因为销售货物与收购货物是两个不同的业务活动,销售额与收购额不能相互抵减,也是为了严格增值税的计算征收,防止出现销售额不实、减少纳税的现象。考虑到金银首饰以旧换新业务的特殊情况,对金银首饰以旧换新业务,可以按销售方实际收取的不含增值税的全部价款征收增值税。

【思考题2-15】 苏宁电器采取以旧换新方式销售家用电脑20台,每台零售价5 500元,旧电脑折价500元,顾客只需支付5 000元。

请问其计税销售额是多少?

③ 还本销售方式销售货物。还本销售是指纳税人在销售货物后,到一定期限由销售方一次或分次退还给购货方全部或部分价款。这种方式实际上是一种筹资,是以货物换取资金的使用价值,到期还本不付息的方法。税法规定,采取还本销售方式销售货物,其销售额就是货物的销售价格,不得从销售额中减除还本支出。

【思考题2-16】 某企业本月销售货物一批50万元,合同规定分5个月归还货款给购买方,从本月起每个月归还2万元。

请问该企业本月的计税销售额为多少?

④ 采取以物易物方式销售。以物易物是一种较为特殊的购销活动,是指购、销双方不是以货币结算,而是以同等价款的货物相互结算,实现货物购销的一种方式。税法规定,以物易物双方都应作购销处理,以各自发出的货物核算销售额并计算销项税额,以各自收到的货物按规定核算购货额并计算进项税额。应注意,在以物易物活动中,应分别开具合法的票据,如收到的货物不能取得相应的增值税专用发票或其他合法票据的,不能抵扣进项税额。

【思考题2-17】 甲、乙采用以物易物方式交易,甲将一台价值80万元的机器销售给乙,乙将一台价值80万元的仪器设备销售给甲,双方均开具了增值税专用发票。

请问甲、乙双方的销项税额分别是多少?

⑤ 包装物押金。纳税人销售货物时另收取包装物押金,目的是促使购货方及早退回包装物以便周转使用。根据税法的规定,纳税人为销售货物而出租出借包装物收取的押金,单独记账核算的,未逾期的,不并入销售额征税,但对因逾期未收回包装物不再退还的押金,应按所包装货物的适用税率计算销项税额。这里要注意两点,第一,逾期是指按合同约定实际逾期或以1年为期限,对收取1年以上的押金,无论是否退还均并入销售额征税。对于个别包装物周转使用期限较长的,报经税务机关确定后,可适当放宽逾期期限。第二,包装物押金一般视为含税收入,在征税时需要先将该押金换算为不含税价再并入销售额征税。

对销售除啤酒、黄酒外的其他酒类产品而收取的包装物押金,无论是否返还以及会计上如何核算,均应并入当期销售额征税。对销售啤酒、黄酒所收取的押金,按上述一般押金的规定处理。

【思考题 2-18】 某涂料厂(一般纳税人)本月向某建材公司销售 A 种涂料 200 桶,出厂不含税价格每桶 80 元。同时,收取包装物押金 4 640 元(每个包装物的押金为 23.2 元),已单独设账核算。当月还因上年销售涂料时出借的包装物 100 个无法收回,故没收上年收取的包装物押金 2 320 元。

请问如何进行税务处理?

【思考题 2-19】 某酒厂(一般纳税人)本月销售散装白酒 20 吨,出厂价格为 3 000 元/吨,销售额 60 000 元。同时收取包装物押金 3 480 元,已单独设账核算。

请问销售包装物的销项税额是多少?

⑥ 纳税人经营旧货或销售自己使用过的固定资产、物品的征税规定。所谓旧货,是指进入二次流通的具有部分使用价值的货物(含旧汽车、旧摩托车和旧游艇),但不包括自己使用过的物品;使用过的固定资产是自己使用过的账上作为固定资产管理并计提折旧的;使用过的物品是指价值较小,不作为固定资产管理并核算的包装物等其他低值易耗品。纳税人经营旧货或销售自己使用过的固定资产、物品的征税规定见表 2-4。

表 2-4 纳税人经营旧货或销售自己使用过的固定资产、物品征税规定一览表

纳税人	销售情形	税务处理	计税公式
一般纳税人	销售旧货	按简易的办法:依 3%征收率减按 2%征收增值税	增值税 = 售价÷(1+3%)×2%
	纳税人购进或者自制固定资产时为小规模纳税人,认定为一般纳税人后销售该固定资产		
	销售其按照规定不得抵扣且未抵扣进项税额的固定资产	按正常销售货物适用税率征收增值税	增值税 = 售价÷(1+16%)×16%
	销售自己使用过的其他固定资产(即除上述两种情形以外的使用过的固定资产)		
	销售自己使用过的除固定资产以外的物品		
小规模纳税人(除其他个人外)	销售旧货	减按 2%征收率征收增值税	增值税 = 售价÷(1+3%)×2%
	销售自己使用过的固定资产		
	销售自己使用过的除固定资产以外的物品	按 3%征收率征收增值税	增值税 = 售价÷(1+3%)×3%

【思考题 2-20】 某企业(一般纳税人)由于经营困难,拟将两台闲置放在生产车间已使

用过的机器设备出售,以盘活流动资金,等待时机东山再起。其中 A 设备为 2008 年购进,原值 116 万元(含进项税额);B 设备为 2015 年 3 月份购进,原值 200 万元,购进时抵扣进项税额 32 万。这两台设备不含税售价分别是 80 万元和 210 万元。

请问该企业销售业务的增值税税额是多少?

(5) 服务的特殊销售方式下的销售额

① 贷款服务,以提供贷款服务取得的全部利息及利息性质的收入为销售额。

② 直接收费金融服务,以提供直接收费金融服务收取的手续费、佣金、酬金、管理费、服务费、经手费、开户费、过户费、结算费、转托管费等各类费用为销售额。

③ 金融商品转让,按照卖出价扣除买入价后的余额为销售额。转让金融商品出现的正负差,按盈亏相抵后的余额为销售额。若相抵后出现负差,可结转下一纳税期与下期转让金融商品销售额相抵,但年末时仍出现负差的,不得转入下一个会计年度。

金融商品的买入价,可以选择按照加权平均法或者移动加权平均法进行核算,选择后 36 个月内不得变更。

金融商品转让不得开具增值税专用发票。

④ 经纪代理服务,以取得的全部价款和价外费用,扣除向委托方收取并代为支付的政府性基金或者行政事业性收费后的余额为销售额。向委托方收取的政府性基金或者行政事业性收费,不得开具增值税专用发票。

⑤ 航空运输企业的销售额,不包括代收的机场建设费和代售其他航空运输企业客票而代收转付的价款。

⑥ 试点纳税人中的一般纳税人(以下称一般纳税人)提供客运场站服务,以其取得的全部价款和价外费用,扣除支付给承运方运费后的余额为销售额。

⑦ 试点纳税人提供旅游服务,可以选择以取得的全部价款和价外费用,扣除向旅游服务购买方收取并支付给其他单位或者个人的住宿费、餐饮费、交通费、签证费、门票费和支付给其他接团旅游企业的旅游费用后的余额为销售额。

选择上述办法计算销售额的试点纳税人,向旅游服务购买方收取并支付的上述费用,不得开具增值税专用发票,可以开具普通发票。

⑧ 试点纳税人提供建筑服务适用简易计税方法的,以取得的全部价款和价外费用扣除支付的分包款后的余额为销售额。

⑨ 房地产开发企业中的一般纳税人销售其开发的房地产项目(选择简易计税方法的房地产老项目除外),以取得的全部价款和价外费用,扣除受让土地时向政府部门支付的土地价款后余额为销售额。

房地产老项目是指《建筑工程施工许可证》注明的合同开工日期在 2016 年 4 月 30 日前的房地产项目。

【例 2-1】 某商场为增值税一般纳税人,某月发生以下业务:

① 批发服装一批,取得不含税销售额 18 万元,另向购买方收取运输装卸费 2 320 元,采用委托银行收款方式结算,货已发出并办妥托收手续。

② 零售各种服装,取得各种零售款项 11.6 万元,同时将零售价为 5 800 元的服装作为礼品赠送给顾客。

③ 销售给某公司服装一批,因规格不符,给予对方 1 万元的价格折让,原不含税售价为 21 万元。

④ 采取以旧换新方式销售电视机 20 台,每台零售价 3 480 元,另支付给顾客每台旧电视机收购款 250 元。

⑤ 没收逾期包装物押金 4 640 元。

要求:计算该商场该月应征增值税的销售额。

解:该商场该月的计税销售额如下:

(1) $18+0.232\div(1+16\%)=18.2$(万元)

(2) $11.6\div(1+16\%)+0.58\div(1+16\%)=10.5$(万元)

(3) $21-1=20$(万元)

(4) $0.348\div(1+16\%)\times20=6$(万元)

(5) $0.464\div(1+16\%)=0.4$(万元)

计税销售额合计$=18.2+10.5+20+6+0.4=55.1$(万元)

(二) 进项税额的计算

1. 进项税额的概念

进项税额是指纳税人购进货物、加工修理修配劳务、服务、无形资产或者不动产,支付或者负担的增值税税额。

对于任何一个一般纳税人而言,由于其在经营活动中,既会发生销售货物或提供应税劳务,又会发生购进货物或接受应税劳务,因此,每一个一般纳税人都会有收取的销项税额和支付的进项税额。增值税的核心就是用纳税人收取的销项税额抵扣其支付的进项税额,其余额为纳税人实际应缴纳的增值税税额。这样,进项税额作为可抵扣的部分,对于纳税人实际纳税多少就产生了举足轻重的作用。

对于进项税额,我们须了解以下几点:

① 进项税额是与销项税额相对应的另一个概念。在开具增值税专用发票的情况下,它们之间的对应关系是,销售方收取的销项税额,就是购买方支付的进项税额。

② 除购进免税农产品和某些特殊抵扣项目以外,进项税额通常是在增值税专用发票上计算并注明的,在实际情况中,购货方一般根据取得的增值税专用发票等扣税凭证确定进项税额。

③ 并不是纳税人支付的所有进项税额都可以从销项税额中抵扣,税法对不能抵扣进项税额的项目作了严格的规定,纳税人不得随意进行抵扣。

2. 准予从销项税额中抵扣的进项税额

① 从销售方取得的增值税专用发票(含税控机动车销售统一发票,下同)上注明的增值税税额。

a. 适用一般计税方法的试点纳税人,2016 年 5 月 1 日后取得并在会计制度上按固定资产核算的不动产或者 2016 年 5 月 1 日后取得的不动产在建工程,其进项税额应自取得之日起分 2 年从销项税额中抵扣,第一年抵扣比例为 60%,第二年抵扣比例为 40%。上述进项税额中,60% 的部分于取得扣税凭证的当期从销项税额中抵扣;40% 的部分为待抵扣进项税额,于取得扣税凭证的当月起第 13 个月从销项税额中抵扣。

取得不动产,包括以直接购买、接受捐赠、接受投资入股、自建以及抵债等各种形式取得不动产,不包括房地产开发企业自行开发的房地产项目。

融资租入的不动产以及在施工现场修建的临时建筑物、构筑物,其进项税额不适用上述分 2 年抵扣的规定。

b. 纳税人自用的应征消费税的摩托车、汽车、游艇,其进项税额准予从销项税额中抵扣。

② 从海关取得的海关进口增值税专用缴款书上注明的增值税税额;

③ 购进农产品,除取得增值税专用发票或者海关进口增值税专用缴款书外,按照农产品收购发票或者销售发票上注明的农产品买价和10%的扣除率计算的进项税额。其计算公式为:

$$进项税额 = 买价 \times 扣除率$$

买价是指纳税人购进农产品在农产品收购发票或者销售发票上注明的价款和按照规定缴纳的烟叶税。

购进农产品,按照《农产品增值税进项税额核定扣除试点实施办法》抵扣进项税额的除外。

④ 从境外单位或者个人购进服务、无形资产或者不动产,自税务机关或者扣缴义务人取得的解缴税款的完税凭证上注明的增值税税额。

增值税专用发票自开具之日起360日内认证或登录增值税发票选择确认平台进行确认,认证通过的次月申报期内向主管税务机关申报抵扣。未在规定期限内办理认证、申报抵扣,不得作为合法的增值税扣税凭证,不得计算进项税额抵扣。

【思考题 2 - 21】　某企业是增值税一般纳税人,采购一批原材料支付材料款共计 10 万元。

请问该企业可抵扣的增值税进项税额是多少?

【思考题 2 - 22】　某企业为增值税一般纳税人,从农业生产者手中收购免税农产品一批,在税务机关批准使用的专用收购凭证上注明价款 60 000 元。

请问其可抵扣的增值税进项税额是多少?

3. 不得从销项税额中抵扣的进项税额

① 用于不产生销项税额的项目。用于简易计税方法的计税项目、免征增值税项目、集体福利或者个人消费的购进货物、加工、修理修配劳务、服务、无形资产和不动产。

纳税人的交际应酬消费属于个人消费。

② 因管理不善等因素造成的损失。

a. 非正常损失的购进货物以及相关的加工修理修配劳务和交通运输服务。

b. 非正常损失的在产品、产成品所耗用的购进货物(不包括固定资产)、加工修理修配劳务和交通运输业服务。

c. 非正常损失的不动产(含在建工程),以及该不动产所耗用的购进货物、设计。纳税人新建、改建、扩建、修缮、装饰不动产,均属于不动产在建工程。

这里所说的货物,是指构成不动产实体的材料和设备,包括建筑装饰材料和给排水、采暖、卫生、通风、照明、通讯、煤气、消防、中央空调、电梯、电气、智能化楼宇设备及配套设施。

非正常损失是指因管理不善造成货物被盗、丢失、霉烂变质,以及因违反法律法规造成货物或者不动产被依法没收、销毁、拆除的情形。

【思考题 2 - 23】　某果酱厂某月外购水果 10 000 千克,取得的增值税专用发票上注明的外购金额和增值税税额分别为 10 000 元和 1 100 元。在运输途中因管理不善导致水果腐烂 1 000 千克。水果运回后,用于发放职工福利 1 000 千克。其余全部加工成果酱 400 千克(20 千克水果加工成 1 千克果酱)。其中 350 千克全部销售,单价 20 元;50 千克因管理不善被盗。

请问当月该厂允许抵扣的进项税额是多少?

③ 购进的旅客运输服务、贷款服务、餐饮服务、居民日常服务和娱乐服务。

④ 纳税人接受贷款服务向贷款方支付的与该笔贷款直接相关的投融资顾问费、手续费、咨询费等费用,其进项税额不得从销项税额中抵扣。

⑤ 有下列情形之一者,应当按照销售额和增值税税率计算销项税额,不得抵扣进项税额,也不得使用增值税专用发票:

a. 一般纳税人会计核算不健全,或者不能够提供准确税务资料的。

b. 应当办理一般纳税人资格登记而未办理的。

⑥ 财政部和国家税务总局规定的其他情形。

4. 其他相关规定

① 适用一般计税方法的纳税人,兼营简易计税方法计税项目、免征增值税项目而无法划分不得抵扣的进项税额,按照下列公式计算不得抵扣的进项税额:

不得抵扣的进项税额=当期无法划分的全部进项税额×(当期简易计税方法计税
项目销售额+免征增值税项目销售额)÷当期全部销售额

主管税务机关可以按照上述公式依据年度数据对不得抵扣的进项税额进行清算。

② 已抵扣进项税额的购进货物(不含固定资产)、劳务、服务,发生不得从销项税额中抵扣进项税额规定情形的,应当将该进项税额从当期进项税额中扣减;无法确定该进项税额的,按照当期实际成本计算应扣减的进项税额。

③ 已抵扣进项税额的固定资产、无形资产或者不动产,发生不得从销项税额中抵扣进项税额规定情形的,按照下列公式计算不得抵扣的进项税额:

不得抵扣的进项税额 = 固定资产、无形资产或者不动产净值 × 适用税率

固定资产、无形资产或者不动产净值是指纳税人根据财务会计制度计提折旧或摊销后的余额。

④ 纳税人适用一般计税方法计税的,因销售折让、中止或者退回而退还给购买方的增值税税额,应当从当期的销项税额中扣减;因销售折让、中止或者退回而收回的增值税税额,应当从当期的进项税额中扣减。

【思考题 2-24】 某公司数月前购进甲材料一批,购进时入账的不含税价款是 800 000 元,已抵扣的进项税额是 128 000 元,由于仓库保管不善,使这批甲材料经雨淋后损失了 30%。请问该公司应该转出的进项税额是多少?

5. 关于增值税税控系统专用设备和技术维护费用抵减增值税税额的有关政策

自 2011 年 12 月 1 日起,增值税纳税人(含小规模纳税人)购买增值税防伪系统专用设备支付的费用以及缴纳的技术维护费可在增值税应纳税税额中全额抵减。其具体规定如下:

① 增值税纳税人 2011 年 12 月 1 日以后初次购买增值税税控系统专用设备(包括分开票机)支付的费用,可凭购买增值税税控系统专用设备取得的增值税专用发票,在增值税应纳税税额中全额抵减(抵减额为价税合计额),不足抵减的可结转下期继续抵减。增值税纳税人非初次购买增值税税控系统专用设备支付的费用,由其自行负担,不得在增值税应纳税税额中抵减。

增值税税控系统包括增值税防伪税控系统、货物运输业增值税专用发票税控系统、机动车销售统一发票税控系统和公路、内河货物运输业发票税控系统。

增值税防伪税控系统包括金税卡、IC 卡、读卡器或金税盘和报税盘;货物运输业增值税专

用发票税控系统专用设备包括税控盘和报税盘;机动车销售统一发票税控系统和公路、内河货物运输业发票税控系统专用设备包括税控盘和传输盘。

② 增值税纳税人 2011 年 12 月 1 日以后缴纳的技术维护费(不含补缴的 2011 年 11 月 30 日以前的技术维护费),可凭技术维护服务单位开具的技术维护费发票,在增值税应纳税额中全额抵减,不足抵减的可结转下期继续抵减。

③ 增值税一般纳税人支付的两项费用在增值税应纳税额中全额抵减的,其增值税专用发票不作为增值税抵扣凭证,其进项税额不得从销项税额中抵扣。

(三)应纳税额的计算

在确定了销项税额和进项税额后,就可以得出实际应纳税额。其计算公式为:

$$应纳税额 = 当期销项税额 - 当期进项税额$$

纳税人在计算应纳税额时,如果当期销项税额小于当期进项税额不足抵扣的部分,可以结转下期继续抵扣。

【例 2 - 2】 某电视机厂某月发生如下经济业务:

① 销售电视机 1 000 台,开具增值税专用发票,取得不含税销售收入 2 000 000 元;

② 当月购进材料若干批,取得增值税专用发票上注明价款合计 600 000 元,税金合计 96 000元,款项均付,材料均已验收入库。

③ 上月销售的电视机中,有两台因质量问题在本月退回,企业退还购货方价款和税金共计 4 640 元,已开具红字增值税专用发票。

④ 办公室购买办公用品,取得普通发票一张,价税合计 1 500 元。

⑤ 将自产的最新型号电视机 10 台用于奖励本厂优秀职工,已知每台电视机工厂成本为 2 400 元,因尚未对外销售过,故无同类产品售价。

⑥ 因仓库保管不善,导致仓库原材料被窃,经盘查,被窃材料账面价值为 5 000 元,该材料适用 16% 增值税税率。

⑦ 上月月末留抵税额为 116 000 元。(取得的增值税进项发票当月均已通过税务机关认证)

要求:根据上述资料请计算当月该电视机厂应纳增值税。

解:① 销售 1000 台电视机的销项税额 = 2 000 000 × 16% = 320 000(元)

② 购进材料的进项税额 = 96 000(元)

③ 因销售退回而扣减的销项税额 = 4 640 ÷ (1 + 16%) × 16% = 640(元)

④ 取得的增值税普通发票不得抵扣进项税额。

⑤ 自用新产品的销项税额 = 2400 × (1 + 10%) × 16% × 10 = 4 224(元)

⑥ 非正常损失应扣减的进项税额 = 5000 × 16% = 800(元)

⑦ 该电视机厂当月应缴纳的增值税额 = (320 000 + 4 224 - 640) - (96 000 - 850) - 116 000 = 112 434(元)

【例 2 - 3】 某公司为增值税一般纳税人,专门从事认证服务,2018 年 11 月发生如下业务:

① 11 月 6 日,提供认证服务取得含增值税收入 530 万元;

② 11 月 8 日,购进一台经营用设备,取得增值税专用发票,注明金额 100 万元,税额 16 万元;

③ 11 月 15 日,接受其他单位设计服务,取得增值税专用发票,注明金额 50 万元,税额 3 万元;

④ 11 月 20 日,接受某运输企业提供的交通运输服务,取得的增值税专用发票上注明金额 5 万元,税额 0.55 万元。

要求:计算该公司当月应纳的增值税税额。

解:当期销项税额 $=530÷(1+6\%)×6\%=30$(万元)

当期进项税额 $=17+3+0.55=20.55$(元)

应纳增值税税额 $=30-20.55=9.45$(万元)

【思考题 2-25】 某生产性企业为增值税一般纳税人,2018 年 11 月销售本企业产品一批,取得含税货款 232 万元;本月外购农产品一批,支付价款 100 万元。

请问该企业当月应纳的增值税是多少?

二、简易计税方法

(一)应纳税额的计算

简易计税方法,即按销售额和规定征收率计算应纳税额,且不得抵扣进项税额。但税控收款机除外。其应纳税额的计算公式如下:

$$应纳税额 = 销售额 × 征收率$$

式中,销售额与增值税一般纳税人计算应纳增值税销售额的规定内容一致,是销售货物或提供应税劳务向购买方收取的全部价款和价外费用,但不包括收取的增值税税额。

(二)含税销售额的换算

简易计税方法的销售额为不含税销售额。纳税人采用销售额和应纳税额合并定价方法的,按照下列公式计算不含税销售额:

$$不含税销售额 = 含税销售额 ÷ (1+征收率)$$

纳税人适用简易计税方法计税的,因销售折让、中止或者退回而退还给购买方的销售额,应当从当期销售额中扣减。扣减当期销售额后仍有余额造成多缴的税款,可以从以后的应纳税额中扣减。

【例 2-4】 某小型工厂为增值税小规模纳税人,8 月取得零售收入总额 12.36 万元。

要求:计算该工厂 8 月应缴纳的增值税税额。

解:8 月取得的不含税销售额 $=12.36÷(1+3\%)=12$(万元)

8 月应缴纳的增值税税额 $=12×3\%=0.36$(万元)

【例 2-5】 某公司为增值税小规模纳税人,专门从事商业咨询服务。2017 年 10 月发生如下业务:

① 15 日,向一般纳税人企业提供资讯信息服务,取得含增值税销售额 3.09 万元。

② 20 日,向某小规模纳税人提供注册信息服务,取得含增值税销售额 1.03 万元。

③ 25 日,购进办公用品,支付价款 2.06 万元,并取得增值税专用发票。

要求:计算该公司 10 月应缴纳的增值税税额。

解:销售额 $=(3.09+1.03)÷(1+3\%)=4$(万元)

应纳增值税税额＝4×3％＝0.12(万元)

（三）主管税务机关为小规模纳税人代开发票应纳税额的计算

小规模纳税人销售货物或提供应税劳务，可以申请由主管税务机关代开发票。主管税务机关为小规模纳税人(包括小规模纳税人中的企业、企业性单位及其他小规模纳税人)代开专用发票，应在专用发票"单价"栏和"金额"栏分别填写不含增值税税额的单价和销售额，因此，其应纳税额按销售额依照征收率计算。

三、进口货物应纳税额的计算

对进口货物征税是国际惯例。根据《条例》的规定，一切进口货物的单位和个人均应按规定缴纳增值税。

进口货物的收货人或办理报关手续的单位和个人，为进口货物增值税的纳税义务人。对于企事业单位和个人委托代理进口应征增值税的货物，鉴于代理进口货物的海关完税凭证，有的开具给委托方，有的开具给受托方的特殊性，对代理进口货物以海关开具的完税凭证上的纳税人为增值税纳税人。在实际工作中，一般由进口代理者代缴进口环节增值税。纳税后，由代理者将已纳税款和进口货物价款费用等与委托方结算，由委托者承担已纳税款。

进口货物增值税税率有：10％、10％，与内销产品相同。

纳税人进口货物，按照组成计税价格和税法规定的税率计算应纳税额，不得抵扣任何税额。其计算公式如下：

$$应纳税额 = 组成计税价格 × 税率$$

$$组成计税价格 = 关税完税价格 + 关税 + 消费税$$

或：

$$组成计税价格 = (关税完税价格 + 关税) ÷ (1 - 消费税税率)$$

从上述计算公式中，我们知道，进口货物增值税的组成计税价格中包括已纳关税税额，如果进口货物属于消费税应税消费品，其组成计税价格中还要包括进口环节已纳消费税税额。前述"不得抵扣任何税额"是指在计算进口环节的应纳增值税税额时，不得抵扣发生在我国境外的各种税金。

进口货物在海关缴纳的增值税符合抵扣范围的，凭借海关完税凭证，可以从当期销项税额中抵扣。

【例2－6】 某公司9月进口货物一批，该批货物关税完税价格为60万元。货物报关后，按规定缴纳了进口环节的增值税并取得了海关开具的完税凭证。假定该批进口货物在国内全部销售，取得不含税销售额100万元(货物进口关税税率15％，增值税税率16％)。

要求：计算该批货物进口环节、国内销售环节分别应缴纳的增值税税额。

解：应缴纳进口关税＝60×15％＝9(万元)

进口环节应纳增值税的组成计税价格＝60＋9＝69(万元)

进口环节应缴纳增值税税额＝69×16％＝11.04(万元)

国内销售环节的销项税额＝100×16％＝16(万元)

国内销售环节应缴纳增值税税额＝16－11.04＝4.96(万元)

 **知识卡片**

小规模纳税人试点自开发票

允许小规模纳税人自行开具专用发票是对现行增值税政策的突破。由于全面推行"营改增"试点后,各行各业均纳入到了增值税抵扣链条当中,一般纳税人迫切希望能取得更多的专票作为进项税额抵扣,而作为销售方的小规模纳税人若需开具专票,按照之前规定只能前往税务机关申请代开,增加了企业的时间成本与运营成本。自2016年8月1日起,试点在部分地区小规模纳税人住宿业自开增值税专用发票,自11月8日起,扩围至全国。分别自2017年3月1日与6月1日起,将鉴证咨询业、建筑业纳入小规模纳税人自开专用发票范围。

 任务训练

一、单项选择题

1. 下列各项中,既是增值税法定税率,又是增值税进项税额扣除率的是(　　　)。

    A. 7%   B. 10%   C. 11%   D. 17%

2. 2018年5月中旬,某商店(增值税小规模纳税人)购进童装150套,"六一"儿童节之前以每套100元的含税价格全部零售出去。该商店当月销售这批童装应纳的增值税为(　　　)元。

    A. 450   B. 436.89   C. 463.92   D. 600

3. 某金店(中国人民银行批准的金银首饰经营单位)为增值税一般纳税人,2018年5月采取"以旧换新"方式向消费者销售金项链20条,每条新项链的零售价格为2 600元,每条旧项链作价900元,每条项链取得差价款1 700元;取得首饰修理费2 270元。该金店上述业务应纳增值税税额为(　　　)元。

    A. 4 940.17   B. 5 002.76   C. 7 594.79   D. 7 264.96

4. 某家用电器修理厂为增值税一般纳税人,2018年10月,该厂提供修理劳务并收取修理费价税合计23.2万元;外购货物取得的增值税专用发票上列示增值税税款合计3万元。该修理厂本月应缴纳增值税(　　　)万元。

    A. 0.68   B. 1.32   C. 1.40   D. 0.40

5. 某服装厂为增值税小规模纳税人,2018年7月销售自己使用过2年的固定资产,取得含税销售额100 000元;销售自己使用过的包装物,取得含税销售额40 000元。该服装厂上述业务应纳增值税(　　　)元。

    A. 2 718.45   B. 3 106.80   C. 4 077.67   D. 3 125.83

6. 某农机生产企业为增值税一般纳税人。2018年9月,该企业向各地农机销售公司销售农机产品,开具的增值税专用发票上注明价款500万元;向各地农机修配站销售农机零配件,取得含税收入90万元;购进钢材等材料取得的增值税专用发票上注明税额59.5万元,购进办公用品取得的增值税专用发票上注明税额0.21万元。该企业当月应纳增值税(　　　)万元。

    A. 8.28   B. 5.64   C. 2.70   D. −1.53

7. 某生产企业为增值税一般纳税人,2018年7月销售化工产品取得含税销售额793.26

万元,为销售货物出借包装物收取押金15.21万元,约定2个月内返还;当月没收逾期未退还包装物的押金1.3万元。该企业上述业务的计税销售额应为( )万元。

A. 684.97 　　 B. 696.96 　　 C. 794.56 　　 D. 692.11

8. 下列经济业务中,作为增值税一般纳税人,即使外购货物或接受应税劳务取得了增值税专用发票,也不得将发票上注明的税金作为"应交税费——应交增值税(进项税额)"处理的是( )。

A. 公司办公室购办公用品 　　 B. 供销科外购低值易耗品
C. 外购食用油发给每个职工 　　 D. 运输队汽车发生修理费

二、多项选择题

1. 根据增值税法律制度的规定,下列各项中,应征收增值税的有( )。

A. 将外购的货物用于不征收增值税项目 B. 将外购的货物用于投资
C. 将外购的货物分配给股东 　　 D. 将外购的货物用于集体福利

2. 企业在商品销售价格之外向购买方收取的下列费用中,应并入销售额缴纳增值税的有( )。

A. 销项税额 　　 B. 储备费 　　 C. 包装费 　　 D. 价外基金

3. 增值税一般纳税人发生的下列进项税额中,不得从销项税额中抵扣的有( )。

A. 用于建造房屋购入物资 　　 B. 用于免税项目购进物资
C. 用于对外投资购进物资 　　 D. 非正常损失的购进物资

4. 非正常损失的在产品、产成品所耗用的购进货物或者应税劳务的进项税额不得从销项税额中抵扣。此处的非正常损失指( )。

A. 因管理不善造成被盗、丢失、霉烂变质的损失
B. 自然灾害损失
C. 生产过程的残次品损失
D. 因违反法律法规造成货物或者不动产被依法没收、销毁、拆除的情形

5. 某一般纳税人为生产酒类产品的企业,该企业销售啤酒收取的包装物押金增值税处理不正确的是( )。

A. 逾期1年以上的并入销售额缴纳增值税
B. 该押金收入为不含税收入
C. 不缴纳增值税
D. 无论是否返还均并入销售额

6. 增值税扣税凭证包括( )。

A. 农产品销售发票 　　 B. 农产品收购发票
C. 增值税专用发票 　　 D. 货物运输业专用发票

三、判断题

1. 在税款征收中,纳税人发生税法上的混合销售行为,均应按照销售货物征收增值税。( )

2. 纳税人为鼓励购货方及早偿还货款,协议许诺给予购货方的现金折扣,可以从销售额中减除。( )

3. 纳税人采取以旧换新方式销售货物的,可以从新货物销售额中减除收购旧货物所支付的金额。( )

4. 已抵扣进项税额的购进货物,如果作为集体福利发放给职工个人的,发放时应视同销售计算增值税的销项税额。 （　　）

5. 已抵扣进项税额的购进货物,如果因自然灾害而造成损失,应将损失货物的进项税额从当期发生的进项税额中扣减。 （　　）

6. 接受纳税人提供的应税服务,取得的增值税专用发票上注明的增值税税额为进项税额,准予从销项税额中抵扣。 （　　）

7. 纳税人自用的应征消费税的摩托车、汽车、游艇,其进项税额准予从销项税额中抵扣。 （　　）

8. 纳税人取得运输发票后,应当自开票之日起 90 天内向主管国家税务局申报抵扣,超过 90 天的不得予以抵扣。 （　　）

任务四　增值税专用发票的使用与管理

专用发票是增值税一般纳税人销售货物或者提供应税劳务开具的发票,是购买方支付增值税税额并可按照增值税有关规定据以抵扣增值税进项税额的凭证。专用发票不仅是纳税人经济活动中的重要商业凭证,而且是兼记销货方销项税额和购货方进项税额进行税款抵扣的凭证,对增值税的计算和管理起着决定性的作用。因此,正确使用增值税专用发票是十分重要的。

一般纳税人通过增值税防伪税控系统开具使用增值税专用发票。防伪税控系统集计算机、微电子、光电技术以及数据加密等技术为一体,取消了手工开票的方法,使用防伪税控开票子系统电脑开具增值税专用发票。整个系统以增值税专用发票为核心,为从发售发票时的源头控制、发票填开时的防伪与计税、发票抵扣时的识伪、增值税专用发票的抄报税等各个环节提供了强有力的监控手段,从而达到对增值税专用发票防伪和税控的双重功效。

一、专用发票的联次

专用发票由基本联次或者基本联次附加其他联次构成。目前由增值税防伪税控开票系统进行填开专用发票,其基本联次为三联,即记账联、抵扣联、发票联。

第一联为记账联,作为销售方核算销售收入和增值税销项税额的记账凭证。

第三联为发票联,作为购买方核算采购成本和增值税进项税额的记账凭证。

第二联为抵扣联,作为购买方报送主管税务机关认证和留存备查的凭证,购买方通过此联经税务机关认证后进行抵扣进项税额。

二、专用发票的开票限额

专用发票实行最高开票限额管理。最高开票限额是指单份专用发票开具的销售额合计数不得达到的上限额度。最高开票限额由一般纳税人申请,税务机关依法审批。纳税人填报《增值税专用发票最高开票限额申请单》,税务机关受理申请后需要进行实地查验。最高开票限额为 10 万元及以下的,由区县级税务机关审批;最高开票限额为 100 万元的,由地市级税务机关审批;最高开票限额为 1 000 万元及以上的,由省级税务机关审批。

三、专用发票的领购使用范围

增值税一般纳税人凭《发票领购簿》、税控盘和经办人身份证明领购专用发票。一般纳税

人有下列情形之一的,不得领购开具专用发票:

① 会计核算不健全,不能向税务机关准确提供增值税销项税额、进项税额、应纳税额数据及其他有关增值税税务资料的。

② 有《税收征管法》规定的税收违法行为,拒不接受税务机关处理的。

③ 有下列行为之一,经税务机关责令限期改正而仍未改正的:

a. 虚开增值税专用发票;

b. 私自印制专用发票;

c. 向税务机关以外的单位和个人买取专用发票;

d. 借用他人专用发票;

e. 未按发票开具要求开具专用发票;

f. 未按规定保管专用发票和专用设备。有下列情形之一的,为未按规定保管专用发票和专用设备:

一是未设专人保管专用发票和专用设备;

二是未按税务机关要求存放专用发票和专用设备;

三是未将认证相符的专用发票抵扣联、《认证结果通知书》和《认证结果清单》装订成册;

四是未经税务机关查验,擅自销毁专用发票基本联次。

g. 未按规定申请办理防伪税控系统变更发行;

h. 未按规定接受税务机关检查。

有以上情形的,如已领购专用发票,主管税务机关应暂扣其结存的专用发票和税控盘。

四、专用发票的开具范围

一般纳税人销售货物或者提供应税劳务,应向购买方开具专用发票。

商业企业一般纳税人零售的烟、酒、食品、服装、鞋帽(不包括劳保专用部分)、化妆品等消费品不得开具专用发票。

增值税小规模纳税人(以下简称小规模纳税人)需要开具专用发票的,可向主管税务机关申请代开。

销售免税货物不得开具专用发票,法律、法规及国家税务总局另有规定的除外。

五、专用发票的开具要求

① 项目齐全,与实际交易相符。

② 字迹清楚,不得压线、错格。

③ 发票联和抵扣联加盖发票专用章。

④ 按照增值税纳税义务的发生时间开具。

对不符合以上要求的专用发票,购买方有权拒收。

六、开具专用发票后发生退货或销售折让的处理

增值税一般纳税人开具增值税专用发票(以下简称专用发票)后,发生销货退回、销售折让以及开票有误等情况需要开具红字专用发票的,应视不同情况分别按以下规定办理:

① 因专用发票抵扣联、发票联均无法认证的,由购买方填报《开具红字增值税专用发票申

请单》(以下简称申请单),并在申请单上填写具体原因以及相对蓝字专用发票的信息,主管税务机关审核后出具《开具红字增值税专用发票通知单》(以下简称通知单)。购买方不做进项税额转出处理。

② 购买方所购货物不属于增值税扣税项目范围,取得的专用发票未经认证的,由购买方填报申请单,并在申请单上填写具体原因以及相对应蓝字专用发票的信息,主管税务机关审核后出具通知单。购买方不做进项税额转出处理。

③ 因开票有误购买方拒收专用发票的,销售方须在专用发票认证期限内向主管税务机关填报申请单,并在申请单上填写具体原因以及相对应蓝字专用发票的信息,同时提供由购买方出具的写明拒收理由、具体项目以及正确内容的书面材料,主管税务机关审核确认后出具通知单。销售方凭通知单开具红字专用发票。

④ 因开具有误等原因尚未将专用发票交付购买方的,销售方须在开具有误专用发票的次月内向主管税务机关填报申请单,并在申请单上填写具体原因以及相对应蓝字专用发票的信息,同时提供由销售方出具的写明具体理由、错误具体项目以及正确内容的书面材料,主管税务机关审核确认后出具通知单。销售方凭通知单开具红字专用发票。

⑤ 发生销货退回或销售折让的,除按照规定进行处理外,销售方还应在开具红字专用发票后将该笔业务的相应记账凭证复印件报送主管税务机关备案。

 任务训练

一、单项选择题

1. 下列不属于增值税专用设备的是( )。

A. 金税盘　　　　B. 报税盘　　　　C. 传输盘　　　　D. 电脑扫描仪

2. 增值税一般纳税人发生的下列业务中,应当开具增值税专用发票的是( )。

A. 向消费者销售应税货物　　　　B. 向某企业(一般纳税人)销售应税货物

C. 金融商品转让　　　　D. 销售免税货物

二、多项选择题

1. 根据增值税法律制度的规定,下列各项中,增值税一般纳税人不能开具增值税专用发票的是( )。

A. 向小规模纳税人销售货物　　　　B. 向个人消费者销售应税货物

C. 将货物用于集体福利　　　　D. 收到代销单位送交的代销货物清单

2. 下列属于开具增值税专用发票要求的有( )。

A. 项目齐全,与实际交易相符

B. 字迹清楚,不得压线、错格

C. 发票联和抵扣联加盖公章或财务专用章

D. 按照增值税纳税义务的发生时间开具

任务五　增值税的征收管理

一、纳税义务的发生时间

纳税义务的发生时间是指纳税人发生应税行为应当承担纳税义务的起始时间。税法明确规定纳税义务发生时间的作用在于,第一,正式确认纳税人已经发生属于税法规定的应税行为,应承担纳税义务;第二,有利于税务机关实施税务管理,合理规定申报期限和纳税期限,监督纳税人切实履行纳税义务。

（一）销售货物或者提供应税劳务的纳税义务发生时间

销售货物或者应税劳务的纳税义务发生时间为收讫销售款项或者取得索取销售款项凭据的当天;先开具发票的,为开具发票的当天。按销售结算方式的不同,具体确定为:

① 采取直接收款方式销售货物,不论货物是否发出,均为收到销售款或者取得索取销售款凭据的当天。

② 采取托收承付和委托银行收款方式销售货物,为发出货物并办妥托收手续的当天。

③ 采取赊销和分期收款方式销售货物,为书面合同约定的收款日期的当天,无书面合同的或者书面合同没有约定收款日期的,为货物发出的当天。

④ 采取预收货款方式销售货物,为货物发出的当天,但生产销售生产工期超过 12 个月的大型机械设备、船舶、飞机等货物,为收到预收款或者书面合同约定的收款日期的当天。

⑤ 委托其他纳税人代销货物,为收到代销单位的代销清单或者收到全部或者部分货款的当天。未收到代销清单及货款的,为发出代销货物满 180 天的当天。

⑥ 销售应税劳务,为提供劳务同时收讫销售款或者取得索取销售款的凭据的当天。

⑦ 纳税人发生前面所列视同销售货物行为,为货物移送的当天。

⑧ 进口货物的纳税义务发生时间为报关进口的当天。

⑨ 增值税扣缴义务发生时间为纳税人增值税纳税义务发生的当天。

（二）销售服务、无形资产、不动产的纳税义务发生时间

① 纳税人发生应税行为并收讫销售款项或者取得索取销售款项凭据的当天;先开具发票的,为开具发票的当天。

收讫销售款项是指纳税人销售服务、无形资产、不动产过程中或者完成后收到款项。

取得索取销售款项凭据的当天是指书面合同确定的付款日期。未签订书面合同或者书面合同未确定付款日期的,为服务、无形资产转让完成的当天或者不动产权属变更的当天。

② 纳税人提供建筑服务、租赁服务采取预收款方式的,其纳税义务发生时间为收到预收款的当天。

③ 纳税人从事金融商品转让的,为金融商品所有权转移的当天。

④ 纳税人发生视同销售情形的,其纳税义务发生时间为服务、无形资产转让完成的当天或者不动产权属变更的当天。

⑤ 增值税扣缴义务发生时间为纳税人增值税纳税义务发生的当天。

二、纳税地点

营业税改征增值税的由国家税务局负责征收。纳税人销售取得的不动产和其他个人出租不动产的增值税,国家税务局暂委托地方税务局代为征收。

① 固定业户应当向其机构所在地或者居住地主管税务机关申报纳税。总机构和分支机构不在同一县(市)的,应当分别向各自所在地的主管税务机关申报纳税;经财政部和国家税务总局或者其授权的财政和税务机关批准,可以由总机构汇总向总机构所在地的主管税务机关申报纳税。

② 非固定业户应当向应税行为发生地主管税务机关申报纳税;未申报纳税的,由其机构所在地或者居住地主管税务机关补征税款。

③ 其他个人提供建筑服务,销售或者租赁不动产,转让自然资源使用权,应向建筑服务发生地、不动产所在地、自然资源所在地主管税务机关申报纳税。

④ 进口货物应当向报关地海关申报纳税。

⑤ 扣缴义务人应当向其机构所在地或者居住地主管税务机关申报缴纳扣缴的税款。

固定业户到外县(市)销售货物或者应税劳务,应当向其机构所在地的主管税务机关申请开具《外出经营活动税收管理证明》,并向其机构所在地的主管税务机关申报纳税;未开具证明的,应当向销售地或者劳务发生地的主管税务机关申报纳税;未向销售地或者劳务发生地的主管税务机关申报纳税的,由其机构所在地的主管税务机关补征税款。

三、纳税期限

增值税的纳税期限分别为 1 日、3 日、5 日、10 日、15 日、1 个月或者 1 个季度。纳税人的具体纳税期限由主管税务机关根据纳税人应纳税额的大小分别核定。以 1 个季度为纳税期限的规定适用于小规模纳税人、银行、财务公司、信托投资公司、信用社,以及财政部和国家税务总局规定的其他纳税人。不能按照固定期限纳税的,可以按次纳税。

纳税人以 1 个月或者 1 个季度为 1 个纳税期的,自期满之日起 15 日内申报纳税;以 1 日、3 日、5 日、10 日或者 15 日为 1 个纳税期的,自期满之日起 5 日内预缴税款,于次月 1 日起 15 日内申报纳税并结清上月应纳税款。

纳税人进口货物的,应当自海关填发海关进口增值税专用缴款书之日起 15 日内缴纳税款。

四、纳税申报

(一)一般纳税人的纳税申报

根据《税收征收管理法》《增值税暂行条例》及《发票管理办法》的有关规定,国家税务总局制定了以下增值税一般纳税人纳税申报办法:

增值税一般纳税人的纳税申报资料包括:

①《增值税纳税申报表(一般纳税适用)》;

②《增值税纳税申报表附列资料(一)》(本期销售情况明细);

③《增值税纳税申报表附列资料(二)》(本期进项税额明细);

④《增值税纳税申报表附列资料(三)》(服务、不动产和无形资产扣除项目明细);

⑤《增值税纳税申报表附列资料(四)》(税额抵减情况表);

⑥《增值税纳税申报表附列资料(五)》(不动产分期抵扣计算表);

⑦《固定资产(不含不动产)进项税额抵扣情况表》;

⑧《本期抵扣进项结构明细表》;

⑨《增值税减免税申报明细表》。

《增值税纳税申报表(一般纳税适用)》见表2-5。

表2-5 增值税纳税申报表

(一般纳税人适用)

根据国家税收法律法规及增值税相关规定制定本表。纳税人不论有无销售额,均应按税务机关核定的纳税期限按期填写本表,向当地税务机关申报。

税款所属时间:自 年 月 日至 年 月 日

填表日期: 年 月 日

金额单位:元(列至角分)

纳税人识别号									所属行业:		
纳税人名称	(公章)		法定代表人姓名			注册地址			生产经营地址		
开户银行及账号			登记注册类型					电话号码			

项目		栏次	一般项目		即征即退项目	
			本月数	本年累计	本月数	本年累计
销售额	(一)按适用税率计税销售额	1				
	其中 应税货物销售额	2				
	应税劳务销售额	3				
	纳税检查调整的销售额	4				
销售额	(二)按简易办法计税销售额	5				
	其中:纳税检查调整的销售额	6				
	(三)免、抵、退办法出口销售额	7				
	(四)免税销售额	8				
	其中 免税货物销售额	9				
	免税劳务销售额	10				
税款计算	销项税额	11				
	进项税额	12				
	上期留抵税额	13				
	进项税额转出	14				
	免抵退货物应退税额	15				
	按适用税率计算的纳税检查应补缴税额	16				

（续表）

项　目		栏　次	一般项目		即征即退项目	
			本月数	本年累计	本月数	本年累计
税款计算	应抵扣税额合计	$17=12+13-14-15-16$				
	实际抵扣税额	18（如17<11，则为17，否则为11）				
	应纳税额	$19=11-18$				
	期末留抵税额	$20=17-18$				
	简易计税办法计算的应纳税额	21				
	按简易计税办法计算的纳税检查应补缴税额	22				
	应纳税额减征额	23				
	应纳税额合计	$24=19+21-23$				
税款缴纳	期初未缴税额（多缴为负数）	25				
	实收出口开具专用缴款书退税额	26			—	—
	本期已缴税额	$27=28+29+30+31$				
	① 分次预缴税额	28			—	—
	② 出口开具专用缴款书预缴税额	29			—	—
	③ 本期缴纳上期应纳税额	30				
	④ 本期缴纳欠缴税额	31				
	期末未缴税额（多缴为负数）	$32=24+25+26-27$				
	其中：欠缴税额（≥0）	$33=25+26-27$				
税款缴纳	本期应补（退）税额	$34=24-28-29$			—	—
	即征即退实际退税额	35	—	—		
	期初未缴查补税额	36			—	—
	本期入库查补税额	37			—	—
	期末未缴查补税额	$38=16+22+36-37$				
授权声明	如果你已委托代理人申报，请填写下列资料： 　　为代理一切税务事宜，现授权 　　（地址）　　为本纳税人的代理申报人，任何与本申报表有关的往来文件，都可寄与此人。 　　授权人签字：		申报人声明	此纳税申报表是根据国家税收法律法规及相关规定填报的，我确定它是真实的、可靠的、完整的。 　　声明人签字：		

主管税务机关：　　　　　　　　　　接收人：　　　　　　　　　　接收日期：

（二）小规模纳税人的纳税申报

增值税小规模纳税人纳税申报表见表2-6。

表2-6 增值税纳税申报表

（小规模纳税人适用）

纳税人识别号：□□□□□□□□□□□□□□□□□□□□

纳税人名称（公章）： 金额单位:元(列至角分)

税款所属时间:自 年 月 日至 年 月 日 填表日期: 年 月 日

	项 目	栏 次	本期数		本年累计	
			货物及劳务	服务、不动产和无形资产	货物及劳务	服务、不动产和无形资产
一、计税依据	（一）应征增值税不含税销售额(3%征收率)	1				
	税务机关代开的增值税专用发票不含税销售额	2				
	税控器具开具的普通发票不含税销售额	3				
	（二）应征增值税不含税销售额(5%征收率)	4	——		——	
	税务机关代开的增值税专用发票不含税销售额	5	——		——	
	税控器具开具的普通发票不含税销售额	6	——		——	
	（三）销售使用过的固定资产不含税销售额	7(7≥8)			——	
	其中:税控器具开具的普通发票不含税销售额	8			——	
	（四）免税销售额	9=10+11+12				
	其中:小微企业免税销售额	10				
	未达起征点销售额	11				
	其他免税销售额	12				
	（五）出口免税销售额	13(13≥14)				
	其中:税控器具开具的普通发票销售额	14				
二、税款计算	本期应纳税额	15				
	本期应纳税额减征额	16				
	本期免税额	17				
	其中:小微企业免税额	18				
	未达起征点免税额	19				
	应纳税额合计	20=15-16				

（续表）

二、税款计算	项　目	栏　次	本期数		本年累计	
			货物及劳务	服务、不动产和无形资产	货物及劳务	服务、不动产和无形资产
	本期预缴税额	21			——	——
	本期应补（退）税额	22＝20－21			——	——

纳税人或代理人声明：	如纳税人填报，由纳税人填写以下各栏：
本纳税申报表是根据国家税收法律法规及相关规定填报的，我确定它是真实的、可靠的、完整的。	办税人员：　　　　　　　　财务负责人： 法定代表人：　　　　　　　　联系电话： 如委托代理人填报，由代理人填写以下各栏： 代理人名称（公章）：　　　　经办人： 　　　　　　　　　　　　　　联系电话：

主管税务机关：　　　　　　　　接收人：　　　　　　　　接收日期：

 任务训练

一、单项选择题

1. 甲企业 2016 年 5 月 1 日为乙企业提供一项技术咨询服务，合同价款为 200 万元，合同约定 5 月 10 日乙企业付款 50 万元，但实际到 2016 年 6 月 7 日才付款，则甲企业的纳税义务发生时间是（　　）。

A. 5 月 1 日　　　　　B. 5 月 10 日　　　　C. 6 月 7 日　　　　D. 6 月 30 日

2. 根据《增值税暂行条例》的规定，采取预收货款方式销售货物，增值税纳税义务的发生时间是（　　）。

A. 销售方收到第一笔货款的当天　　　B. 销售方收到剩余货款的当天
C. 销售方发出货物的当天　　　　　　D. 购买方收到货物的当天

3. 采用赊销、分期付款结算方式，增值税纳税义务的发生时间是（　　）。

A. 销售方收到货款的当天　　　　　　B. 发出货物的当天
C. 合同约定的当天　　　　　　　　　D. 取得索款凭证的当天

4. 增值税纳税人以 1 个月为一期纳税的，自期满之日起（　　）日内申报纳税。

A. 3　　　　　　　B. 5　　　　　　　C. 10　　　　　　　D. 15

5. 纳税人提供的建筑业劳务，应当向（　　）的主管税务机关申报纳税。

A. 纳税人机构所在地　　　　　　　　B. 纳税人登记注册地
C. 应税劳务发生地　　　　　　　　　D. 纳税人居住地

二、多项选择题

1. 下列属于增值税纳税期限的有（　　）。

A. 1 日、3 日、5 日、10 日、15 日　　　B. 1 个月

C. 1 个季度　　　D. 半年

2. 下列关于纳税义务发生时间的说法中,正确的是(　　)。

A. 销售货物为收讫销售款项或取得索取销售款项凭据的当天

B. 从事金融商品转让为金融商品所有权转移的当天

C. 先开具发票的为货物发出当天

D. 进口货物为报关进口的当天

3. 下列有关增值税纳税地点的说法中,正确的是(　　)。

A. 总机构和分支机构不在同一县(市)的,向总机构所在地的主管税务机关申报纳税

B. 扣缴义务人应当向其机构所在地或者居住地主管税务机关申报缴纳其扣缴的税款

C. 固定业户应当向其机构所在地或者居住地主管税务机关申报缴纳其扣缴的税款

D. 非固定业户应当向其机构所在地或者居住地主管税务机关申报纳税

 项目小结

本项目主要讲述了增值税的基本内容、一般纳税人与小规模纳税人应纳增值税税额的计算、增值税的征收管理以及专用发票的使用与管理。学生只有掌握了增值税的税制要素、政策规定及专用发票的使用管理,才能正确计算增值税的应纳税额,只有正确计算出增值税的应纳税额,企业才能进行纳税申报,各个环节缺一不可,互为体系。

➢ 案例解谜

第一套方案进行促销,每瓶洗发水根据取得的销售额 16 元计算增值税;第二套方案进行促销,除了要按每瓶销售额 16 元计税外,根据税法的规定,买一送一的 80ML 小瓶洗发水要视同销售确定销售额进行征税。这样第二套促销方案会比第一套方案多缴税。

 单项技能训练

1. 某企业为增值税一般纳税人,在 2018 年 8 月发生如下购销业务:

① 采购生产原料聚乙烯,取得的专用发票上注明的价款为 120 万元;

② 采购生产用燃料液化煤气,取得的专用发票上注明的价款为 75 万元;

③ 购买钢材用于本企业仓库的基建工程,取得的专用发票上注明的价款为 200 万元;

④ 销售产品农用薄膜,开出的专用发票上注明的价款为 180 万元;

⑤ 销售产品塑料制品,开出的专用发票上注明的价款为 230 万元。

有关发票均在当月通过了认证。

要求:计算该企业当期应纳的增值税税额。

2. 某公司是小规模纳税人,专门从事咨询服务,2018 年 8 月 10 日,向一般纳税企业提供资讯信息服务,取得含增值税销售额 5.15 万元;8 月 20 日,向某小规模纳税人提供业务运作咨询,取得含增值税销售额 1.03 万元;8 月 26 日,购进办公用品,支付价款 1.2 万元,并取得

增值税普通发票。

要求:计算该公司当月应纳的增值税税额。

3. 甲商业企业为增值税一般纳税人,2018 年 5 月采用分批收款方式批发商品,合同规定不含税销售总金额为 300 万元,本月收回 50% 货款,其余货款于 4 月 10 日前收回。由于购货方资金紧张,本月实际收回不含税销售额 100 万元;零售商品实际取得销售收入 228 万元,其中包括以旧换新方式销售商品实际取得收入 50 万元,收购的旧货作价 6 万元;购进商品取得增值税专用发票,支付价款 180 万元、增值税 28.8 万元,购进办公电脑取得增值税专用发票,支付价款 0.3 万元、增值税 0.048 万元;从一般纳税人企业购进的货物发生非正常损失,账面成本 4 万元。

要求:计算该企业当月应纳的增值税税额。

4. 2018 年 9 月,某电视机厂生产出最新型号的彩色电视机,每台不含税销售单价 5 000 元。当月发生如下经济业务:

① 9 月 5 日,向各大商场销售电视机 2 000 台,对这些大商场在当月 20 天内付清 2 000 台电视机购货款均给予了 5% 的销售折扣。

② 9 月 8 日,发货给邻省分支机构 200 台,用于销售;支付发货运费,取得的增值税专用发票上注明增值税 490 元。

③ 9 月 10 日,采取以旧换新方式,从消费者个人手中收购旧型号电视机,销售新型号电视机 100 台,每台旧型号电视机折价为 500 元。

④ 9 月 15 日,购进生产电视机用原材料一批,取得的增值税专用发票上注明的价款为 2 000 000 元,增值税税额为 320 000 元,材料已经验收入库。

⑤ 9 月 20 日,向全国第九届冬季运动会赠送电视机 20 台。

⑥ 9 月 23 日,从国外购进两台电视机检测设备,取得的海关开具的完税凭证上注明的增值税税额为 180 000 元。

要求:计算该企业 9 月份应纳的增值税税额。

5. A 电子设备生产企业(本题下称 A 企业)与 B 商贸公司(本题下称 B 公司)均为增值税一般纳税人,2018 年 9 月份有关经营业务如下:

① A 企业从 B 公司购进生产用原材料和零部件,取得 B 公司开具的增值税专用发票,注明货款 180 万元、增值税 28.8 万元。

② B 公司从 A 企业购电脑 600 台,每台不含税单价 0.45 万元,取得 A 企业开具的增值税专用发票,注明货款 270 万元、增值税 43.2 万元。B 公司以销货款抵顶应付 A 企业的货款和税款后,实付购货款 90 万元、增值税 14.4 万元。

③ A 企业为 B 公司制作大型电子显示屏,开具了普通发票,取得含税销售额 9.28 万元、调试费收入 2.32 万元。制作过程中委托 C 公司进行专业加工,支付加工费 2 万元、增值税 0.32 万元,取得 C 公司开具的增值税专用发票。

④ B 公司从农民手中购进免税农产品,收购凭证上注明支付收购货款 30 万元,支付运输公司的运输费,取得的值税专用发票上注明税额 0.21 万元。入库后,将收购的农产品 40% 作为职工福利消费,60% 零售给消费者并取得含税收入 34.1 万元。

⑤ B 公司销售电脑和其他物品取得含税销售额 295.8 万元,均开具普通发票。

本月取得的相关票据均在本月认证并抵扣。

要求：

① 计算 A 企业当月应缴纳的增值税；

② 计算 B 公司当月应缴纳的增值税。

 综合技能训练

翔丰有限公司为增值税一般纳税人，生产销售的产品适用 16％的增值税税率，法定代表人：凌云，纳税人识别号：912156789876543212，开户银行：广州市工商银行星城支行，账号：12180500263689696，地址：广州市星城东路 9 号，电话：020－33119191，增值税纳税期限为 1 个月。2018 年 11 月份发生以下经济业务：

① 购进原材料一批，取得的增值税专用发票上注明的价款为 400 000 元、增值税 64 000 元；支付运费，取得的增值税专用发票上注明的增值税税额为 1 280 元。

② 接受外单位投资转入材料一批，取得的增值税专用发票上注明的价款为 100 000 元，增值税为 16 000 元，材料未到。

③ 购进低值易耗品一批，取得的增值税专用发票上注明的价款为 50 000 元，增值税为 8 000 元，款项已经支付。

④ 销售产品一批，开出增值税专用发票，价款 900 000 元，税款 144 000 元。

⑤ 购进办公用品支付价税合计 46 400 元，取得普通发票。

⑥ 销售使用过的一台设备（购进时固定资产未纳入抵扣范围），取得价税合计309 000元。

⑦ 材料霉烂变质 10 000 元，系管理不善导致。

该公司上月末抵扣完的进项税额为 2 000 元。当月取得的专用发票均已认证通过，当月销货的专用发票均通过防伪税控系统开具。

要求：计算该公司当月应纳的增值税税额，并填报增值税纳税申报表，见表 2－5（附表略）。

项目三　消费税

能力目标

- 能够懂得消费税征税范围选择的意义
- 能够办理消费税的纳税申报

知识目标

- 了解消费税的基本概念与特点
- 熟悉消费税的征税范围及税目、税率的设置
- 掌握消费税的计算方法和计算过程

知识结构

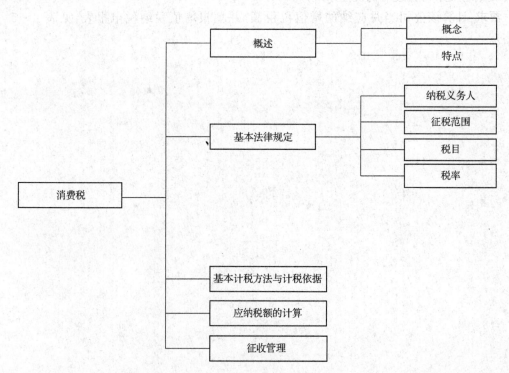

引入案例

　　某天,李小姐在广州天河城看上一款化妆品,但觉得价钱不合适,便对店员说:"这款化妆品我在香港买过,怎么你这里的价格贵了那么多啊?"店员跟她解释说:"从香港到这里要缴很多税呢,我们这个牌子是高档消费品,光消费税就高得吓人,当然要比在香港卖得贵些了。"李小姐听了接着说:"按你这样说,国内销售的衣服很多都比香港的贵,也是因为在我国销售衣服也要缴很高的消费税啦。"店员说:"那当然啦,所以生意难做啊!"

　　案例思考:

　　1. 天河城销售化妆品真的要缴纳消费税吗?

　　2. 销售衣服也要缴消费税吗?

知识链接

任务一　消费税概述

一、消费税的概念

　　根据《中华人民共和国消费税暂行条例》的规定,消费税是对我国境内从事生产、委托加工、零售及进口应税消费品的单位和个人,就其销售额或销售数量,在特定环节征收的一种税。简单来说,消费税就是对特定的消费品或消费行为征收的一种税。

二、消费税的特点

　　一般来说,消费税的征税对象主要是与居民消费相关的最终消费品或消费行为。与其他税种比较,消费税具有如下几个特点:

　　(一)征税项目具有选择性

　　消费税选择特定的消费品或消费行为征税,主要征收范围包括特殊消费品、奢侈品、高能耗消费品、不可再生的资源消费品等,共计15个税目。

　　(二)征税环节具有单一性

　　消费税是在生产(进口)、流通或消费的某一环节一次征收,而不是在消费品生产、流通或消费的每个环节多次征收,即通常所说的一次课征制。这样,既可以减少纳税人的数量,降低税款征收费用,又可以防止重复征税。

　　(三)征收方法具有多样性

　　消费税的计税方法比较灵活。为了适应不同应税消费品的情况,消费税在征收方法上并不力求一致,有些产品采取从价定率的方式征收,有些产品则采取从量定额的方式征收。在具体操作上,对一部分价格差异较大,且便于按价格核算的应税消费品,依消费品或消费行为的价格实行从价定率征收;对一部分价格差异较小,品种、规格比较单一的大宗应税消费品,依消

费品的数量实行从量定额征收。由于两种方法各有其优点和缺点,因此,目前对有些产品在实行从价定率征收的同时,还对其实行从量定额征收。

(四) 税收调节具有特殊性

消费税属于国家运用税收杠杆对某些消费品或消费行为进行特殊调节的税种。这一特殊性表现在两个方面,一是不同的征税项目税负差异较大,对需要限制或控制消费的消费品规定较高的税率,体现特殊的调节目的;二是消费税往往同有关税种配合实行加重或双重调节,通常采取增值税与消费税双重调节的办法,对某些需要特殊调节的消费品或消费行为在征收增值税的同时,再征收一道消费税,形成一种特殊的对消费品双层次调节的税收调节体系。

(五) 消费税具有转嫁性

凡列入消费税征税范围的消费品,一般都是高价高税产品。因此,消费税无论采取价内税形式还是价外税形式,也无论在哪个环节征收,消费品中所含的消费税税款最终都要转嫁到消费者身上,由消费者负担,税负具有转嫁性。消费税转嫁性的特征,要较其他商品课税形式更为明显。

任务二　消费税的基本法律规定

一、消费税的纳税义务人

根据《消费税暂行条例》第一条规定:"在中华人民共和国境内生产、委托加工和进口本条例规定的消费品的单位和个人,以及国务院确定的销售本条例规定的消费品的其他单位和个人,为消费税的纳税人。"

在中华人民共和国境内生产是指生产、委托加工和进口属于应当缴纳消费税的消费品的起运地或者所在地境内。

单位是指企业、行政单位、事业单位、军事单位、社会团体及其他单位。

个人是指个体工商户及其他个人。

二、消费税的征税范围

根据《消费税暂行条例》及其实施细则的规定,消费税的征收范围包括下列内容:

(一) 生产应税消费品

纳税人生产的应税消费品,于纳税人销售时纳税。

纳税人自产自用的应税消费品,用于连续生产应税消费品的,不纳税;用于其他方面的,于移送使用时纳税。

【思考题 3-1】　什么叫用于连续生产应税消费品?

用于其他方面是指纳税人将自产自用的应税消费品用于生产非应税消费品、在建工程、管理部门、非生产机构、提供劳务、馈赠、赞助、集资、广告、样品、职工福利、奖励等方面。

工业企业以外的单位和个人的下列视为应税消费品的生产行为,按规定征收消费税:

1. 将外购的消费税非应税产品以消费税应税产品对外销售的;
2. 将外购的消费税低税率应税产品以高税率应税产品对外销售的。

(二)委托加工应税消费品

委托加工的应税消费品是指由委托方提供原料和主要材料,受托方只收取加工费和代垫部分辅助材料加工的应税消费品。

【思考题 3-2】　判断以下业务,是否属于委托加工应税消费品情况?

① 由受托方提供原材料生产的应税消费品;

② 受托方先将原材料卖给委托方,然后再接受加工的应税消费品;

③ 由受托方以委托方名义购进原材料生产的应税消费品。

委托加工的应税消费品除受托方为个人外,由受托方在向委托方交货时代收代缴消费税。委托个人加工的应税消费品,由委托方收回后缴纳消费税。

委托加工的应税消费品,委托方用于连续生产应税消费品的,所纳税款准予按规定抵扣。

委托方将收回的应税消费品,以不高于受托方的计税价格出售的,为直接出售,不再缴纳消费税;反之,需要按照规定申报缴纳消费税,在计税时准予扣除受托方已代收代缴的消费税。

(三)进口应税消费品

单位和个人进口应税消费品的,于报关进口时缴纳消费税。为了减少征税成本,进口环节缴纳的消费税由海关代征。

(四)商业零售金银首饰

自 1995 年 1 月 1 日起,金银首饰消费税由生产销售环节征收改为零售环节征收。目前零售环节征收消费税的有金基、银基合金首饰以及金、银和金基、银基合金的镶嵌首饰、钻石及钻石饰品、铂金首饰。

(五)批发销售卷烟

在中华人民共和国境内从事卷烟批发业务的单位和个人,批发销售的所有牌号规格的卷烟,按其销售额(不含增值税)征收 11% 的消费税,并按 0.005 元/支加征从量税。

三、消费税的税目

按照现行《消费税暂行条例》的规定,列入消费税征税范围的税目共有 15 类,具体征收范围如下:

(一)烟

以烟叶为原料加工生产的特殊消费品。卷烟是指将各种烟叶切成烟丝并按照一定的配方辅之以糖、酒、香料加工而成的产品。

它具体包括三个子目,分别是:

① 卷烟,包括甲类卷烟和乙类卷烟。

甲类卷烟是指每标准条(200 支)调拨价格在 70 元(不含税价格)以上的卷烟;

乙类卷烟是指每标准条(200 支)调拨价格在 70 元(不含税价格)以下的卷烟。

② 雪茄烟。雪茄烟的征收范围包括各种规格、型号的雪茄烟。

③ 烟丝,烟丝的征收范围包括以烟叶为原料加工生产的不经卷制的散装烟。

（二）酒

它包括白酒、黄酒、啤酒和其他酒。其具体征税范围包括：

① 粮食白酒是指以高粱、玉米、大米、糯米、大麦、小麦、青稞等各种粮食为原料，经过糖化、发酵后，采用蒸馏方法酿制的白酒。

② 薯类白酒是指以白薯(红薯、地瓜)、木薯、马铃薯、芋头、山药等各种干鲜薯类为原料，经过糖化、发酵后，采用蒸馏方法酿制的白酒。用甜菜酿制的白酒，比照薯类白酒征税。

③ 黄酒是指以糯米、粳米、籼米、大米、黄米、玉米、小麦、薯类等为原料，经加温、糖化、发酵、压榨酿制的酒。由于工艺、配料和含糖量的不同，黄酒可分为干黄酒、半干黄酒、半甜黄酒、甜黄酒 4 类。黄酒的征收范围包括各种原料酿制的黄酒和酒精度超过 12 度(含 12 度)的土甜酒。

④ 啤酒是指以大麦或其他粮食为原料，加入啤酒花，经糖化、发酵、过滤酿制的含有二氧化碳的酒。啤酒按照杀菌方法的不同，可分为熟啤酒和生啤酒或鲜啤酒。啤酒的征收范围包括各种包装和散装的啤酒。

对饮食业、商业、娱乐业举办的啤酒屋(啤酒坊)利用啤酒生产设备生产的啤酒，也应当征收消费税。

要注意的是，"果啤"也应按啤酒征收消费税。"果啤"是一种口味介于啤酒和饮料之间的低度酒精饮料，主要成分为啤酒和果汁。

⑤ 其他酒是指除粮食白酒、薯类白酒、黄酒、啤酒以外，酒精度在 1 度以上的各种酒，包括糠麸白酒、其他原料白酒、土甜酒、复制酒、果木酒、汽酒、药酒、葡萄酒等。

调味料酒不征收消费税。

（三）高档化妆品

本税目征收范围包括高档美容、修饰类化妆品、高档护肤类化妆品和成套化妆品。

高档美容、修饰类化妆品和高档护肤类化妆品是指生产(进口)环节销售(完税)价格(不含增值税)在 10 元/毫升(克)或 15 元/片(张)及以上的美容、修饰类化妆品和护肤类化妆品。

要注意的是，舞台、戏剧、影视演员化妆用的上妆油、卸妆油、油彩，不属于本税目的征收范围。

（四）贵重首饰及珠宝玉石

贵重首饰及珠宝玉石税目包括各种金银珠宝首饰和经采掘、打磨、加工的各种珠宝玉石。

1. 金银珠宝首饰

这包括以金、银、白金、宝石、珍珠、钻石、翡翠、珊瑚、玛瑙等高贵稀有物质以及其他金属、人造宝石等制作的各种纯金银首饰及镶嵌首饰(含人造金银、合成金银首饰等)。

2. 其他贵重首饰和珠宝玉石

这包括钻石、珍珠、松石、青金石、欧泊石、橄榄石、长石、玉、石英、玉髓、石榴石、锆石、尖晶石、黄玉、碧玺、金绿玉、绿柱石、刚玉、琥珀、珊瑚、煤玉、龟甲、合成刚玉、合成宝石、双合石、玻璃仿制品。

宝石坯是经采掘、打磨、初级加工的珠宝玉石半成品，对宝石坯应按规定征收消费税。

（五）鞭炮、焰火

本税目征收范围包括各种鞭炮、焰火。

要注意的是，体育上用的发令纸、鞭炮引线，不按本税目征收。

（六）成品油

本税目包括汽油、柴油、石脑油、溶剂油、航空煤油、润滑油、燃料油七个子目。

① 汽油是轻质石油产品的一大类。是用原油或其他原料加工生产的辛烷值不小于 66 的可用作汽油发动机燃料。

以汽油、汽油组分调和生产的甲醇汽油、乙醇汽油也属于本税目征收范围。

② 柴油是指原油或其他原料加工生产的凝点或倾点在 $-50℃\sim30℃$ 的可用作柴油发动机燃料的各种轻质油和以柴油组分为主、经调和精制可用作柴油发动机燃料的非标油。

以柴油、柴油组分调和生产的生物柴油也属于本税目征收范围。

③ 石脑油又叫轻汽油、化工轻油，是以石油加工生产的或二次加工汽油经加氢精制而得的用于化工原料的轻质油。

石脑油的征收范围包括汽油、柴油、航空煤油、溶剂油以外的各种轻质油。

④ 溶剂油是以石油加工生产的用于涂料和油漆生产、食用油加工、印刷油墨、皮革、农药、橡胶、化妆品生产的轻质油。

溶剂油的征收范围包括各种溶剂油。橡胶填充油、溶剂油原料，属于溶剂油征收范围。

⑤ 航空煤油也叫喷气燃料，是以石油加工生产的用于喷气发动机和喷气推进系统中作为能源的石油燃料。

⑥ 润滑油是用于内燃机、机械加工过程的润滑产品。润滑油分为矿物性润滑油、植物性润滑油、动物性润滑油和化工原料合成润滑油。

⑦ 燃料油也称重油、渣油。燃料油征收范围包括用于电厂发电、船舶锅炉燃料、加热炉燃料、冶金和其他工业炉燃料的各类燃料油。

自 2012 年 11 月 1 日起，催化剂、焦化料属于燃料油的征收范围，应当征收消费税。

（七）摩托车

摩托车的征收范围包括气缸容量为 250 毫升的摩托车和气缸容量在 250 毫升（不含）以上的摩托车两种。

对最大设计车速不超过 50 千米/小时，发动机气缸总工作容量不超过 50 毫升的三轮摩托车不征收消费税。

（八）小汽车

汽车是指由动力驱动，具有 4 个或 4 个以上车轮的非轨道承载的车辆。

本税目征收范围包括含驾驶员座位在内最多不超过 9 个座位（含）的，在设计和技术特性上用于载运乘客和货物的各类乘用车；含驾驶员座位在内的座位数在 10~23 座（含 23 座）的，在设计和技术特性上用于载运乘客和货物的各类中轻型商用客车。

用排气量小于 1.5 升（含）的乘用车底盘（车架）改装、改制的车辆属于乘用车征收范围。用排气量大于 1.5 升的乘用车底盘（车架）或用中轻型商用客车底盘（车架）改装、改制的车辆属于中轻型商用客车征收范围。

电动汽车不属于本税目征收范围。

车身长度大于 7 米（含），并且座位在 10~23 座（含）以下的商用客车，不属于中轻型商用客车征税范围，不征收消费税。

沙滩车、雪地车、卡丁车、高尔夫车也不征消费税。

对于企业购进货车或厢式货车改装生产的商务车、卫星通信车等专用汽车不征收消费税。对于购进乘用车和中轻型商用客车整车改装生产的汽车,应按规定征收消费税。

(九) 高尔夫球及球具

高尔夫球及球具是指从事高尔夫球运动所需的各种专用装备,包括高尔夫球、高尔夫球杆及高尔夫球包(袋)、高尔夫球杆的杆头、杆身和握把。

(十) 高档手表

高档手表是指销售价格(不含增值税)每只在 10 000 元(含)以上的各类手表。本税目征收范围包括符合以上标准的各类手表。

(十一) 游艇

游艇是指长度大于 8 米小于 90 米,船体由玻璃钢、钢、铝合金、塑料等多种材料制作,可以在水上移动的水上浮载体。按照动力划分,游艇分为无动力艇、帆艇和机动艇。

本税目征收范围包括艇身长度大于 8 米(含)小于 90 米(含),内置发动机,可以在水上移动,一般为私人或团体购置,主要用于水上运动和休闲娱乐等非谋利活动的各类机动艇。

(十二) 木制一次性筷子

木制一次性筷子又称卫生筷,是指以木材为原料经过锯段、浸泡、旋切、刨切、烘干、筛选、打磨、倒角、包装等环节加工而成的各类一次性使用的筷子。

本税目征收范围包括各种规格的木制一次性筷子。未经打磨、倒角的木制一次性筷子属于本税目征税范围。

(十三) 实木地板

实木地板是指以木材为原料,经锯割、干燥、刨光、截断、开榫、涂漆等工序加工而成的块状或条状的地面装饰材料。实木地板按生产工艺不同,可分为独板(块)实木地板、实木指接地板、实木复合地板三类;按表面处理状态不同,可分为未涂饰地板(白坯板、素板)和漆饰地板两类。

本税目征收范围包括各类规格的实木地板、实木指接地板、实木复合地板及用于装饰墙壁、天棚的侧端面为榫、槽的实木装饰板。未经涂饰的素板属于本税目征税范围。

(十四) 电池

电池是一种将化学能、光能等直接转换为电能的装置。它包括原电池、蓄电池、燃料电池、太阳能电池和其他电池。

对无汞原电池、金属氢化物镍蓄电池、锂原电池、锂离子蓄电池、太阳能电池、燃料电池和全钒液流电池免征消费税。

自 2016 年 1 月 1 日起,对铅蓄电池按 4% 税率征收消费税。

(十五) 涂料

涂料是指涂于物体表面能形成具有保护、装饰或特殊性能的固态涂膜的一类液体或固体材料的总称。

四、消费税的税率

消费税采用比例税率或定额税率两种形式,以适应不同应税消费品的实际需要。详见表

3-1所示的《消费税税目税率(税额)表》。

消费税根据不同的税目或子目确定相应的税率或单位税额。一般情况下,对一种消费品只选择一种税率形式,但为了更好、更有效地保全消费税税基,对卷烟和白酒,则采取了比例税率和定额税率复合征收的形式。

表3-1　消费税税目税率(税额)表

税　目	计税单位	税率税额	全国平均利润率/%	备　注
一、烟				甲类卷烟[调拨价70元(不含增值税)/条以上(含70元)]
1.卷烟				
(1)甲类卷烟(生产环节)	支	56%;0.003元	10	乙类卷烟[调拨价70元(不含增值税)/条以下]
(2)乙类卷烟(生产环节)	支	36%;0.003元	5	1标准箱=50 000支 1标准条=200支
(3)甲类、乙类卷烟(批发环节加征)	支	11%;0.005元		国务院批准,自2015年5月10日起卷烟批发环节从价税税率由5%提高至11%,并按0.005元/支加征从量税
2.雪茄烟		36%	5	
3.烟丝		30%	5	
二、酒				白酒应按500毫升为1斤换算,不得按酒的度数换算 黄酒1吨=962升 啤酒1吨=988升 甲类啤酒为每吨出厂价(含包装物及包装物押金)在3 000元(含3 000元,不含增值税)以上的;乙类啤酒为3 000元以下的
1.白酒	斤	20%;0.5元	10	
2.黄酒	吨	240元	5	
3.啤酒				
(1)甲类啤酒	吨	250元		
(2)乙类啤酒	吨	220元		
4.其他酒		10%	5	
三、高档化妆品		15%	5	包括成套化妆品
四、贵重首饰和珠宝玉石			6	
1.金银首饰、铂金首饰和钻石及钻石饰品		5%		
2.其他贵重首饰和珠宝玉石		10%		
五、鞭炮、焰火		15%	5	
六、成品油				
1.汽油	升	1.52元		1吨=1 388升
2.柴油	升	1.2元		1吨=1 176升
3.航空煤油	升	1.2元		1吨=1 246升
4.燃料油	升	1.2元		1吨=1 015升
5.溶剂油	升	1.52元		1吨=1 282升

（续表）

税　目	计税单位	税率税额	全国平均利润率/%	备　注
6. 润滑油	升	1.52 元		1 吨＝1 126 升
7. 石脑油	升	1.52 元		1 吨＝1 385 升
七、摩托车			6	
1. 气缸容量（排气量，下同）在 250 毫升		3%		
2. 气缸容量在 250 毫升以上的		10%		
八、小汽车				
1. 乘用车			8	
（1）气缸容量（排气量，下同）在 1.0 升（含 1.0 升）以下的		1%		
（2）气缸容量在 1.0 升以上至 1.5 升（含 1.5 升）的		3%		
（3）气缸容量在 1.5 升以上至 2.0 升（含 2.0 升）的		5%		
（4）气缸容量在 2.0 升以上至 2.5 升（含 2.5 升）的		9%		2008 年 9 月 1 日对乘用汽车消费税税率的调整，反映了国家节能减排的政策导向
（5）气缸容量在 2.5 升以上至 3.0 升（含 3.0 升）的		12%		
（6）气缸容量在 3.0 升以上至 4.0 升（含 4.0 升）的		25%		
（7）气缸容量在 4.0 升以上的		40%		
2. 中轻型商用客车		5%	5	
九、高尔夫球及球具		10%	10	
十、高档手表		20%	20	
十一、游艇		10%	10	
十二、木制一次性筷子		5%	5	
十三、实木地板		5%	5	
十四、电池		4%		
十五、涂料		4%		

 **任务训练**

一、单项选择题

1. 下列各项中，属于应缴纳消费税的是（　　）。

A. 高档西服　　　　B. 汽油　　　　　C. 电冰箱　　　　　D. 电视机

2. 根据消费税法律制度的规定,下列各项中,不需要征收消费税的是( )。

A. 加工生产白酒　　　　　　　　B. 零售金银首饰

C. 批发实木地板　　　　　　　　D. 进口木制一次性筷子

3. 根据消费税法律制度的规定,下列各项中,应缴纳消费税的是( )。

A. 汽车厂销售雪地车　　　　　　B. 手表厂销售高档手表

C. 珠宝店销售珍珠项链　　　　　D. 商场销售木制一次性筷子

4. 根据消费税法律制度的规定,下列各项中,应缴纳消费税的是( )。

A. 商场销售卷烟　　　　　　　　B. 商场销售白酒

C. 商场销售金银首饰　　　　　　D. 商场销售高档化妆品

5. 现行消费税法律制度规定,企业下列行为中,不征收消费税的是( )。

A. 广告宣传的样品白酒　　　　　B. 用于本企业招待所的卷烟

C. 委托加工收回后直接销售的人参酒　D. 抵偿债务的普通汽车轮胎

6. 根据消费税法律制度的规定,下列各项中,不属于应税消费品的是( )。

A. 高尔夫球及球具　B. 实木地板　　C. 护肤护发品　　D. 一次性木筷

7. 根据消费税法律制度的规定,下列行为中,应缴纳消费税的是( )。

A. 进口卷烟　　　B. 进口服装　　　C. 零售化妆品　　D. 零售白酒

8. 首饰计征消费税的环节是( )。

A. 生产环节　　　B. 加工环节　　　C. 开采环节　　　D. 零售环节

9. 根据消费税法律制度的规定,下列各项中,不属于消费税纳税义务人的是( )。

A. 高档化妆品进口商　　　　　　B. 鞭炮批发商

C. 钻石零售商　　　　　　　　　D. 卷烟生产商

10. 下列各项中,需要计算缴纳消费税的是( )。

A. 汽车专卖店销售小汽车　　　　B. 珠宝店进口钻石饰品

C. 烟草专卖店零售卷烟　　　　　D. 酒厂委托加工收回白酒

二、多项选择题

1. 根据消费税法律制度的规定,下列各项中,属于消费税征税范围的有( )。

A. 电动汽车　　　B. 汽油　　　　　C. 烟丝　　　　　D. 啤酒

2. 下列各项中,属于消费税征收环节的有( )。

A. 生产环节　　　B. 零售环节　　　C. 批发环节　　　D. 进口环节

3. 下列消费品中,征收消费税的有( )。

A. 实木复合地板

B. 电动汽车

C. 高尔夫球杆

D. 气缸容量在 250 毫升(不含)以下的摩托车

4. 下列各项中,属于消费税征收范围的是( )。

A. 汽车销售公司销售小轿车　　　B. 木材公司销售自产的实木地板

C. 百货公司销售的化妆品　　　　D. 烟草公司销售自产的烟丝

5. 下列环节中,既征消费税又征增值税的有( )。

A. 卷烟的生产和批发环节　　　　　　B. 金银首饰的生产和零售环节

C. 金银首饰的零售环节　　　　　　　D. 化妆品的生产环节

6. 下列单位中,属于消费税纳税人的有(　　)。

A. 生产销售应税消费品(金银首饰类除外)的单位

B. 委托加工应税消费品(金银首饰类除外)的单位

C. 进口应税消费品(金银首饰类除外)的单位

D. 受托加工应税消费品(金银首饰类除外)的单位

7. 根据税法的规定,下列说法中,正确的有(　　)。

A. 凡是征收消费税的消费品都征收增值税

B. 凡是征收增值税的货物都征收消费税

C. 应税消费品征收增值税的,其税基含有消费税

D. 应税消费品征收消费税的,其税基不含有增值税

8. 根据消费税法律制度的规定,下列应缴纳消费税的有(　　)。

A. 金首饰的进口　　　　　　　　　　B. 化妆品的购买消费

C. 卷烟的批发　　　　　　　　　　　D. 金首饰的零售

9. 根据消费税法律制度的规定,下列属于消费税纳税人的有(　　)。

A. 钻石的进口商　　　　　　　　　　B. 化妆品的生产商

C. 卷烟的批发商　　　　　　　　　　D. 金首饰的零售商

10. 以下批发环节不缴纳消费税的是(　　)。

A. 批发卷烟　　　B. 批发雪茄烟　　　C. 批发烟丝　　　D. 批发白酒

任务三　消费税的基本计税方法及其计税依据

为了适应不同应税消费品的情况,目前,我国消费税的基本计税方法主要有三种,分别采用从价定率、从量定额、从价定率和从量定额相结合的复合计税三种办法。每一种计税办法的计税依据也有所不同。

一、从价定率的计税方法和计税依据

实行从价定率办法征税的应税消费品,计税依据为应税消费品的销售额。其计算公式为:

$$应纳税额 = 应税消费品的销售额 \times 适用税率$$

公式中的"适用税率"采用比例税率。因此从税率表中我们可知,大部分的应税消费品是采用从价定率计税办法的,如化妆品、贵重首饰和珠宝玉石、鞭炮、焰火、汽车轮胎、摩托车等。

(一)销售额的组成

应税消费品的销售额包括销售应税消费品从购买方收取的全部价款和价外费用。所谓的价外费用,是指价外向购买方收取的手续费、补贴、基金、集资款、返还利润、违约金、滞纳金、延期付款利息、赔偿金、包装费、储备费、优质费、运输装卸费、品牌使用费、代收款项、代垫款项以及其他各种性质的价外收费。但下列款项不属于价外费用:

① 承运部门开具给购货方的运费发票；

② 纳税人将该项发票转交给购货方的。

除此之外，其他价外费用无论是否属于纳税人的收入，均应并入销售额计算纳税。即：

$$应税消费品的销售额 = 全部价款 + 价外收费。$$

由于消费税和增值税实行交叉征收，消费税实行价内税，增值税实行价外税。这就决定了实行从价定率征收的消费品，其消费税税基和增值税税基是基本一致的，即都是以含消费税而不含增值税的销售额作为计税基数。如果纳税人应税消费品的销售额中未扣除增值税税额或者因不得开具增值税专用发票而发生价款和增值税税额合并收取的，在计算消费税时，应当换算为不含增值税税额的销售额。其换算公式为：

$$应税消费品的销售额 = 含增值税的销售额 \div (1 + 增值税税率或征收率)$$

（二）包装物连同产品销售

应税消费品连同包装物销售的，无论包装物是否单独计价，也不论在会计上如何核算，均应并入应税消费品的销售额中征收消费税。如果包装物不作价随同产品销售，而是收取押金，此项押金则不应并入应税消费品销售额中征税。但对逾期未收回的包装物不再退还的和已收取一年以上的押金，应并入应税消费品的销售额，按照应税消费品的适用税率征收消费税。

对既作价随同应税消费品销售，又另外收取的包装物的押金，凡纳税人在规定的期限内不予退还的，均应并入应税消费品的销售额，按照应税消费品的适用税率征收消费税。

对于酒类产品（除啤酒、黄酒外）生产企业销售酒类产品而收取的包装物押金，无论押金是否返还及会计上如何核算，均应并入酒类产品销售额中征收消费税。

【例 3-1】 某化妆品厂销售高档化妆品取得含税收入 46.8 万元，收取手续费 1.5 万元，另收取包装物押金 1 万元。增值税税率为 16%，消费税税率为 15%。

要求：计算该化妆品厂本月应缴纳的消费税。

解：该化妆品厂本月应缴纳的消费税 $= (46.8 + 1.5) \div 1.16 \times 0.15 = 6.25$（万元）

【思考题 3-3】

某酒厂（增值税一般纳税人）主要生产粮食白酒、薯类白酒、啤酒、黄酒等各类酒品。2017年 1 月发生如下业务：

① 销售薯类白酒 20 吨，每吨不含税单价 4 000，收取包装物押金 11 700 元，款项全部存入银行。

② 销售啤酒 30 吨，每吨不含税单价 3 500 元，收取包装物押金 23 400 元，款项全部存入银行。

③ 因部分客户未按规定退还包装物，本月没收粮食白酒包装物押金 73 400 元。

请问上述押金哪些应该缴纳消费税，哪些应该缴纳增值税？

（三）自设非独立核算门市部计税的规定

纳税人通过自设非独立核算门市部销售的自产应税消费品，应当按门市部对外销售额或销售数量征收消费税。

【思考题 3-4】 某高尔夫球具厂为增值税一般纳税人，下设一非独立核算的门市部，3 月份该厂将生产一批成本价为 70 万元的高尔夫球具并移送到门市部，门市部将其中的 80% 对外销售,取得的含增值税销售额为 131.04 万元。高尔夫球具的消费税税率为 10%,成本利润率为 10%。

请问该厂 3 月份则应纳的消费税为多少?

(四) 换投抵业务

纳税人用于以物易物、投资入股、抵偿债务(简称换投抵业务)等方面的应税消费品,应当以纳税人同类应税消费品的最高销售价格为依据计算消费税。

【思考题 3-5】 换投抵业务的消费税按最高销售价格为计税依据,那么其增值税呢?

(五) 应税消费品计税价格明显偏低且无正当理由的

应税消费品计税价格明显偏低且无正当理由的,税务机关有权核定其应税消费品计税价格,核定权限规定如下:

① 卷烟、白酒和小汽车计税价格由国家税务总局核定,送财政部备案。

② 其他应税消费品的计税价格由省(自治区、直辖市)国家税务局核定。

③ 进口应税消费品的计税价格由海关核定。

(六) 其他情况

纳税人销售的应税消费品,以人民币计算销售额。纳税人以人民币以外的货币结算销售额的,应当折合成人民币计算,其销售额的人民币折合率可以选择销售额发生的当天或者当月 1 日的人民币汇率的中间价。纳税人应在事先确定采用何种折合率,确定后 1 年内不得变更。

二、从量定额的计税方法和计税依据

采用从量定额的办法征税,其计税依据是纳税人销售应税消费品的数量,计税公式为:

$$应纳税额 = 应税消费品数量 × 消费税单位税额$$

公式中,应税消费品的数量具体规定为:

① 销售应税消费品的,为应税消费品的销售数量。

② 自产自用应税消费品的,为应税消费品的移送使用数量。

③ 委托加工应税消费品的,为纳税人收回的应税消费品数量。

④ 进口的应税消费品,为海关核定的应税消费品进口征税数量。

公式中,消费税单位税额也就是指定额税率,从税率表中可知。采用从量定额办法征税的消费品有黄酒、啤酒、成品油。

要注意的是,在实际销售过程中,一些纳税人往往将计量单位混用。为了规范不同产品的计量单位,《消费税暂行条例实施细则》第十条具体规定了吨与升两个计量单位的换算标准(见表 3-1)。

【例 3-2】 某啤酒厂本月销售啤酒 2 000 吨,每吨售价 3 500 元;另外为了该厂的庆典活动,一共用去啤酒 4 吨。

要求:计算该啤酒厂本月应纳的消费税。

解:该啤酒厂本月应纳的消费税 = (2 000 + 4) × 250 = 501 000(元)

【思考题 3-6】 某炼油厂 2017 年 2 月生产销售汽油 10 000 吨。

请问应纳的消费税税额为多少?

三、从量定额与从价定率相结合的复合计税方法

目前在我国消费税的税目中,只对卷烟和白酒两类产品实行从量定额与从价定率相结合的复合计税方法。因为烟和酒等消费品属于非生活必需品,税率设计相对较高,对纳税人避税的诱惑很大,所以为了有效地保全税基,对卷烟和白酒实行从量定额和从价定率相结合计算应纳税额的复合计税办法。其应纳税额的计算公式为:

$$应纳税额 = 销售数量 × 定额税率 + 销售额 × 比例税率$$

【例3-3】 某卷烟生产企业为增值税一般纳税人。2018年6月销售乙类卷烟1 500标准条,取得含增值税销售额87 000元。乙类卷烟消费税比例税率为36%,定额税率为0.003元/支,每标准条有200支,增值税税率为16%。

要求:计算该企业当月应纳的消费税税额。

解:根据消费税法律制度的规定,卷烟实行从价定律和从量定额复合方法计征消费税。

不含增值税销售额=87 000÷(1+16%)=75 000(元)

从价定率应纳税额=75 000×36%=27 000(元)

从量定额应纳税额=1 500×200×0.003=900(元)

应纳消费税税额合计=27 000+900=27 900(元)

【思考题3-7】 某酒厂为增值税一般纳税人。3月份销售自己生产的粮食白酒15吨,开具的增值税专用发票上注明销售额100万元。白酒的消费税税率为20%加0.5元/500克。请问该酒厂3月份应缴纳的消费税为多少?

任务训练

一、单项选择题

1. 根据消费税的有关规定,下列消费品中实行从量定额与从价定率相结合征税办法的是(　　)。

　　A. 啤酒　　　　　　　B. 粮食白酒　　　　C. 酒糟　　　　　　D. 葡萄酒

2. 现行消费税法从价计征的计税依据是指(　　)。

　　A. 含消费税而不含增值税的销售额　　　　B. 含消费税且含增值税的销售额

　　C. 不含消费税而含增值税的销售额　　　　D. 不含消费税也不含增值税的销售额

3. 下列实行消费税复合计税的项目有(　　)。

　　A. 烟丝　　　　　　　B. 卷烟　　　　　　C. 雪茄烟　　　　　D. 烟叶

4. 某汽车厂的自产小汽车抵偿债务,消费税的计税销售额应选择(　　)。

　　A. 同类消费品加权平均价格　　　　　　　B. 同类消费品最高售价

　　C. 同类消费品中间价　　　　　　　　　　D. 组成计税价格

5. 根据消费税法律制度的规定,下列各项中,应当以纳税人同类小汽车的最高销售价格作为计税价格计算缴纳消费税的是(　　)。

　　A. 将自产小汽车用于广告宣传　　　　　　B. 将自产小汽车用于抵偿债务

　　C. 将自产小汽车用于管理部门　　　　　　D. 将自产小汽车用于职工奖励

6. 纳税人销售应税消费品时,因按规定不得开具增值税专用发票而发生价款和增值税合并收取的,在计算消费税时其应税消费品的销售额等于(　　)。

A. 含增值税的销售额÷(1+增值税税率或征收率)

B. 含增值税的销售额÷(1-增值税税率或征收率)

C. 含增值税的销售额÷(1-消费税税率)

D. 含增值税的销售额÷(1+消费税税率)

二、多项选择题

1. 以下在零售环节缴纳消费税的项目有(　　)。

A. 卷烟　　　　　　　　　　　　B. 粮食白酒

C. 翡翠手镯　　　　　　　　　　D. 钻石胸针

E. 铂金项链

2. 下列商品中适用从量定额税率征收消费税的商品有(　　)。

A. 汽油　　　　B. 柴油　　　　C. 小汽车　　　　D. 啤酒

3. 酒厂生产销售白酒,收取的下列款项中,应并入销售额缴纳消费税的有(　　)。

A. 品牌使用费　　B. 优质费　　C. 包装物租金　　D. 储备费

4. 根据消费税法律制度的规定,下列各项中,应当并入白酒的销售额计征消费税的有(　　)。

A. 优质费　　　B. 包装物的租金　　C. 包装物的押金　　D. 商标使用费

三、判断题

1. 纳税人通过自设独立核算门市部销售的自产应税消费品,应当按照门市部对外销售额或者销售数量征收消费税。　　　　　　　　　　　　　　　　　　　　　(　　)

2. 在现行消费税法的征税范围中,除卷烟、粮食白酒、薯类白酒之外,其他一律不得采用从价定率和从量定额相结合的混合计税方法。　　　　　　　　　　　　　(　　)

3. 纳税人用于投资入股的应税消费品,按同类商品最高售价计征消费税。　(　　)

任务四　消费税应纳税额的计算

一、自产自用应税消费品应纳税额的计算

所谓自产自用,就是指纳税人生产应税消费品后,不是直接对外销售,而是用于自己连续生产应税消费品,或用于其他方面。这种自产自用形式在纳税上的规定如何,直接影响着消费税的计征问题。

(一)用于连续生产应税消费品的

按照《消费税暂行条例》的规定,纳税人自产自用的应税消费品,用于连续生产应税消费品的,不纳税。所谓"纳税人自产自用的应税消费品,用于连续生产应税消费品的",是指作为生产最终应税消费品的直接材料,并构成最终产品实体的应税消费品。《消费税暂行条例》规定,对自产自用的应税消费品用于连续生产应税消费品的,不再征税,体现了不重复征税和计税简便的原则。如卷烟厂生产的烟丝,如果直接对外销售,应缴纳消费税。但如果烟丝用于本厂连

续生产卷烟,这样,用于连续生产卷烟的烟丝就不缴纳消费税,只对生产的卷烟征收消费税。

（二）用于其他方面的

按照《消费税暂行条例》的规定,纳税人自产自用的应税消费品,不是用于连续生产应税消费品,而是用于其他方面的,于移送使用时纳税。所谓"用于其他方面的",是指纳税人用于生产非应税消费品和在建工程、管理部门、非生产机构、提供劳务以及用于馈赠、赞助、集资、广告、样品、职工福利、奖励等方面的应税消费品。这里所说的自产自用的应税消费品用于生产非应税消费品,是指把自产的应税消费品用于生产消费税税目税率表所列 15 类以外的产品。

【思考题 3-8】 纳税人把自产应税消费品用于本企业基本建设、专项工程、生活福利设施等其他方面,从形式上看,并没有取得销售收入,却要视同对外销售,计征消费税。

请问这是为什么?

（三）组成计税价格

根据《消费税暂行条例》的规定,纳税人自产自用的应税消费品,凡用于其他方面的,应当纳税。其具体分为以下两种情况:

1. 有同类消费品销售价格的

按照纳税人生产的同类消费品销售价格计算纳税。其应纳税额的计算公式为:

$$应纳税额 = 同类消费品销售单价 \times 自产自用数量 \times 适用税率$$

这里所说的"同类消费品销售价格",是指纳税人当月销售的同类消费品的销售价格,如果当月同类消费品各期销售价格高低不同,应按销售数量加权平均计算。但销售的应税消费品有下列情况之一的,不得列入加权平均计算:

① 销售价格明显偏低又无正当理由的;

② 无销售价格的。

如果当月无销售或者当月未完结,应按照同类消费品上月或最近月份的销售价格计算纳税。

2. 没有同类消费品销售价格的

按照相关规定,如果纳税人自产自用的应税消费品在计算征收时,没有同类消费品销售价格或售价明显偏低的,应按组成计税价格计算纳税。组成计税价格的计算公式如下:

① 实行从价定率办法计算纳税的组成计税价格的计算公式如下:

$$组成计税价格 = （成本 + 利润）\div（1 - 消费税比例税率）$$
$$= 成本 \times（1 + 成本利润率）\div（1 - 消费税比例税率）$$

② 实行复合计税办法计算纳税的组成计税价格的计算公式如下:

$$组成计税价格 = [成本 \times（1 + 成本利润率）+ 自产自用数量 \times 定额税率] \div$$
$$（1 - 消费税比例税率）$$

其中,成本是指应税消费品的产品生产成本;利润是指根据应税消费品的全国平均成本利润率计算的利润。应税消费品的全国平均成本利润率由国家税务总局确定,详见表 3-1。

（四）自产自用应税消费品应纳税额的计算

【例 3-4】 某石化厂 10 月份销售柴油 100 000 升,同月将自产柴油 5 000 升用于本厂基建工程的车辆和设备。柴油适用的消费税税额为 0.1 元/升。

　　要求：计算该石化厂 10 月份应纳的消费税税额。

　　解：应纳的消费税税额＝100 000×0.1＋5 000×0.1＝10 500(元)

　　【例 3-5】　某企业将生产的高档化妆品作为年终奖励发给本厂职工，查知无同类产品销售价格，其生产成本为 15 000 元。国家税务总局核定的该产品的成本利润率为 5%，高档化妆品适用税率为 15%。

　　要求：计算该企业应纳的消费税税额。

　　解：组成计税价格＝(15 000＋15 000×5%)÷(1－15%)＝15 750÷70%＝18 529.41(元)

　　应纳的消费税税额＝18 529.41×15%＝2779.41(元)

　　【例 3-6】　某酒厂 2017 年春节前，将新研制的薯类白酒 1 吨作为过节福利发给员工饮用，该薯类白酒无同类产品市场销售价格。该批薯类白酒生产成本为 20 000 元，成本利润率为 5%。白酒消费税比例税率为 20%；定额税率为 0.5 元/500 克。

　　要求：计算该批薯类白酒应纳的消费税税额。

　　解：组成计税价格＝[20 000×(1＋5%)＋(1×2 000×0.5)]÷(1－20%)＝27 500(元)

　　应纳的消费税税额＝27 500×20%＋1×2 000×0.5＝6 500(元)

二、委托加工应税消费品应纳消费税的计算

　　委托加工应税消费品是生产应税消费品的另一种形式，也需要纳入消费税的计征范围。

　　(一)委托加工应税消费品的确定

　　按照《消费税暂行条例实施细则》的解释，委托加工的应税消费品是指由委托方提供原料和主要材料，受托方只收取加工费和代垫部分辅助材料加工的应税消费品。对于由受托方提供原材料生产的应税消费品，或者受托方先将原材料卖给委托方，然后再接受加工的应税消费品，以及由受托方以委托方名义购进原材料生产的应税消费品，不论纳税人在财务上是否作销售处理，都不得作为委托加工应税消费品，而应当按照销售自制应税消费品缴纳消费税。

　　因此，作为委托加工的应税消费品，必须具备两个条件：其一是由委托方提供原料和主要材料；其二是受托方只收取加工费和代垫部分辅助材料。无论是委托方还是受托方，凡不符合规定条件的，都不能按委托加工应税消费品进行税务处理。只能按照销售自制应税消费品缴纳消费税。这种处理办法体现了税收管理的源泉控制原则，避免了应缴税款的流失。

　　(二)代收代缴税款

　　《消费税暂行条例》及其实施细则对委托加工应税消费品代收代缴税款问题做了明确的规定，受托方是法定的代收代缴义务人，由受托方在向委托方交货时代收代缴消费税。如果受托方没有按有关规定代收代缴消费税，或没有履行代收代缴义务，就要按照《税收征管法》的有关规定，承担补税或罚款的法律责任。除此之外，税务机关还要追究委托方的责任，令其补缴税款。在税收征管中，如果发现委托委托加工的应税消费品，受托方没有代收代缴税款，委托方要补缴税款，受托方就不再补了。对委托方补征税款的计税依据是，如果收回的应税消费品已直接销售，按销售额计税补征；如果收回的应税消费品尚未销售或用于连续生产等，按组成计税价格计税补征。

　　委托加工的应税消费品，受托方在交货时已代收代缴消费税，委托方收回后直接销售的，不再征收消费税。

（三）委托加工应税消费品组成计税价格的计算

根据《消费税暂行条例》第七条的规定,委托加工的应税消费品按照受托方的同类消费品的销售价格计算纳税;没有同类消费品销售价格的,按照组成计税价格计算纳税。

1. 有同类消费品销售价格的

其应纳税额的计算公式如下:

$$应纳税额 = 同类消费品销售单价 \times 委托加工数量 \times 适用税率$$

2. 没有同类消费品销售价格的,按组成计税价格计税

① 实行从价定率办法计算纳税的组成计税价格的计算公式为:

$$组成计税价格 = (材料成本 + 加工费) \div (1 - 消费税比例税率)$$

② 实行复合计税办法计算纳税的组成计税价格的计算公式为:

$$组成计税价格 = (材料成本 + 加工费 + 委托加工数量 \times 定额税率) \div$$
$$(1 - 消费税比例税率)$$

公式中,材料成本为委托方提供加工材料的实际成本,即委托加工合同上注明(或其他方式提供)的材料成本,凡未提供材料成本的,受托方所在地主管税务机关有权核定其材料成本。加工费是指受托方加工应税消费品向委托方收取的全部费用,包括代垫辅助材料的实际成本,但不包括随加工费收取的增值税和代收代缴的消费税。

【例3-7】 某企业为增值税一般纳税人。2017年6月份将一批材料50吨委托异地某酒厂生产加工药酒,材料每吨不含税价为4 000元,酒厂在加工过程中代垫材料款13 000元。药酒加工完毕,企业收回药酒时取得酒厂开具的增值税专用发票,注明加工费43 000元,增值税税额7 310元。加工的药酒当地无同类产品市场价。药酒消费税税率为10%。本月内将收回的药酒全部售出。

要求:计算该酒厂代收代缴的消费税。

解:因加工费中已包含了酒厂代垫的材料费用,所以:

组成计税价格=(4 000×50+43 000)÷(1-10%)=270 000(元)

该酒厂代收代缴的消费税=270 000×10%=27 000(元)

三、消费税已纳税款抵扣的计算

（一）消费税税额抵扣的规定

按照《消费税暂行条例》的规定,纳税人自产自用的应税消费品,用于连续生产应税消费品的,不纳税。但是,如果纳税人以外购或委托加工收回的应税消费品连续生产成新的最终应税消费品时,用于连续生产的这部分消费品已经缴纳的消费税允许扣除。

纳税人用外购或委托加工收回的下列九种应税消费品连续生产应税消费品的,在计征消费税时可以扣除委托加工收回应税消费品的已纳消费税税款。

① 以外购或委托加工收回的已税烟丝为原料生产的卷烟。

② 以外购或委托加工收回的已税化妆品为原料生产的化妆品。

③ 以外购或委托加工收回的已税珠宝玉石为原料生产的贵重首饰及珠宝玉石。

④ 以外购或委托加工收回的已税鞭炮、焰火为原料生产的鞭炮、焰火。

⑤ 以外购或委托加工收回的已税石脑油、润滑油、燃料油为原料生产的成品油。

⑥ 以外购或委托加工收回的已税汽油、柴油原料生产的汽油、柴油。

⑦ 以外购或委托加工收回的已税杆头、杆身和握把为原料生产的高尔夫球杆。

⑧ 以外购或委托加工收回的已税木制一次性筷子为原料生产的木制一次性筷子。

⑨ 以外购或委托加工收回的已税实木地板为原料生产的实木地板。

需要指出的是,纳税人用外购的已税珠宝玉石生产的改在零售环节征收消费税的金银首饰(镶嵌首饰)、钻石首饰,在计税时,一律不得扣除外购珠宝玉石的已纳税款。

四、金银首饰应纳税额的计算

在中华人民共和国境内从事金银首饰零售业务的单位和个人,为金银首饰消费税的纳税义务人。委托加工(除另有规定外)、委托代销金银首饰的,受托方也是纳税人。

对于经营单位兼营生产、加工、批发、零售业务的,应分别核算销售额;未分别核算销售额或者划分不清的,一律视同零售征收消费税。其中金银首饰消费税税率为5%。

其计税依据如下:

① 纳税人销售金银首饰的,其计税依据为不含增值税的销售额。

$$金银首饰的销售额 = 含增值税的销售额 \div (1 + 增值税税率或征收率)$$

② 金银首饰连同包装物销售的,无论包装物是否单独计价,也无论会计上如何核算,均应并入金银首饰的销售额,计征消费税。

③ 带料加工的金银首饰,应按受托方销售同类金银首饰的销售价格确定计税依据征收消费税;没有同类金银首饰销售价格的,按照组成计税价格计算纳税。其组成计税价格的计算公式为:

$$组成计税价格 = (材料成本 + 加工费) \div (1 - 金银首饰消费税税率)$$

④ 纳税人采用以旧换新(含翻新改制)方式销售的金银首饰,应按实际收取的不含增值税的全部价款确定计税依据征收消费税。

⑤ 生产、批发、零售单位用于馈赠、赞助、集资、广告、样品、职工福利、奖励等方面的金银首饰,应按纳税人销售同类金银首饰的销售价格确定计税依据征收消费税;没有同类金银首饰销售价格的,按照组成计税价格计算纳税。其组成计税价格的计算公式为:

$$组成计税价格 = 购进原价 \times (1 + 利润率) \div (1 - 金银首饰消费税税率)$$

纳税人为生产企业的,公式中的"购进原价"为生产成本,公式中的"利润率"一律定为6%。

⑥ 金银首饰消费税改变纳税环节后,用已税珠宝玉石生产的镶嵌首饰,在计税时一律不得扣除已纳的消费税税款。

五、进口应税消费品应纳税额的计算

(一)进口应税消费品的基本规定

根据《消费税暂行条例》及其实施细则等有关规定,进口应税消费品的有关规定如下:

1. 纳税义务人

进口或代理进口应税消费品的单位和个人，为进口应税消费品消费税的纳税义务人。

2. 课税对象

进口应税消费品以进口商品总值为课税对象。这是因为应税消费品报关进口后，还没有实现销售，不可能根据实际销售收入征税；如果以到岸价格为课税对象，就会使进口应税消费品与国内生产的同种应税消费品的征税依据不一致，从而使进口应税消费品的税负低于国内生产的同种应税消费品的税负。因此，应以进口商品总值为课税对象。进口商品总值具体包括到岸价格、关税和消费税三部分内容。以进口商品总值为课税对象，可使进口应税消费品与国内生产的同种应税消费品的征税依据一致，税负基本平衡，从而有利于防止盲目进口，保护国内经济的发展。

3. 其他规定

① 进口的应税消费品，于报关进口时缴纳消费税；

② 进口的应税消费品的消费税由海关代征；

③ 进口的应税消费品，由进口人或者其代理人向报关地海关申报纳税；

④ 纳税人进口应税消费品，应当自海关填发税款缴纳证的次日起 7 日内缴纳税款。

（二）进口应税消费品组成计税价格的计算

进口的应税消费品，实行从价定率办法计算应纳税额的，其组成计税价格的计算公式为：

$$组成计税价格 ＝（关税完税价格＋关税）÷（1－消费税比例税率）$$

如果进口的应税消费品属于适用从价与从量相结合计征的产品，其组成计税价格的公式为：

$$组成计税价格 ＝（关税完税价格＋关税＋进口数量×消费税定额税率）÷$$
$$（1－消费税比例税率）$$

$$应纳税额 ＝ 组成计税价格×适用税率$$

公式中，关税完税价格是指海关核定的关税计税价格。

实行从量定额办法的应税消费品的应纳税额的计算公式为：

$$应纳税额 ＝ 应税消费品数量×消费税单位税额$$

公式中，应税消费品数量是指海关核定的应税消费品进口征税数量。

【思考题 3-9】　甲公司为增值税一般纳税人，进口了一批越野车，海关审定的关税完税价格为 360 万元，缴纳关税 90 万元。越野车的消费税税率为 25％，增值税税率为 16％。请问甲公司应缴纳的消费税和增值税分别是多少？

任务训练

一、单项选择题

1. 纳税人委托个体经营者加工应税消费品，消费税（　　　）。

A. 由受托方代收代缴

B. 由委托方在受托方所在地缴纳

C. 由委托方收回后在委托方所在地缴纳

D. 由委托方在受托方或委托方所在地缴纳

2. 下列纳税人自产自用的应税消费品,无须缴纳消费税的有(　　)。

A. 汽车厂将自产的汽车用于赠送客户

B. 日化厂自产化妆品用于广告样品

C. 卷烟厂自产的烟丝用于生产卷烟

D. 鞭炮厂将自产的鞭炮用于本厂厂庆

3. 自产自用的应税消费品,若采用从价定率征税,其组成计税价格的计算公式是(　　)。

A. 成本×(1＋成本利润率)÷(1＋消费税税率)

B. (材料成本＋加工费)÷(1＋消费税税率)

C. (材料成本＋加工费)÷(1－消费税税率)

D. 成本×(1＋成本利润率)÷(1－消费税税率)

4. 根据消费税法律制度的规定,企业发生的下列经营行为中,外购应税消费品已纳消费税税额不准从应纳消费税税额中扣除的是(　　)。

A. 以外购已税白酒生产白酒

B. 以外购已税烟丝生产卷烟

C. 以外购高档化妆品为原料生产高档化妆品

D. 以外购已税实木地板为原料生产实木地板

5. 纳税人进口的属于从价定率征收消费税的消费品,按照组成计税价格和规定的税率计算应纳消费税税额,其组成计税价格的计算公式是(　　)。

A. 关税完税价格＋关税＋增值税

B. 关税完税价格＋关税

C. (关税完税价格＋关税)÷(1－消费税税率)

D. (关税完税价格＋关税)÷(1＋消费税税率)

二、多项选择题

1. 某汽车制造厂生产的小汽车应按自产自用缴纳消费税的有(　　)。

A. 用于本厂研究所作碰撞试验

B. 赠送给贫困地区

C. 移送改装分场改装加长型豪华小轿车

D. 为了检测其性能,将其转为自用

2. 按现行消费税法的规定,下列关于消费税计税数量的说法中,正确的是(　　)。

A. 销售应税消费品的,为应税消费品的销售数量

B. 自产自用应税消费品,为应税消费品的移送使用数量

C. 自产自用应税消费品的,不纳税,不必核定计税数量

D. 委托加工应税消费品的,为纳税人收回的应税消费品数量

3. 下列纳税人自产的应税消费品,视同销售计征消费税的有(　　)。

A. 用于在建工程　　　　　　　　B. 用于连续生产应税消费品

C. 用于广告　　　　　　　　　　D. 用于赞助

4. 下列不同用途的应税消费品中应纳消费税的有(　　　)。

A. 用自产应税消费品用于投资

B. 用自产应税消费品用于集体福利

C. 用委托加工收回的应税消费品(受托方已代收代缴消费税)连续生产应税消费品后销售

D. 用委托加工收回的应税消费品(受托方已代收代缴消费税)直接销售

三、判断题

1. 纳税人委托私营企业、个人加工应税消费品,一律于委托方收回后在委托方所在地缴纳消费税。　　　　　　　　　　　　　　　　　　　　　　　　　　　(　　　)

2. 自产自用应税消费品的,为应税消费品的生产数量。　　　　　　　　(　　　)

3. 委托加工的应税消费品受托方交货时已代收代缴消费税,委托方收回后直接出售的,应征收消费税,同时抵扣已被代收代缴的消费税。　　　　　　　　　　(　　　)

4. 纳税人采取以旧换新方式销售的金银首饰,应按实际收取的不含增值税的全部价款征收消费税。　　　　　　　　　　　　　　　　　　　　　　　　　(　　　)

任务五　消费税的征收管理

一、纳税义务的发生时间

消费税纳税义务的发生时间分为以下几种情况:

① 纳税人销售的应税消费品,其纳税义务发生的时间确定如下:

a. 纳税人采取赊销和分期收款结算方式的,为书面合同约定的收款日期的当天,书面合同没有约定收款日期或无书面合同的,为发出应税消费品的当天。

b. 纳税人采取预收货款结算方式的,为发出应税消费品的当天。

c. 纳税人采取托收承付结算方式销售的应税消费品,为发出应税消费品并办妥托收手续的当天。

d. 纳税人采取其他结算方式的,为收讫销售款或者取得索取销售款凭据的当天。

② 纳税人自产自用的应税消费品,为移送使用的当天。

③ 纳税人委托加工的应税消费品,为纳税人提货的当天。

④ 纳税人进口的应税消费品,为报关进口的当天。

二、纳税地点

消费税纳税地点分为以下几种情况:

① 纳税人销售的应税消费品及自产自用的应税消费品,除国务院财政、税务主管部门另有规定外,应当向纳税人机构所在地或者居住地的主管税务机关申报纳税。纳税人总机构和分支机构不在同一县(市)的,应分别在生产应税消费品的分支机构所在地申报纳税。但经国家税务总局及所属分局批准,纳税人分支机构应纳消费税,也可由总机构汇总向总机构所在地主管税务机关申报纳税。

② 纳税人到外县(市)销售或委托外县(市)代销自产应税消费品的,应事先向其所在地主管税务机关提出申请,并于应税消费品销售后,回纳税人核算地缴纳税款。

③ 委托加工的应税消费品,除受托方为个人外,由受托方向机构所在地或者居住地的主管税务机关报缴税款。受托方为个人的,由委托方向机构所在地的主管税务机关申报纳税。

④ 纳税人销售应税消费品,如因质量等原因由购买者退回时,经机构所在地或者居住地主管税务机关审核批准后,可退还已缴纳的消费税税额。

⑤ 进口的应税消费品,由进口人或其代理人向报关地海关申报纳税。此外,个人携带或者邮寄进境的应税消费品,连同关税由海关一并计征。具体办法由国务院关税税则委员会会同有关部门制定。

三、纳税期限

消费税的纳税期限分别为 1 日、3 日、5 日、10 日、15 日、1 个月或 1 个季度。纳税人的具体纳税期限,由主管税务机关根据纳税人应纳税额的大小分别核定;不能按照固定期限纳税的,可以按次纳税。

纳税人以 1 个月或者 1 个季度为一个纳税期的,自期满之日起 15 日内申报纳税;以 1 日、3 日、5 日、10 日或者 15 日为一个纳税期的,自期满之日起 5 日内预缴税款,于次月 1 日起 15 日内申报纳税并结清上月应纳税款。

纳税人进口应税消费品,应当自海关填发税款缴纳证的次日起 15 日内缴纳税款。

四、纳税申报

为了在全国范围内统一、规范消费税纳税申报资料,加强消费税管理的基础工作,国家税务总局制定了"烟类应税消费品消费税纳税申报表""酒类应税消费品消费税纳税申报表""成品油应税消费品消费税纳税申报表""小汽车应税消费品消费税纳税申报表""其他应税消费品消费税纳税申报表"。其中,比较常用的"小汽车应税消费品消费税纳税申报表"见表 3-2,"酒类应税消费品消费税纳税申报表"见表 3-3,"烟类应税消费品消费税纳税申报表"见表 3-4。

表 3-2　小汽车应税消费品消费税纳税申报表

税款所属期:　　　年　月　日至　　　年　月　日

纳税人名称(公章):

纳税人识别号 [　　　　　　　　　　　　　　　　　　]

填表日期:　　年　月　日　　　　　　　　单位:辆、元(列至角分)

应税消费品名称	项　目	适用税率	销售数量	销售额	应纳税额
乘用车	气缸容量≤1.0升	1%			
	1.0升<气缸容量≤1.5升	3%			
	1.5升<气缸容量≤2.0升	5%			

（续表）

项　目 应税消 费品名称	适用税率	销售数量	销售额	应纳税额
乘用车　2.0升＜气缸容量≤2.5升	9％			
2.5升＜气缸容量≤3.0升	12％			
3.0升＜气缸容量≤4.0升	25％			
气缸容量＞4.0升	40％			
中轻型商用客车	5％			
合计	—	—	—	—

表 3－3　酒类应税消费品消费税纳税申报表
税款所属期：年　月　日至　年　月　日

纳税人名称(公章)：

纳税人识别号：

填表日期：年月日

金额单位：元(列至角分)

项　目 应税消 费品名称	适用税率		销售数量	销售额	应纳税额
	定额税率	比例税率			
粮食白酒	0.5元/斤	20％			
薯类白酒	0.5元/斤	20％			
啤酒	250元/吨	—			
啤酒	220元/吨	—			
黄酒	240元/吨	—			
其他酒		10％			
合计	—	—			

本期准予抵减税额：	**声明**　此纳税申报表是根据国家税收法律的规定填报的，我确定它是真实的、可靠的、完整的。 经办人(签章)： 财务负责人(签章)： 联系电话：
本期减(免)税额：	
期初未缴税额：	
本期缴纳前期应纳税额：	(如果你已委托代理人申报，请填写) **授权声明** 为代理一切税务事宜，现授权 (地址)为 本纳税人的代理申报人，任何与本申报表有关的往来文件，都可寄予此人。 授权人签章：
本期预缴税额：	
本期应补(退)税额：	
期末未缴税额：	

表3－4　烟类应税消费品消费税纳税申报表

税款所属期：　　　　年　月　日至　　　年　月　日

纳税人识别号：

纳税人名称(公章)：

填表日期：　年　　月　日　　单位:卷烟万支、雪茄烟支、烟丝千克；

金额单位:元(至角、分)

项目 应税消费品名称	适用税率		销售数量	销售额	应纳税额
	定额税率	比例税率			
卷烟	30元/万支	56％			
卷烟	30元/万支	36％			
雪茄烟	—	36％			
烟丝	—	30％			
合计	—	—			

本期准予扣除税额： 本期减(免)税额： 期初未缴税额： 本期缴纳前期应纳税额： 本期预缴税额： 本期应补(退)税额： 期末未缴税额：	**声明** 　　此纳税申报表是根据国家税收法律的规定填报的,我确定它是真实的、可靠的、完整的。 经办人(签章)： 财务负责人(签章)： 联系电话： (如果你已委托代理人申报,请填写) 　　　　**授权声明** 　为代理一切税务事宜,现授权_____ _____(地址)_____为本纳税人的代理申报人,任何与本申报表有关的往来文件,都可寄予此人。 　授权人签章：

 任务训练

一、单项选择题

1. 根据消费税法律制度的规定,下列关于消费税纳税地点的表述中,正确的是(　　)。

A. 纳税人销售的应税消费品,除另有规定外,应当向纳税人机构所在地或居住地的主管税务机关申报纳税

B. 纳税人总机构与分支机构不在同一省的,由总机构汇总向总机构所在地的主管税务机关申报纳税

C. 进口的应税消费品,由进口人或者其他代理人向机构所在地的主管税务机关申报纳税

D. 委托加工的应税消费品，受托方为个人的，由受托方向居住地的主管税务机关申报纳税

2. 消费税纳税人采取赊销和分期收款结算方式的，其纳税义务的发生时间为（　　）。

A. 发出货物的当天　　　　　　　　B. 收到货款的当天

C. 合同规定的收款日期当天　　　　D. 双方约定的任一时间

二、多项选择题

根据消费税法律制度的规定，下列关于消费税纳税义务发生时间的表述中，正确的有（　　）。

A. 纳税人自产自用应税消费品的，为移送使用的当天

B. 纳税人委托加工应税消费品的，为交付加工费的当天

C. 纳税人进口应税消费品的，为报关进口的当天

D. 纳税人销售应税消费品采取预收款方式的，为发出应税消费品的当天

三、判断题

采取预收货款结算方式的，消费税纳税义务的发生时间为收到预收款的当天。　　（　　）

项目小结

消费税是对我国境内从事生产、委托加工、零售及进口应税消费品的单位和个人，就其销售额或销售数量征收的一种税。其设有 15 个税目，税率有比例税率和定额税率两种形式，实行单一环节课征（卷烟除外），采用从价定率、从量定额、复合计税三种方式。

拓展阅读

为什么对卷烟征收重税，怎么计算

在消费税征收中，仅有卷烟是课征重税的，凤凰财经曾报道主要有以下三个方面的原因：

其一，维护消费者身体健康。由于烟草制品内含焦油、烟碱及其他一些有害人体健康的物质，使得烟草消费会对消费者的身体健康构成一定程度的损害。作为社会公共利益的提供者，各国政府为了减轻居民身体健康受损程度，纷纷对烟草制品采取"寓禁于征"的高税政策，企图通过加大企业和消费者的成本付出来控制烟草制品产销量，从而达到维护消费者身体健康的社会性目标。

其二，增加政府经济收入。由于烟草消费的"成瘾性"，使得烟草制品的市场需求弹性较小，对烟草征收高税可有效增加政府财政收入。

其三，矫正烟草消费的外部负效果。吸烟除了损害吸烟者的健康外，还不可避免地向周围环境排放烟雾，这既污染了空气，也危害了周围不吸烟者的健康，同时吸烟还不时地引发意外火灾。为了矫正烟草消费的这些外部负效果，各国政府按照"使用者付费"的原则，通过对烟草制品征收重税的经济手段迫使烟草消费者补偿对环境和他人造成的负面影响。所以，卷烟的重税征收表现在批发环节加征一道税。

那么卷烟在批发环节加征一道税,又是怎么计算的呢? 计税依据为纳税人批发卷烟的销售额(不含增值税),纳税人应将卷烟销售额与其他商品销售额分开核算,未分开核算的,一并征收消费税。其中适用的税率为11%加0.005元/支。

例如,某烟酒批发公司2018年6月批发A牌卷烟5 000条,开具的增值税专用发票上注明销售额250万元;批发B牌卷烟2 000条,开具的普通发票上注明销售额88.16万元。当月允许抵扣的进项税额为35.58万元。请计算该烟酒批发公司当月应缴纳的增值税、消费税。

解:应纳的消费税$=[250+88.16\div(1+16\%)]\times11\%+(5\,000+2\,000)\times200\times0.005\div10\,000=36.56$(万元)

应纳的增值税$=[250+88.16\div(1+16\%)]\times16\%-35.58=16.58$(万元)

在卷烟销售的纳税过程中,需要注意以下四个问题:

① 纳税人销售给纳税人以外的单位和个人的卷烟于销售时纳税。纳税人之间销售的卷烟不缴纳消费税。

② 纳税义务的发生时间为纳税人收讫销售款或者取得索取销售款凭据的当天。

③ 纳税地点是卷烟批发企业的机构所在地,总机构与分支机构不在同一地区的,由总机构申报纳税。

④ 卷烟消费税在生产和批发两个环节征收后,批发企业在计算纳税时不得扣除已含的生产环节的消费税税款。

➤ 案例解谜

1. 天河城销售化妆品并不需要缴纳消费税。因为根据我国税法的规定,化妆品的征税环节是在生产环节,而天河城销售化妆品是处在消费环节。

2. 天河城销售衣服不需要缴纳消费税。因为根据我国税法的规定,消费税的征税范围只限于税法规定的应税消费品,而衣服不属于应税消费品之列。

单项技能训练

1. 甲地板厂为增值税一般纳税人,2018年6月销售自产实木地板取得含增值税销售额111.15万元。

要求:计算甲地板厂当月该业务应缴纳的消费税税额。

2. 2018年,甲企业为增值税一般纳税人,主要从事小汽车的制造和销售业务,6月份,销售1辆定制小汽车取得含增值税价款232 000元,另收取手续费35 100元。消费税税率为5%。

要求:

① 计算甲企业应纳的消费税。

② 计算甲企业增值税销项税额。

3. 甲汽车厂将1辆生产成本为5万元的自产小汽车用于抵偿债务,同型号小汽车不含增值税的平均售价为10万元/辆,不含增值税最高售价为12万元/辆。小汽车的消费税税率为5%。

要求:计算汽车厂该笔业务应纳的消费税和增值税。

4. 2018 年 6 月,甲酒厂销售自产红酒,取得含增值税价款为 46.8 万元,另收取包装物押金 2.34 万元,手续费 1.17 万元。红酒增值税税率为 16%,消费税税率为 10%。

要求:计算甲酒厂该笔业务应纳的消费税。

5. 某化妆品厂(增值税一般纳税人)将自产的高档化妆品移送生产普通护肤品,并于当月全部销售,取得不含增值税销售价款 100 000 元。该化妆品厂没有同类高档化妆品的销售价格,该批高档化妆品的成本为 60 000 元,成本利润率为 5%。

要求:计算该厂增值税销项税额和消费税。

6. 甲公司为增值税一般纳税人,主要生产和销售化妆品,受托加工高档粉饼,收取不含增值税加工费 5 万元,委托方提供的原材料成本 80 万元,甲公司无同类产品销售价格。

要求:

① 计算甲企业的消费税;

② 计算甲企业的增值税销项税额。

7. 某企业为增值税一般纳税人,将 10 吨自产白酒馈赠客户,该批白酒的成本为 10 万元,成本利润率为 10%,该企业没有同类消费品的销售价格,该批白酒适用的消费税税率为 20% 加 0.5 元/500 克。根据相关规定,将自产应税消费品用于馈赠的,视同销售。

要求:计算该企业应缴纳的消费税和增值税销项税额。

8. 某卷烟厂用从农民手中购买的烟叶委托某烟丝加工厂加工成烟丝,2018 年 6 月购进烟叶 60 吨,收购凭证上注明收购金额为 10 000 元/吨。委托烟丝厂加工成烟丝,本月收回烟丝 15 吨。该厂月初无库存烟丝,月末有库存委托加工烟丝 5 吨。加工烟丝支付的加工费为 2 000 元/吨。本月销售以委托加工的烟丝生产的卷烟 200 箱,每箱 250 条,每条调拨价 60 元。

要求:计算该卷烟厂本月应纳的消费税和增值税。

 ## 综合技能训练

诺亚汽车有限责任公司为增值税一般纳税人,以生产销售小型轿车为主要经营业务,增值税税率为 16%。企业概况如下:

企业名称:诺亚汽车有限责任公司

注册类型:有限责任公司

法定代表人:林木森

企业地址及电话:广州市海珠区赤沙路 21 号　020 - 82654333

开户银行及账号:中国工商银行广州市海珠区支行　2048595914009922457

纳税人识别号:912054310726089002

财务负责人:徐明峰;报税员:郑丽云

所属行业:制造业

主管税务机关代码:613708

机关名称:广州市国家税务局海珠区分局

所在地区:广州市

税款所属时间:2018 年 6 月

填表日期:2018 年 7 月 5 日

2018 年 6 月发生以下业务：

① 6 月 3 日，购进汽车零配件一批，取得的增值税专用发票上注明金额 200 000 元，款项已通过银行支付，材料验收入库。

② 6 月 8 日，销售 NA-1.5 型小轿车给特约经销商 10 辆，每辆不含税售价 10 万元，该型号小汽车排量为 1.5 升，开具的增值税专用发票上注明金额 1 000 000 元；同时开出普通发票向购买方收取售后服务费 5 850 元/辆，款项已收存银行。

③ 6 月 15 日，销售 NA-3.0 型小轿车 5 辆给安雅汽车专卖店，开具的普通发票上注明金额为 2 340 000 元，款未收。该型小轿车排量为 3.0 升。

④ 6 月 20 日，根据董事会决议，以 NA-2.5 型小轿车 2 辆奖励业绩突出的 2 名职工，每辆小轿车市场售价为 200 000 元(不含税)。该型号小轿车排量为 2.5 升。

⑤ 6 月 25 日，因业务需要将其中 1 辆排量为 2.0 的 NA-2.0 型小轿车转作公司固定资产，该汽车账面成本 130 000 元，无同类产品售价。

⑥ 6 月 31 日，盘点发现，上月购进的一批汽车零配件丢失，原因待查，该批零配件账面价值 50 000 元。

要求：

① 计算该公司 2018 年 6 月应缴纳的消费税。

② 填写诺亚汽车有限责任公司 2018 年 6 月份的消费税纳税申报表(见表 3-2)，附表(略)。

项目四 关 税

能力目标

◆ 能够了解关税和国家经济发展之间的关系
◆ 会计算产品进口环节的应纳关税税额

知识目标

◆ 熟悉关税的征税对象
◆ 掌握关税的基本法律规定
◆ 掌握关税应纳税额的计算

知识结构

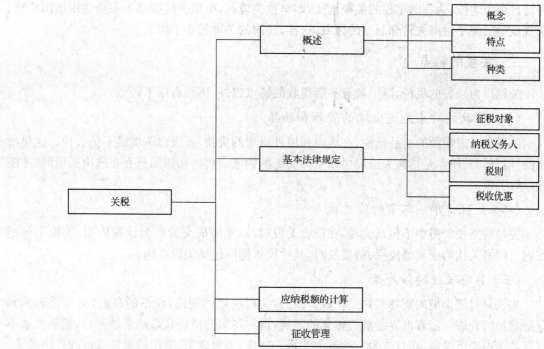

引入案例

　　2016年9月16日,苹果iPhone7手机如约登陆中国,有部分"果粉"为了提前买到新机,会选择到香港扫货。从深圳海关获悉,深圳口岸将在中秋节、国庆期间迎来旅客过境高峰。旅客过关时需要清楚了解哪些商品必须申报缴税才能过关,其中旅客从香港携带购买的iPhone7,应向海关申报,并按照15%的税率办理缴税手续。个人自用、购买入境的iPhone7也要交税吗?

任务一　关税概述

一、关税的概念

　　关税是由海关根据国家制定的有关法律,以进出国境或关境的货物和物品为征税对象而征收的一种商品税。

　　关境与国境是两个既有联系,又不完全相同的概念。国境是一个主权国家以边界为界限,全面实行主权的领域范围,包括领土、领海、领空。关境又称为税境或海关境域,是一个主权国家行使的领域范围。通常情况下,国境与关境是一致的。但如果几个国家结成关税联盟,组成一个共同关境实施统一的关税法令和对外税则,彼此之间货物进出过境不征关税,只对来自和运往非同盟成员国的货物进出共同关境时征收关税,这时关境就大于其成员国的各自国境。

　　当一个国家在境内设立了自由港或自由贸易区时,关境就小于国境。如我国,根据《中华人民共和国香港特别行政区基本法》和《中华人民共和国澳门特别行政区基本法》,香港、澳门保持自由港地位,为我国单独的关税地区,即单独关境区,单独关境区是不完全适用该国法律、法规或是实施单独海关管理制度的区域,这样,我国的关境就小于国境。

二、关税的特点

　　关税作为独特的税种,除了具有一般税收的特点以外,还具有以下特点:

　　(一)征收的对象是进出境的货物和物品

　　关税是对进出境的货品征税,在境内和境外流通的货物,不进出关境的不征关税。这里所指的"境"即"关境",是指海关法规可以全面实施的领域。货物和物品只有在进出关境时,才能被征收关税。

　　(二)关税是单一环节的价外税

　　关税的完税价格中不包括关税,在征收关税时,以实际成交价格为计税依据,关税不包括在内。但海关代为征收增值税、消费税时,其计税依据应包括关税在内。

　　(三)具有较强的涉外性

　　关税只对进出境的货物和物品征收。因此,关税税则的制定,税率的高低,会直接影响到国际贸易的开展。随着世界经济一体化的发展,世界各国的经济联系越来越密切,贸易关系不仅反映简单经济关系,而且成为一种政治关系。这样,关税政策、关税措施往往也和经济政策、外交政策紧密相关,具有涉外性。

三、关税的种类

关税依据不同的标准可以划分为不同的类别。

(一)按照货物的流动方向分类

按照货物的流动方向,关税可分为进口关税、出口关税、过境关税。

1. 进口关税

进口关税是海关对国外输入本国的货物或物品征收的一种关税。一般在外国货物进入关境时征收。目前世界各国的关税主要是征进口税。征收进口税的目的在于保护本国市场和增加财政收入。

2. 出口关税

出口关税是海关对输出本国的货物或物品征收的一种关税。为了降低出口货物的成本,提高本国货物在国际市场上的竞争能力,世界各国一般少征或不征出口关税。但为了限制本国某些产品或自然资源的输出,或为了保护本国生产、本国市场供应和增加财政收入以及某些特定的需要,有些国家也征收出口关税。我国目前仅对少数货物征收出口关税。

3. 过境关税

过境关税是海关对通过本国关境运往其他国家或地区的货物征收的一种关税。征收过境关税,不仅妨碍国际商品流通,而且还会减少港口、运输、仓储等方面的收入,因而过境关税便逐步被世界各国废除。

(二)按照关税的计征标准分类

按照关税的计征标准,关税可分为从价关税、从量关税、复合关税、选择关税和滑动关税。

1. 从价关税

从价关税是指以征税对象的价格为计税依据,根据一定比例的税率计征的关税。

2. 从量关税

从量关税是指以征税对象的数量为计税依据,按每单位数量预先制定的应税数额计征的关税。

3. 复合关税

复合关税是指对同一种货物同时采取从价与从量两种标准征收的关税。从价关税、从量关税分别计算,两种税额之和作为该货物的应征税额。

4. 选择关税

选择关税是指对同一种货物同时规定从价和从量两种税率,在征税时选择其中征收税额较多的一种,以免因物价波动影响财政收入。但针对进口货物来说,也可以选择税额较少的一种标准计算关税。

5. 滑动关税

滑动关税又称为滑准税,是指关税的税率随着进口商品价格的变动而反方向变动的一种税率形式,即价格越高,税率越低,价格越低,税率越高,其中税率为比例税率。

(三)按照差别待遇分类

按照差别待遇,关税可分为优惠关税、歧视关税。

1. 优惠关税

优惠关税是指对来自某些国家的进口货物使用比普通税率低的优惠税率征收关税。优惠关税一般是互惠的,协议双方相互给予对方优惠关税待遇,也有单方面的优惠关税。优惠关税一般包括协定关税、最惠国关税、普惠制关税和特惠关税。

2. 歧视关税

歧视关税是指对同一种货物由于输出国或生产国不同,或输出情况不同而适用不同的税率征收的关税。一般是为了达到某一特定目的,在征收一般进口关税之外又加征的一种临时附加税。歧视关税可以分为反倾销关税、反补贴关税和报复关税。

① 反倾销关税是指对以低价向本国倾销的外国货物在一般进口税之外,再加征的一道进口附加税。

② 反补贴关税是指进口国对在其本国接受各种出口补贴的进口货物所征收的一种进口附加税。

③ 报复关税是指进口国在他国对本国出口的货物给予不利待遇或有所歧视时,对从该国进口的货物进行报复,加重征收的一种进口附加税。

任务训练

一、单项选择题

根据关税法律制度的规定,进口原产地与我国签订含有关税优惠条款的区域性贸易协定的国家或地区的进口货物,适用的关税税率是(　　　)。

A. 最惠国税率　　　B. 普通税率　　　　C. 协定税率　　　　D. 特惠税率

二、多项选择题

根据关税法律制度的规定,下列各项中,属于关税计税方法的有(　　　)。

A. 从价税计算法　　B. 从量税计算法　　C. 复合税计算法　　D. 滑准税计算法

三、判断题

关税的计征方法有从价计征、从量计征、复合计征和滑准税。　　　　　　　　　　(　　　)

任务二　关税的基本法律规定

一、关税的征税对象

关税的征税对象是准许进出境的货物和物品。货物是指贸易性商品;物品包括入境旅客随身携带的行李物品、个人邮递物品、各种运输工具上的服务人员携带进口的自用物品、馈赠物品以及其他方式进境的个人物品。

二、关税的纳税义务人

进口货物的收货人、出口货物的发货人、进出境物品的所有人是关税的纳税义务人;进出口货物的收、发货人是指依法取得对外贸易经营权,并进口或者出口货物的法人或者其他社会团体。进出境物品的所有人包括该物品的所有人和推定为所有人的人。一般情况下,对于携带进境的物品,推定其携带人为所有人;对分离运输的行李,推定相应的进出境旅客为所有人;对以邮递方式进境的物品,推定其收件人为所有人;以邮递或其他运输方式出境的物品,推定其寄件人或托运人为所有人。

三、关税税则

(一)关税税则概况

进出口税则是一个国家根据其关税政策和经济政策,通过一定的立法程序制定公布实施的进出口货物和物品应税的关税税率表。进出口税则以税率表为主体,通常还包括实施税则的法令、适用税则的有关说明和附录等。《中华人民共和国海关进出口税则》是我国海关征收关税的法律依据,也是我国关税政策的具体体现。

税率表作为税则主体,包括税则商品分类目录和税率栏两大部分。税则商品分类目录是将种类繁多的商品加以综合,按照不同特点分门别类地简化为数量有限的商品类目,分别编号按序排列,称为税则号列,并逐步列出该号中应列入的商品名称。该目录是关税征税范围的具体化。税率栏是按商品分类目录逐项定出的税率栏目。

我国采用《商品名称及编码协调制度》目录编制的新的《海关进出口税则》将商品分为21大类、97章,商品编码的一二位是章、三四位是子目、五六位是分目。经过调整,我国2017年税则税目总数将由8 294个增加到8 547个。

(二)关税税率

1. 进口关税税率

在我国加入WTO之后,为了履行我国在加入WTO关税减让谈判中承诺的有关义务,享有WTO成员应有的权利,根据《关税条例》,自2004年1月1日起,我国进口税则设有最惠国税率、协定税率、特惠税率、普通税率、关税配额税率等税率形式。对进口货物在一定期限内可以实行暂定税率。

① 最惠国税率适用于原产于与我国共同适用最惠国待遇条款的WTO成员方或地区的进口货物,或原产于与我国签订有相互给予最惠国待遇条款的双边贸易协定的国家或地区进口的货物,以及原产于我国境内的进口货物。

② 协定税率适用于原产于我国参加的含有关税优惠条款的区域性贸易协定的有关缔约方的进口货物。

③ 特惠税率适用于原产于我国签订有特殊优惠关税协定的国家或地区的进口货物。

④ 普通税率适用于原产于上述国家或地区以外的其他国家或地区的进口货物,以及原产地不明的进口货物。

按照普通税率征税的进口货物,经国务院关税税则委员会特别批准,可以适用最惠国税率。适用最惠国税率、协定税率、特惠税率的国家或者地区名单,由国务院关税税则委员会决定。

2. 原产地规定

进口货物适用的税率是由进口货物的原产地决定的。对于货物的原产地我国基本采用了全部产地生产标准和实质性加工标准两种国际上通用的原产地标准。

全部产地生产标准是指完全在一个国家内生产或制造的进口货物,生产或制造国为该货物的原产国。

实质性加工标准是指经过几个国家加工、制造的进口货物，以最后一个对货物进行经济上可以视为实质性加工的国家作为有关货物的原产国。这里所说的"实质性加工"，是指产品经过加工后，在《海关进出口税则》中四位数税号一级的税则归类已有了改变的，或虽然上述归类没有改变，但加工增值部分所占新产品总值的比例已超过 30%，应作为实质性加工对待。

对于机器、仪器、器材或车辆所用的零件、部件、配件及工具，如与主件一起进口，而且数量合理，其原产地按主件的原产地确定，分别进口的则按各自的原产地确定。进口货物原产地由海关确定，在确定原产地时，海关在必要时可要求申报人交验有关国外发证机关发放的原产地证明书。

3. 出口关税税率

我国出口税则为一栏税率，即出口税率。目前，我国仅对少数资源性产品及易于竞相杀价、盲目出口、需要规范出口秩序的半制成品征收出口关税。现行税则对鳗鱼苗、部分有色金属矿砂及其精矿等 100 余种商品进行出口管制。但对上述范围内部分商品的 0～25% 暂定税率，此外，根据需要对其他 200 多种商品征收暂定税率。与进口暂定税率一样，出口暂定税率优先适用于出口税则中规定的出口税率。

四、关税的税收优惠

关税的税收优惠主要包括法定减免、特定减免和临时减免。根据我国《海关法》的规定，除了法定减免税外的其他减免税均由国务院决定。

（一）法定减免

法定减免是税法中明确列出的减税或免税。符合税法规定可予减免税的进出口货物，纳税义务人无须提出申请，海关可按规定直接予以减免税。海关对法定减免税货物一般不进行后续管理。

1. 免征关税的进出口货物如下：

① 关税税额在人民币 50 元以下的一票货物。

② 无商业价值的广告品和货样。

③ 外国政府、国际组织无偿赠送的物资。

④ 在海关放行前损失的货物，在海关放行前遭受损坏的货物，可以根据海关认定的受损程度减征关税。

⑤ 进出境运输工具装载的途中必需的燃料、物料和饮食用品。

⑥ 经海关核准暂时进境或暂时出境，并在 6 个月内复运出境或者复运进境的货样、展览品、施工器械、工程车辆、工程船舶、供安装设备时使用的仪器和工具、电视或者电影摄制器械、盛装货物的容器以及剧团服装道具，在货物收、发货人向海关缴纳相当于税款的保证金或者提供担保后，可予暂时免税。

⑦ 为境外厂商加工、装配成品和为制造外销产品而进口的原材料、辅料、零件、部件、配套件和包装物料，海关按照实际加工出口的成品数量免征进口关税；或者对进口料、件先征进口关税，再按照实际加工出口额成品数量予以退税。

⑧ 因故退还的中国出口货物，经海关审查属实，可予免征进口关税，但已征收的出口关税

不予退还。

⑨ 因故退还的境外进口货物，经海关审查属实，可予免征出口关税，但已征收的进口关税不予退还。

⑩ 无代价抵偿货物，进口货物在征税放行后，发现货物残损、短少或品质不良，而由国外承运人、发货人或保险公司免费补偿或更换的同类货物，可以免税。

⑪ 我国缔结或者参加的国际条约规定减征、免征关税的货物、物品，按照规定予以减免关税。

⑫ 法律规定减征、免征的其他货物。

（二）特定减免

特定减免也称为政策性减免，是在法定减免之外，国家按照国际通行规则和我国实际情况，制定发布的有关进出口货物减免关税的政策。

① 科教用品；

② 残疾人专用品；

③ 扶贫、慈善性捐赠物资；

④ 加工贸易产品；

⑤ 边境贸易进口物资；

⑥ 保税区进出口货物；

⑦ 出口加工区进出口货物；

⑧ 进口设备；

⑨ 特定行业或用途的减免税政策。

（三）临时减免

临时减免税是指在法定减免和特定减免税之外，由国务院根据《海关法》针对某个单位、某类商品、某个项目或某批进出口货物的特殊情况，给予特别照顾，一案一批，专门下达的减免税。一般有单位、品种、期限、金额或数量等限制，不能比照执行。

我国已经加入世贸组织，为遵循统一、规范、公平、公开的原则，有利于统一税法、公平税负、平等竞争，国家严格控制减免税，一般不办理个案临时性减免税，对特定减免税也在逐步规范、清理，对不符合国际惯例的税收优惠政策将逐步予以废止。

 任务训练

一、单项选择题

1. 根据关税的有关规定，下列选项中，应征收关税的是（　　）。

A. 无商业价值的广告品及货样

B. 进出境运输工具装载的途中必需的燃料、物料和饮食用品

C. 外国企业无偿赠送的物资

D. 一票货物关税税额在人民币 50 元以下的

2. 根据关税法律制度的规定，下列各项中，海关可以酌情减免关税的是（　　）。

A. 进出境运输工具装载的途中必需的燃料、物料和饮食用品

B. 无商业价值的广告品及货样

C. 国际组织无偿赠送的物资

D. 在境外运输途中受到损坏的进口货物

二、多项选择题

根据关税法律制度的规定,下列各项中,属于法定减免关税的有( )。

A. 进出境运输工具装载的途中必需的燃料、物料和饮食用品

B. 外国政府无偿赠送的物资

C. 无商业价值的广告品

D. 无商业价值的货样

任务三 关税应纳税额的计算

一、关税的计税依据

关税的完税价格是关税的计税依据。《海关法》规定,进出口货物的完税价格,由海关以进出口货物的成交价格为基础审查确认。成交价格不能确定时,由海关依法估定完税价格。

（一）进口货物的完税价格

1. 以成交价格为基础的完税价格

进口货物的完税价格包括货物的货价、货物运抵我国境内输入地点起卸前的运输及其相关费用、保险费。我国境内输入地一般为第一口岸。货物的货价以成交价格为基础。进口货物的成交价格是指买方为购买该货物,并按有关规定调整后的实付或应付价格。

实付或应付价格是指买方为购买进口货物直接或间接支付的总额。如果下列费用或者价值未包括在进口货物的实付或者应付价格中,应当计入完税价格:

① 由买方负担的除购货佣金以外的佣金和经纪费。购货佣金是指买方为购买进口货物向自己的采购代理人支付的劳务费用。经纪费是指买方为购买进口货物而向代表买、卖双方利益的经纪人支付的劳务费用。

② 由买方负担的与该货物视为一体的容器费用。

③ 由买方负担的包装材料和包装劳务费用。

④ 与该货物的生产和向中国境内销售有关的,由买方以免费或者以低于成本的方式提供并可以按适当比例分摊的料件、工具、模具、小号材料及类似货物的价款,以及与在境外开发、设计等相关的服务费用。

⑤ 与该货物有关并作为卖方向我国销售该货物的一项条件,应当由买方直接或间接支付的特许权使用费。

⑥ 卖方直接或间接从买方对该货物进口后转售、处置或使用所得中获得的收益。

下列费用,如能与该货物实付或者应付价格区分,不得计入完税价格:

① 厂房、机械、设备等货物进口后的基建、安装、装配维修和技术服务的费用;

② 货物运抵境内输入地点之后的运输费用、保险费和其他相关费用;

③ 进口关税及其他国内税收;

④ 为在境内复制进口货物而支付的费用;

⑤ 境内外技术培训及境外考察费用。

同时符合下列条件的利息费用不计入完税价格:

① 利息费用是买方为购买进口货物而融资所产生的;

② 有书面的融资协议的;

③ 利息费用单独列明的;

④ 纳税义务人可以证明有关利息不高于在融资当时当地此类交易通常应当具有的利率水平,且没有融资安排的相同或者类似进口货物的价格与进口货物的实付、应付价格非常接近。

【例4-1】 某进出口公司从境外某国进口一批货物,该批货物的境外口岸离岸价格为人民币600万元,运抵我国关境内输入地点起卸前的包装费、运输费、保险费和其他劳务费用共计人民币100万元。在采购过程中,向境外采购代理人支付佣金人民币5万元,向卖方支付佣金人民币10万元;为方便在境内使用,还向境外支付与该批进口货物有关的专有技术和资料费用人民币8万元和货物进口后安装调试以及技术指导费用人民币3万元。进口关税税率为20%。

要求:计算该公司应缴纳的进口关税。

解:向境外采购代理人支付佣金5万元,货物进口后的安装、调试以及技术指导费用3万元不计入完税价格,所以:

该公司应缴纳的进口关税=(600+100+10+8)×20%=143.6(万元)

2. 进口货物完税价格确定的其他方法

海关进行估价时,首先要尽可能先使用实际成交价格,但并不是所有进口货物都是有实际成交价格的。对于进口货物的成交价格不符合规定条件的,或者成交价格不能确定的,在客观上无法采用货物的实际成交价格时,海关经了解有关情况,并与纳税义务人进行价格磋商后,依次以下列价格估定该货物的完税价格:

① 相同货物的成交价格估价方法。它的定义是"与该货物同时或者大约同时向中华人民共和国境内销售的相同货物的成交价格"。所谓相同货物,是指货物的物理特性、质量及产品声誉。

② 类似货物的成交价格估价方法。它的定义是"与该货物同时或者大约同时向中华人民共和国境内销售的类似货物的成交价格"。类似货物是指与被估货物在同一国生产制造,虽然不是在所有方面都相同,但具有相似特征和相似组成材料,从而能起到同样作用,而且在商业上可以互换的货物。选择相似货物时,主要应考虑货物的品质、信誉和现有商标。

③ 倒扣价格估价方法。它是指海关以进口货物、相同或者类似进口货物在境内的销售价格为基础,扣除境内发生的有关费用后,审查确定进口货物完税价格的估价方法。

④ 计算价格估价方法。它是指以生产该货物所使用的原材料价值和进行装配或其他加工的费用加上与向境内进口销售同等级或同种类货物的利润、一般费用相符的利润和一般费用以及货物运抵境内输入地点起卸前的运输及相关费用、保险费。

⑤ 其他合理方法。使用其他合理方法估定价格时,应当以在境内获得的数据资料为基础估定完税价格。

(二)出口货物的完税价格

出口货物的完税价格,由海关以该货物向境外销售时的成交价格为基础审查确定,并应包括货物运至中华人民共和国境内输出地点装卸前的运输及其相关费用、保险费。

1．以成交价格为基础的完税价格

出口货物的成交价格是指该货物出口销售时，卖方为出口该货物应当向买方直接和间接收取的价款总额。

下列税款、费用不应计入出口货物的完税价格：

① 出口关税。

② 在货物价款中单独列明的货物运至中华人民共和国境内输出地点装载后的运输及其相关费用、保险费。

③ 在货物价款中单独列明由卖方承担的佣金。

2．出口货物完税价格海关估定的方法

出口货物的成交价格不能确定的，海关经了解有关情况，并与纳税义务人进行价格磋商后，依次以下列价格审查确定该货物的完税价格：

① 同时或者大约同时向同一国家或者地区出口的相同货物的成交价格。

② 同时或者大约同时向同一国家或者地区出口的类似货物的成交价格。

③ 根据境内生产相同或者类似货物的成本、利润和一般费用（包括直接费用和间接费用）、境内发生的运输及其相关费用、保险费计算所得的价格。

④ 按照合理方法估定的价格。

二、关税应纳税额的计算

关税应纳税额的计算分为以下几个方面：

1．从价税应纳税额的计算

从价税是以货物的价格或者价值为征税标准，以应征税额占货物价格或者价值的百分比为税率，价格越高，税额越高。进口货物时，以此税率和海关审定的实际进口货物完税价格相乘计算得出应征税额。从价税的特点是，相对于进口商品价格的高低，其税额也相应高低。目前，我国海关计征关税的办法主要是从价计征。

$$应纳税额 = 应税进（出）口货物数量 \times 单位完税价格 \times 单位货物税额$$

【例4-2】　某公司进口机械设备3台，以境外口岸离岸价格成交，每台货价折合人民币200万元（其中包括向其境外采购代理人支付的买方佣金为每台8万元人民币，另外进口后安装调试费用每台10万元人民币。两者均单独计价并已经海关审查属实）。该货物运抵中国关境内输入地点起卸前的包装费、运费、保险费和其他劳务费用为每台30万元人民币。该机械设备的关税税率为10％。

要求：计算该公司应纳的进口关税税额。

解：进口货物完税价格包括货价加上货物运抵我国关境内输入地点起卸前的包装费、运费、保险费和其他劳务费等费用。进口人向其境外采购代理人支付的买方佣金以及进口后的安装调试费用，可以从完税价格中扣除。则：

$$该公司应纳的关税税额＝3 \times （200-8-10+30） \times 10％＝63.6（万元）$$

2．从量税应纳税额的计算

从量税是以货物的数量、重量体积、容量等计量单位为计税标准，以每计量单位货物的应征税额为税率。从量税的特点是，每一种货物的单位应税额固定，不受该货物价格的影响。计税时以货物的计量单位乘以每单位应纳税金额计算得出该货物的关税税额。我国目前对原油、啤酒和胶卷等进口商品征收从量税。

$$应纳税额 = 应税进(出)口货物数量 \times 单位货物税额$$

3. 复合税应纳税额的计算

复合税又称为混合税,即订立从价、从量两种税率,随着完税价格和进口数量而变化,征收时两种税率合并征收。复合税既可发挥从量税抑制低价进口货物的特点,又可发挥从价税税负合理稳定的特点。我国目前仅对录像机、放像机、摄像机、数字照相机和摄录一体机等进口商品征收复合税。

$$应纳税额 = 应税进(出)口货物数量 \times 单位货物税额 +$$
$$应税进(出)口货物数量 \times 单位完税价格 \times 适用税率$$

【例 4 - 3】 某企业进口 3 台摄像机,完税价格为 13 000 元。

要求:计算该企业应纳的关税(适用从量税为 13 280 元,再征从价税 3%)。

解:应纳的关税税额 = 2×13 280+13 000×3% = 26 950(元)

4. 滑准税应纳税额的计算

滑准税是指根据货物的不同价格适用不同税率的一类特殊的从价税。它是一种关税税率随进口商品价格由高到低而由低到高设置计征关税的方法,可以使进口商品价格越高,其进口关税税率越低;进口商品价格越低,其进口关税税率越高。其主要特点是可保持施行失准税商品的国内市场价格的相对稳定,尽可能减少国际市场价格波动的影响。目前,我国实行滑准税的税目有新闻纸和棉花。

$$应纳税额 = 应税进(出)口货物数量 \times 单位完税价格 \times 滑准税税率$$

 任务训练

一、单项选择题

1. 根据关税法律制度的规定,一般贸易进口的货物以海关审定的成交价格为基础的到岸价格作为完税价格。下列关于成交价格的表述中,正确的是( )。

A. 在货物成交过程中,向境外采购代理人支付的买方佣金,应计入成交价格

B. 在货物成交过程中,进口人在成交价格外另支付给卖方的佣金,应计入成交价格

C. 卖方付给进口人的正常回扣,应计入成交价格

D. 卖方违反合同规定延期交货的罚款,可以从成交价格中扣除

2. 2017 年 6 月,甲公司进口一批货物。海关核定的货价为 90 万元,货物运抵我国关境内输入地点起卸前的包装费为 2 万元,运费为 5 万元,保险费为 0.3 万元。关税税率为 10%。甲公司当月进口该批货物应缴纳关税税额的下列计算式中,正确的是( )。

A. (90+2+5)×10% = 9.7(万元)

B. (90+5+0.3)×10% = 9.53(万元)

C. (90+2)×10% = 9.2(万元)

D. (90+2+5+0.3)×10% = 9.73(万元)

二、多项选择题

1. 下列各项中,应计入进口货物关税完税价格的有(　　　　)。

A. 由买方负担的购货佣金　　　　　　B. 由买方负担的境外包装材料费用

C. 由买方负担的境外包装劳务费用　　D. 由买方负担进口货物视为一体的容器费用

2. 下列不计入关税完税价格的有(　　　　)。

A. 买方为购买进口货物向自己的采购代理人支付的劳务费

B. 进口设备进口后的维修服务费

C. 货物运抵我国境内输入地起卸后的运输装卸费

D. 进口货物在境内的复制权费

三、判断题

在进口货物成交的过程中,卖方付给进口人的正常回扣,在计算进口货物完税价格时不得从成交价格中扣除。　　　　　　　　　　　　　　　　　　　　　　　　　　　　(　　　)

任务四　关税的征收管理

一、关税的缴纳

进口货物自运输工具申报进境之日起 14 日内,出口货物在货物运抵海关监管区后装货的 24 小时以前,应由进出口货物的纳税义务人向货物进(出)境地海关申报,海关根据税则归类和完税价格计算应缴纳的关税和进口环节代征税,并填发税款缴款书。

纳税义务人应当自海关填发税款缴款书之日起 15 日内,向指定银行缴纳税款。如关税缴纳期限的最后一日是周末或者法定节假日,则关税缴纳期限顺延至周末或法定节假日过后的第一个工作日。为了方便纳税义务人,经申请且海关统一,进(出)口货物的纳税义务人可以在设有海关的指运地(启运地)办理海关申报、纳税手续。

关税纳税义务人因不可抗力或者在国家税收政策调整的情形下,不能按期缴纳税款的,经海关总署批准,可以延期缴纳税款,但最长不得超过 6 个月。

为了进一步适应区域经济发展的要求,简化海关手续,提高通关效率,海关总署决定于 2006 年 9 月 1 日起实施跨关区"属地申报,口岸验放"通关模式。

"属地申报,口岸验放"是指符合海关规定条件的企业进出口货物时,可自主选择向属地海关任一海关单位申报,在货物实际进出境地的口岸海关办理货物验放手续的一种通关方式。

二、关税的强制执行

纳税义务人未在关税缴纳期限内缴纳税款,即构成关税滞纳。为保证海关征收关税决定的有效执行和国家财政收入的及时入库,《海关法》赋予海关对滞纳关税的纳税义务人强制执行的权力。

强制执行措施主要有两类,第一类为征收关税滞纳金。滞纳金自关税缴纳期限届满滞纳之日起,至纳税义务人缴纳关税之日止,按滞纳税款 0.5‰ 的比例按日征收,周末或法定节假日不予扣除,具体计算公式为:

$$关税滞纳金金额 = 滞纳关税税额 \times 滞纳金征收比率 \times 滞纳天数$$

滞纳金的起征点为 50 元。

另外一类是强制征收,如果纳税义务人自海关填发缴款书之日起 3 个月仍未缴纳税款,经海关关长批准,海关可以采取强制扣缴、变价抵缴等强制措施。

强制扣缴是指海关从纳税义务人在开户银行或者其他金融机构的存款中直接扣缴税款。变价抵缴是指海关将应税货物依法变卖,以变卖所得抵缴税款。

三、关税的退还

关税退还是指关税纳税义务人按海关核定的税额缴纳关税后,因某种原因的出现,海关将实际征收多于应当征收的税额(成为溢征关税)退还给原纳税义务人的一种行政行为。根据《海关法》的规定,海关多征的税款,海关发现后应当立即退还。其具体规定是,海关多征的税款应当立即通知纳税义务人办理退税手续。纳税义务人应当自收到海关通知之日起 3 个月内办理有关退税手续。

纳税义务人有下列情形之一的,进出口货物的纳税义务人可以自缴纳税款之日起 1 年内,书面声明理由,连同原纳税收据向海关申请退税并加算银行同期活期存款利息,逾期不予受理:

① 因海关误征,多纳税款的。

② 海关核准免验进口的货物,在完税后,发现有短卸情形,经海关审查认可的。

③ 已征出口关税的货物,因故未将其运出口,申报退关,经海关查验属实的。

④ 对已征出口关税的出口货物和已征进口关税的进口货物,因货物品种或规格原因(非其他原因)原状复运进境或出境,经海关查验属实的。

海关应当自受理退税申请之日起 30 日内,做出书面答复并通知退税申请人。

四、关税的补征和追征

补征和追征是指海关在关税纳税义务人按海关核定的税额缴纳关税后,发现实际征收的税额少于应征收的税额(称为短征关税)时,责令纳税义务人补缴所差税款的一种行政行为。

《海关法》根据短征关税的原因,将海关征收原短征关税的行为分为补征和追征两种。由于纳税人违反海关规定造成短征关税的,称为追征;非因纳税违反《海关法》规定造成短征关税的,称为补征。

根据《海关法》的规定,进出境货物和物品放行后,海关发现少征或者漏征税款,应当自缴纳税款或者货物、物品放行之日起 1 年内,向纳税义务人补征;因纳税义务人违反规定而造成少征或者漏征的税款,自纳税义务人应缴纳税款之日起 3 年内可以追征,并从缴纳税款之日起按日加收少征或者漏征税款 0.5‰ 的滞纳金。

五、关税的纳税争议

为了保护纳税人的合法权益,《海关法》和《关税条例》都规定了纳税义务人对海关确定进出口货物的征税、减税、补税或者对退税等有异议时,有提出申诉的权利。在纳税义务人与海关发生纳税争议时,可以向海关申请复议,但同时应当在规定期限内按海关核定的税额缴纳关税,逾期则构成滞纳,海关有权按规定采取强制执行措施。

关税纳税争议的申诉过程如下：

① 纳税义务人自海关填发税款缴款书之日起 30 日内，向原征税海关的上一级海关书面申请复议。逾期申请复议的，海关不予受理。

② 海关应当自收到复议申请之日起 60 日内做出复议决定，并以复议决定书的形式正式答复纳税义务人。

③ 纳税义务人对海关复议决定仍然不服的，可以自收到复议决定书之日起 15 日内，向人民法院提起诉讼。

 任务训练

根据关税的有关规定，下列说法中，错误的是（　　　）。

A. 进出口货物的收、发货人或者其代理人应当在海关签发税款缴款凭证之日起 15 日内，向指定银行缴纳税款

B. 由于海关误征而多缴纳税款的，纳税人可以从缴纳税款之日起 1 年内，书面声明理由，连同纳税收据向海关申请退税，逾期不予受理

C. 因收、发货人或其代理人违反规定而造成少征或者漏征税款的，海关在 1 年内可以追缴

D. 进出口货物完税后，若发现少征或者漏征税款的，海关有权在 1 年内予以补征

 **项目小结**

关税是海关依法对进出关境的货物、物品征收的一种税，由进口货物的收货人、出口货物的发货人以及进出境物品的所有人缴纳。从其计算角度来看，现行关税有从价关税、从量关税、复合关税、选择关税和滑动关税。一般情况下，关税的计税依据为关税的完税价格，由海关依据进出口货物的成交价为基础审查确定。

➢ **案例解谜**

深圳海关表示即使个人购买的 iPhone7 在自用合理范围之内，也要在过海关之前主动向海关申报，并按规定缴纳税款及办理相关手续。海关总署 2010 年第 54 号公告规定，居民旅客进境有 5 000 元人民币的免税额度，但公告同时还规定，"烟草制品、酒精制品以及国家规定应当征税的 20 种商品等另按照有关规定办理"。

上述 20 种商品为电视机、摄像机、录像机、放像机、音响设备、空调器、电冰箱（电冰柜）、洗衣机、照相机、复印机、程控电话交换机、微型计算机及外设、电话机、无线寻呼系统、传真机、电子计算器、打字机及文字处理机、家具、灯具、餐料。其中，iPhone7 属于不予免税的 20 种商品范围，入境时是需要缴税的。所以，自带一台且属于自用的 iPhone7，同样需要在过海关之前向海关主动申报并缴税。

单项技能训练

1. 某大型商贸公司为增值税一般纳税人。某年 12 月进口一批化妆品，支付国外买价 220 万元、国外的采购代理人佣金 6 万元、国外的经纪费 4 万元；支付运抵我国海关地前的运输费用 20 万元、装卸费用和保险费 11 万元；支付海关地再运往商贸公司的运输费 8 万元、装卸费用和保险费 3 万元。关税税率为 20%。

要求：计算该公司化妆品进口环节应缴纳的关税。

2. 某企业运往境外加工一批产品，出境时向海关报明原材料价格为 100 万元，在海关规定期限内复运进境。支付境外加工费 50 万元、料件费 30 万元，发生运费 3 万元和保险费 1 万元，进境时此批产品的市场价格为 380 万元。该货物进口关税税率为 15%。

要求：计算该企业应纳的关税税额。

 综合技能训练

1. 2017 年 10 月，甲企业进口一辆小汽车自用，支付买价 17 万元，货物运抵我国关境内输入地点起卸前的运费和保险费共计 3 万元，货物运抵我国关境内输入地点起卸后的运费和保险费共计 2 万元，另支付购货佣金 1 万元。关税税率为 20%，消费税税率为 25%，城建税税率为 7%，教育费附加征收率为 3%。假设无其他纳税事项。

要求：计算甲企业应缴纳的进口关税、消费税和增值税。

2. 某进出口公司某月进口小轿车 300 辆，每辆车价格 100 000 元，该批小轿车运抵我国宁波港起卸前的包装费、运输费、保险费和其他劳务费用共计 200 000 元。关税税率为 30%，消费税税率为 5%，增值税税率为 16%。

要求：计算该公司进口该批小轿车应纳的关税、消费税和增值税税额。

项目五 企业所得税

能力目标

◆ 会计算企业所得税应纳税额
◆ 会办理企业所得税的纳税申报

知识目标

◆ 掌握企业所得税的基本法律规定
◆ 掌握企业所得税应纳税所得额的确定与应纳税额的计算方法

知识结构

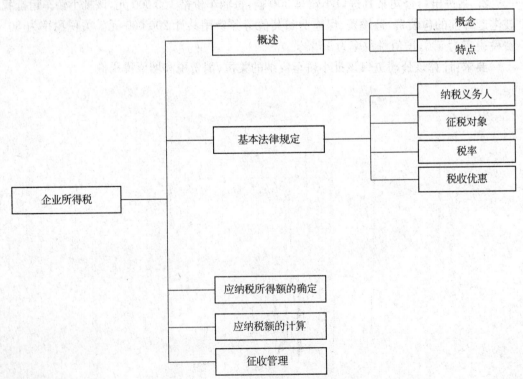

引入案例

东莞市某内衣生产企业以生产销售女性高档内衣为主营业务,在全国范围内有800多家直营分店,平均每年利润超过1亿元,适用25%的企业所得税税率。后来,董事长对企业高层管理人员下达了一个特殊任务,务必在两年内把公司打造成高新技术企业。为此,企业高层管理人员感到十分苦恼,因为公司的生产原料都是由固定生产商进行供货,公司主要负责按设计好的样品进行加工,除了一套价值不菲的原料检测设备,再无其他核心技术支撑,且后来经过会计师事务所测定,公司在研究开发费用的方面投入也没达到高新技术企业的标准。企业高层管理人员能完成董事长下达的任务吗?

案例思考:

1. 董事长为什么要把公司打造成高新技术企业?

2. 高新技术企业的认定需要什么条件?

知识链接

任务一　企业所得税概述

一、企业所得税的概念

企业所得税是指以企业和有收入来源的其他组织取得的生产经营所得和其他所得为征税对象所征收的一种税。

企业所得税是我国税收制度体系中一个重要的税种,是国家参与企业利润分配的重要手段,对组织国家税收收入作用非常重要。目前,企业所得税已经成为我国税收收入的主体税种之一。作为国家宏观调控的工具之一,企业所得税通过减免税、低税率、加计扣除等手段,对我国的产业结构和经济调节等方面发挥着重要的作用。

二、企业所得税的特点

(一)计税依据为应纳税所得额

在会计核算中,应纳企业所得税＝利润总额×所得税税率;

在税法计算中,应纳企业所得税＝应纳税所得额×所得税税率。

那么,利润总额＝应纳税所得额? 如果不等,会计准则与税法就有冲突?

因此,在这里我们应该注意区分利润总额与应纳税所得额,只有把利润总额与应纳税所得额区分清楚,学习企业所得税法时才能更加透彻明了。

应纳税所得额与会计利润是两个不同的概念,既有密切的联系,又有区别。应纳税所得额是一个税收概念,是按税法标准计算所得;会计利润是一个会计核算概念,是按照会计准则和会计制度核算的结果。

上述两种计算应纳企业所得税的公式都是正确的,在实际应用中也不存在冲突。企业平时记账采用的法律依据是会计准则,所以在平时预缴企业所得税时是以会计准则为依据进行计算的;但年度终了,企业需进行企业所得税的汇算清缴,此时则必须以税法为依据进行计算,企业所得税的计税依据为应纳税所得额。

由于会计准则与税法在某些规定上存在差异,所以企业所得税在汇算清缴时要以税法为基准,对会计利润总额进行纳税调整,把会计利润调整成为应纳税所得额后再计算得到企业年度的应纳所得税。

(二)应纳税所得额的计算比较复杂

在实际应用过程中,由于应纳税所得额需要在利润总额的基础上进行调整才能计算得到,因此对应纳税所得额的计算就要求既要熟悉会计法规,又要对企业所得税法的规定有较深入的了解。

企业所得税法的制定,除了考虑国家财政收入以外,很多时候是出于对宏观调控的需要,不会完全遵循会计上"客观数据"的原则。比如,在收入上会出现不征税收入或免税收入,在费用的扣除上会做出具体的限制标准或者加计扣除等方面的规定。

因此,应纳税所得额的计算过程相对比较复杂。

(三)体现了量能负担的原则

企业所得税采用比例税率计算,并且按应纳税所得额的大小设置了低档税率,加上其他税收优惠措施,企业所得税制度体现了所得多、负担能力强,多征税;所得少,负担能力弱,少征税;无所得,不征税的量能负担原则。

(四)实行按年计算,分期预缴,年终汇算清缴的征收管理办法

企业所得税一般以全年的纳税所得额为计税依据,分月或分季预缴,年终汇算清缴。

 **知识卡片**

新中国企业所得税历史变迁的几个阶段

1984年前,主要沿用国民党时期的税制;

1984年开始,国家实行"利改税",按所有制性质分别设置了国有企业所得税、集体企业所得税和私营企业所得税;

1994年,分税制改革建立了统一的内资企业所得税,但由于历史原因,企业所得税实行了内外有别的两套所得税制度;

2008年,"两税合一"改革,自2008年1月1日起施行统一的内、外资企业所得税制度《中华人民共和国企业所得税法实施条例》。

 任务训练

单项选择题

1. 下列不属于企业所得税特点的是(　　　)。

A. 计税依据为企业利润　　　　　　　B. 应纳税所得额计算较复杂

C. 体现量能负担原则　　　　　　　　D. 按年征收,分期预缴

2. 企业所得税的"两税合一"改革是指(　　　)。

A. 增值税和营业税的统一　　　　　　B. 财产税与行为税的统一

C. 内资所得税与外资所得税的统一　　D. 企业所得税与个人所得税的统一

3. 我国企业所得税的征收方法是(　　　)。

A. 按月计征,按月预缴

B. 按季计征,按月预缴

C. 按年计征,按月或按季预缴

D. 按年计征,按月或季预缴,年终汇算清缴

4. 企业所得税的计税依据是企业的(　　　)。

A. 应纳税额　　　B. 收入总额　　　C. 利润　　　D. 应税所得额

任务二　企业所得税的基本法律规定

一、企业所得税的纳税义务人

企业所得税的纳税义务人是指在中华人民共和国境内的企业和其他取得收入的组织。

学习提示	个人独资企业和合伙企业,并不缴纳企业所得税,而是缴纳个人所得税。

上述所称"组织",是指经国家有关部门批准,依法注册、登记的事业单位、社会团体等组织。由于我国的一些社会团体组织、事业单位在完成国家事业计划的同时,开展多种经营和有偿服务活动,取得除财政部门各项拨款、财政部和国家物价部门批准的各项规费收入以外的经营收入,具有了经营的特点,应当视同企业纳入征税范围。

我国税法根据注册地标准和实际管理控制地标准将企业所得税的纳税人分为居民企业纳税人和非居民企业纳税人,分别承担不同的纳税义务。

(一)居民企业

在居民企业纳税人中,根据不同的标准,它又可以分为以下两类居民企业:

1. 依照我国法律、法规在中国境内成立的企业

学习提示	国际上对居民企业的认定标准有三个,即登记注册地、实际管理机构地和总机构所在地。我国采用登记注册地与实际管理机构地相结合的标准。

这类纳税人必须同时满足以下三个条件:

① 成立的依据为中国的法律、行政法规;

② 在中国境内成立;

③ 属于取得收入的经济组织。

目前,我国法人实体中各种企业及其他组织类型分别由各个领域的法律、行政法规规定。如《中华人民共和国公司法》《中华人民共和国全民所有制工业企业法》《中华人民共和国乡镇企业法》《中华人民共和国农民专业合作社法》《中华人民共和国乡村集体所有制企业条例》《中

华人民共和国城镇集体所有制企业条例》《事业单位登记管理暂行条例》《社会团体登记管理条例》《基金会管理办法》等，都是有关企业及其他取得收入的组织成立的法律、法规依据。

也就是说，只要依照上述的法律、法规在中国境内成立的企业，且同时满足以上三个条件，就属于居民企业纳税人。

2. 依照外国（地区）法律成立，而实际管理机构在中国境内的企业

所谓企业的"实际管理机构"，要同时符合以下三个条件：

① 对企业有实质性管理和控制的机构；

② 对企业实行全面的管理和控制的机构；

③ 管理和控制的内容是企业的生产经营、人员、账务、财产等。

也就是说，如果一个机构只是对该企业的一部分或并不关键的生产经营活动进行影响和控制，例如，只是对在中国境内的某一个生产车间进行管理，则不被认定为实际管理机构。只有对企业的整体或者主要的生产经营活动有实际管理控制，对企业的生产经营活动负总体责任的管理控制机构，才符合实际机构标准。

（二）非居民企业

非居民企业是指依照外国（地区）法律成立且实际管理机构不在中国境内的企业。非居民企业也可分为两类，一类是在中国境内设立机构、场所的；另一类是在中国境内未设立机构、场所，但有来源于中国境内所得的企业。

上述机构、场所是指在中国境内从事生产经营活动的机构、场所。它包括以下几种：

① 管理机构、营业机构、办事机构。

学习提示	非居民企业委托营业代理人在中国境内从事生产经营活动的，该营业代理人视为非居民企业在中国境内设立的机构、场所。

② 工厂、农场、开采自然资源的场所。

③ 提供劳务的场所。

④ 从事建筑、安装、装配、修理、勘探等工程作业的场所。

⑤ 其他从事生产经营活动的机构、场所。

二、企业所得税的征税对象

（一）征税对象

企业所得税的征税对象是指企业的生产经营所得、其他所得和清算所得。

即纳税人在纳税年度内来源于我国境内外的生产经营所得、其他所得和清算所得。

上述所称的所得，包括销售货物所得、提供劳务所得、转让财产所得、股息红利等权益性投资所得、利息所得、租金所得、特许权使用费所得、接受捐赠所得和其他所得。

清算所得是指纳税人按照章程规定解散或破产，以及其他原因宣布终止时，其清算终了后的清算所得。

纳税年度一般指公历每年 1 月 1 日起至 12 月 31 日止。

纳税人在一个纳税年度的中间开业，或者由于合并、关闭等原因，使该纳税年度的实际经营期不足 12 个月的，应当以其实际经营期为一个纳税年度。

纳税人清算时,应当以清算期间作为一个纳税年度。

（二）征税范围

不同的纳税人身份,其企业所得税的征税范围有所不同。对于居民企业应就其来源于中国境内、境外的所得作为征税对象。对于在境内设立机构、场所的非居民企业,就要看其取得的所得是否与其所设立的机构、场所有实际联系,如果有实际联系,就来源于境内、境外的所得都要缴纳企业所得税;没有实际联系的,就只来源于境内的所得缴纳企业所得税,具体如表5-1所示。

表 5-1　不同征税对象的征税范围

居民身份与征税范围		来源于中国境内的所得	来源于中国境外的所得	
			与中国境内设立的机构、场所有实际联系	与中国境内设立的机构、场所无实际联系
中国居民企业		✓	✓	✓
非中国居民企业	在中国境内设立机构、场所	✓	✓	×
	在中国境内未设立机构、场所	✓	×	×

上述所称"是否有实际联系",是指非居民企业取得的所得如果与其在中国境内设立的机构、场所有以下两种关系的,就属于有"实际联系":

① 非居民企业取得的所得,是通过该机构、场所拥有的股权、债权而取得的。例如,非居民企业通过该机构、场所对其他企业进行股权、债权等权益性投资或者债权性投资而获得股息、红利或利息收入,就可以认定为与该机构、场所有实际联系。

② 非居民企业取得的所得,是通过该机构、场所拥有、管理和控制的财产取得的。例如,非居民企业将境内或者境外的房产对外出租收取租金,如果该房产是由该机构、场所拥有、管理或者控制,那么就可以认定这笔租金收入与该机构、场所有实际联系。

（三）来源于中国境内、境外所得的划分标准

从上述可知,所得来源的判断直接关系到企业纳税义务的大小,因此企业所得税法中明确了所得来源于中国境内、境外的划分标准。

① 销售货物所得,按照交易活动发生地确定。交易活动发生地主要指销售货物行为发生的场所,通常是销售企业的营业机构,在送货上门的情况下为购货单位或个人的所在地,还可以是买、卖双方约定的其他地点。

② 提供劳务所得,按照劳务发生地确定。比如,境外机构为中国境内居民提供金融保险服务,向境内居民收取保险费,则应认定为来源于中国境内的所得。

③ 转让财产所得,分以下三种情况:

a. 不动产转让所得按照不动产所在地确定;

b. 动产转让所得按照转让动产的企业或者机构、场所所在地确定;

c. 权益性投资资产转让所得按照被投资企业所在地确定。如境外企业之间转让中国居民企业发行的股票,其取得的收益应当属于来源于中国境内的所得,依法缴纳企业所得税。

④ 股息红利等权益性投资所得,按照分配所得的企业所在地确定。

⑤ 利息所得、租金所得、特许权使用费所得,按照负担或者支付所得的企业或者机构、场

所所在地确定。

⑥ 其他所得,由国务院财政、税务主管部门确定。

【思考题 5‑1】　如图 5‑1 所示,美国公司上海机构的应纳税所得额是多少?

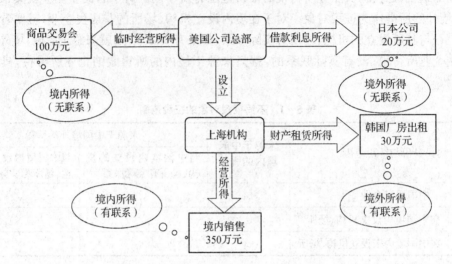

图 5‑1　非居民纳税人纳税范围的确定

三、企业所得税的税率

(一) 基本税率

现行企业所得税的税率,除依法减征或免征的以外,统一为 25% 的比例税率。

这是企业所得税的基本税率,适用于所有的居民企业和在中国境内设有机构、场所且所得与机构、场所有实际联系的非居民企业。

(二) 高新技术企业的优惠税率

国家需要重点扶持的高新技术企业减按 15% 的税率征收企业所得税。国家需要重点扶持的高新技术企业是指符合《国家重点支持的高新技术领域》和《高新技术企业认定管理办法》规定并通过有关部门认定的企业。《国家重点支持的高新技术领域》和《高新技术企业认定管理办法》

由国务院科技、财政、税务主管部门同国务院有关部门制定,报国务院批准后公布施行。

（三）小型微利企业的优惠税率

小型微利企业减按 20% 的税率征收企业所得税。小型微利企业的条件如下：

① 工业企业,年度应纳税所得额不超过 30 万元,从业人数不超过 100 人,资产总额不超过 3 000 万元。

② 其他企业,年度应纳税所得额不超过 30 万元,从业人数不超过 80 人,资产总额不超过 1 000 万元。

上述"从业人数"按企业全年平均从业人数计算,"资产总额"按企业年初和年末的资产总额平均计算。

小型微利企业是指企业的全部生产经营活动产生的所得均负有我国企业所得税纳税义务的企业。仅就来源于我国所得负有我国纳税义务的非居民企业,不适用上述规定。

（四）预提所得税税率

预提所得税税率为 20%。预提所得税并非是一种独立的税种,而是对非居民企业取得的来源于我国境内的所得实行源泉方式征收的企业所得税。预提所得税税率适用于在中国境内未设立机构、场所的,或者虽设立机构、场所但取得的所得与其所设机构、场所没有实际联系的非居民企业。预提所得税直接按收入全额计算,考虑到应减除成本、费用的因素,所以预提所得税税率比企业所得税的基本税率要低。而且现在在实际征税时预提所得税按 10% 的优惠税率执行。

【思考题 5-2】 如图 5-2 所示,美国公司各项业务的适用税率是多少?

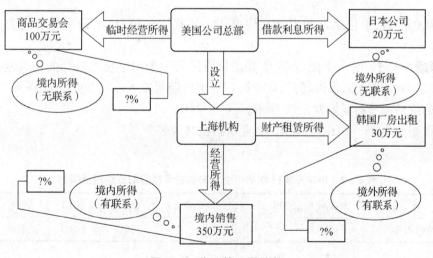

图 5-2 企业的适用税率

四、企业所得税的税收优惠

税收优惠是指国家运用税收政策在税收法律、行政法规中规定对某一部分特定企业和课税对象给予减轻或免除税收负担的一种措施。企业所得税以产业税收优惠为主,区域税收优惠为辅。企业所得税法的税收优惠内容丰富,本文只是从中选取一部分进行列示。

（一）免征与减征优惠

1. 农、林、牧、渔业的税收优惠

企业从事下列项目的所得，免征企业所得税：

① 蔬菜、谷物、薯类、油料、豆类、棉花、麻类、糖料、水果、坚果的种植。

② 农作物新品种的选育。

③ 中药材的种植。

④ 林木的培育和种植。

⑤ 牲畜、家禽的饲养。

⑥ 林产品的采集。

⑦ 灌溉、农产品初加工、兽医、农技推广、农机作业和维修等农、林、牧、渔服务业项目。

⑧ 远洋捕捞。

企业从事下列项目的所得，减半征收企业所得税：

① 花卉、茶以及其他饮料作物和香料作物的种植。

② 海水养殖、内陆养殖。

2. 从事国家重点扶持的公共基础设施项目投资经营的所得

税法所称的国家重点扶持的公共基础设施项目，是指《公共基础设施项目企业所得税优惠目录》规定的港口码头、机场、铁路、公路、电力、水利等项目。

企业从事国家重点扶持的公共基础设施项目的投资经营的所得，自项目取得第一笔生产经营收入所属纳税年度起，第一年至第三年免征企业所得税，第四年至第六年减半征收企业所得税。

企业承包经营、承包建设和内部自建自用上述规定的项目，不得享受上述企业所得税优惠。

【思考题 5－3】　甲企业在 2005 年开始投资经营一个国家重点扶持的公共基础设施项目，该项目于 2016 年正式投资经营，取得第一笔生产经营收入。在 2008—2015 年，企业没弥补亏损前的应纳税所得额如表 5－2 所示。

请问甲企业 2008—2015 年应纳的企业所得税共为多少？

表 5－2　2008—2015 年间甲企业未弥补亏损前的应纳税所得额　　　　　　　　　万元

年　　度	2008	2009	2010	2011	2012	2013	2014	2015
应纳税所得额	－300	－200	－50	0	500	1 000	2 000	2 200

3. 从事符合条件的环境保护、节能节水项目的所得

环境保护、节能节水项目的所得，自项目取得第一笔生产经营收入所属纳税年度起，第一年至第三年免征企业所得税，第四年至第六年减半征收企业所得税。

符合条件的环境保护、节能节水项目，包括公共污水处理、公共垃圾处理、沼气综合开发利用、节能减排技术改造、海水淡化等。项目的具体条件和范围由国务院财政、税务主管部门同国务院有关部门制定，报国务院批准后公布施行。

但是以上规定享受减免税优惠的项目，在减免税期限内转让的，受让方自受让之日起，可

以在剩余期限内享受规定的减免税优惠;减免税期限届满后转让的,受让方不得就该项目重复享受减免税优惠。

4. 符合条件的技术转让所得

税法所称符合条件的技术转让所得免征、减征企业所得税,是指一个纳税年度内,居民企业转让技术所有权所得不超过 500 万元的部分,免征企业所得税;超过 500 万元的部分,减半征收企业所得税。

(二)加计扣除优惠

加计扣除优惠包括以下两项内容:

1. 研究开发费

企业为开发新技术、新产品、新工艺发生的研究开发费用,未形成无形资产计入当期损益的,在按照规定据实扣除的基础上,按照研究开发费用的 50% 加计扣除;形成无形资产的,按照无形资产成本的 150% 摊销。

纳税人在一个纳税年度内实际发生的技术开发费在按规定实行 100% 扣除的基础上,允许再按当年实际发生额的 50% 在企业所得税税前加计扣除;企业年度实际发生的技术开发费当年不足抵扣的部分,可在以后年度企业所得税应纳税所得额中结转抵扣,抵扣的期限最长不得超过 5 年。

2. 单位支付给残疾人的实际工资

单位支付给残疾人的实际工资可在企业所得税前据实扣除,并可按支付给残疾人实际工资的 100% 加计扣除。

单位实际支付给残疾人的工资加计扣除部分,如大于本年度应纳税所得额的,可准予扣除其不超过应纳税所得额的部分,超过部分本年度和以后年度均不得扣除。亏损单位不适用上述工资加计扣除应纳税所得额的办法。

企业享受安置残疾职工工资 100% 加计扣除应同时具备如下条件:

① 依法与安置的每位残疾人签订了 1 年(含)以上的劳动合同或服务协议,并且安置的每位残疾人在企业实际上岗工作。

② 为安置的每位残疾人按月足额缴纳了企业所在区县人民政府根据国家政策规定的基本养老保险、基本医疗保险、失业保险和工伤保险等社会保险。

③ 定期通过银行等金融机构向安置的每位残疾人实际支付了不低于企业所在区县适用的经省级人民政府批准的最低工资标准的工资。

④ 具备安置残疾人上岗工作的基本设施。

【思考题 5 - 4】甲企业 2016 年的应税收入总额为 300 万元,允许扣除的项目金额为 200 万元。其中,研究开发费用为 60 万元,实际支付给残疾人的工资支出为 9 万元。

请问甲企业 2016 年加计扣除税收优惠的金额是多少?

(三)创投企业优惠

创业投资企业从事国家需要重点扶持和鼓励的创业投资,可以按投资额的一定比例抵扣应纳税所得额。

创投企业优惠是指创业投资企业采取股权投资方式投资于未上市的中小高新技术企业 2 年以上的,可以按照其投资额的 70% 在股权持有满 2 年的当年抵扣该创业投资企业的应纳税所得额；当年不足抵扣的，可以在以后纳税年度结转抵扣。

（四）减计收入优惠

减计收入优惠企业综合利用资源，生产符合国家产业政策规定的产品所取得的收入，可以在计算应纳税所得额时减计收入。

综合利用资源是指企业以《资源综合利用企业所得税优惠目录》规定的资源作为主要原材料，生产国家非限制和禁止并符合国家和行业相关标准的产品取得的收入，减按 90% 计入收入总额。

上述所称原材料占生产产品材料的比例不得低于《资源综合利用企业所得税优惠目录》规定的标准。

（五）税额抵免优惠

企业购置税法规定的环境保护、节能节水、安全生产等专用设备的，该专用设备投资额的 10% 可以从企业当年度应纳税额中抵免；当年不足抵免的，可以在以后 5 个纳税年度结转抵免。

需要注意以下两点：

① 上述政策中的"投资额"仅仅是指在外购设备时取得的增值税专用发票上注明的价款，不包括其他的费用在内。

② 外购的上述设备，企业应是实际购置并自身实际投入使用。如果企业购置上述专用设备在 5 年内转让、出租的，应当停止享受企业所得税优惠，并补缴已经抵免的企业所得税税款。

【思考题 5-5】　甲企业 2016 年 1 月 1 日外购一项符合规定的环境保护设备，取得的增值税专用发票上注明的价款为 100 万元，增值税税款为 17 万元。另外发生运输费、安装调试费等 3 万元。该设备当月即投入使用。甲企业 2016 年度应纳税所得额 200 万元。

请问甲企业 2016 年应纳的企业所得税为多少？

（六）软件行业的优惠

① 软件生产企业实行增值税即征即退政策所退还的税款，由企业用于研究开发软件产品和扩大再生产，不作为企业所得税应税收入，不予征收企业所得税。

② 我国境内新办软件生产企业经认定后，自获利年度起，第一年和第二年免征企业所得税，第三年至第五年减半征收企业所得税。

③ 国家规划布局内的重点软件生产企业，当年未享受免税优惠的，减按 10% 的税率征收企业所得税。

④ 软件生产企业的职工培训费用，可按实际发生额在计算应纳税所得额时扣除。

⑤ 企、事业单位购进软件，凡符合固定资产或无形资产确认条件的，可以按照固定资产或无形资产进行核算，经主管税务机关核准，其折旧或摊销年限可以适当缩短，最短可为 2 年。

（七）民族自治地方的税收优惠

民族自治地方是指依照《中华人民共和国民族区域自治法》的规定，实行民族区域自治的自治区、自治州和自治县。

民族自治地方的自治机关对本民族自治地方的企业应缴纳的企业所得税中属于地方分享的部分，可以决定减征或者免征。自治州、自治县决定减征或者免征的，须报省、自治区、直辖市人民政府批准。

 **知识卡片**

高新技术企业的认定条件

《高新技术企业认定管理办法》规定,高新技术企业认定须同时满足以下条件:

① 在中国境内(不含港、澳、台地区)注册的企业,近3年内通过自主研发、受让、受赠、并购等方式,或通过5年以上的独占许可方式,对其主要产品(服务)的核心技术拥有自主知识产权。

② 产品(服务)属于《国家重点支持的高新技术领域》规定的范围。

③ 具有大学专科以上学历的科技人员占企业当年职工总数的30%以上,其中研发人员占企业当年职工总数的10%以上。

④ 企业为获得科学技术(不包括人文、社会科学)新知识,创造性运用科学技术新知识,或实质性改进技术、产品(服务)而持续进行了研究开发活动,且近三个会计年度的研究开发费用总额占销售收入总额的比例符合如下要求:

a. 最近一年销售收入小于5 000万元的企业,比例不低于5%;

b. 最近一年销售收入在5 000万元至20 000万元的企业,比例不低于4%;

c. 最近一年销售收入在20 000万元以上的企业,比例不低于3%。

其中,企业在中国境内发生的研究开发费用总额占全部研究开发费用总额的比例不低于60%。企业注册成立时间不足3年的,按实际经营年限计算。

⑤ 高新技术产品(服务)收入占企业当年总收入的60%以上。

⑥ 企业研究开发组织管理水平、科技成果转化能力、自主知识产权数量、销售与总资产成长性等指标符合《高新技术企业认定管理工作指引》(另行制定)的要求。

 任务训练

单项选择题

1. 下列不是我国企业所得税的纳税义务人的是( )。

A. 国有企业 B. 外商投资企业

C. 个人独资企业 D. 外国企业在中国境内设立的机构

2. 国务院批准的高新技术产业开发区的高新技术企业,企业所得税的税率是( )。

A. 33% B. 30% C. 24% D. 15%

3. 下列各项中,不属于企业所得税征税范围的有( )。

A. 居民企业来源于中国境外的所得

B. 非居民企业来源于中国境内的所得

C. 非居民企业来源于中国境外的所得,与所设机构没有实际联系的所得

D. 在中国设立机构、场所的非居民企业,取得与其所设机构、场所有实际联系的所得

4. 下列各企业中,不符合企业所得税法所称居民企业的有( )。

A. 依照《个人独资企业法》设立的个人独资企业

B. 依照中国法律在中国境内成立的中外合资经营企业

C. 依照香港法律成立并且实际管理机构在香港的企业

D. 依照法国法律成立但实际管理机构在中国境内的企业

5. 以下关于小型微利企业的说法中,正确的是(   )。

A. 工业企业,年应纳税所得额不超 30 万元(含),或从业人数不超过 100 人(含),资产总额不超过 3 000 万元(含)

B. 其他企业,年应纳税所得额不超 30 万元(含),或从业人数不超过 80 人(含),资产总额不超过 1 000 万元(含)

C. 其他企业,年应纳税所得额不超 30 万元(含),且从业人数不超过 100 人(含),资产总额不超过 1 000 万元(含)

D. 工业企业,年应纳税所得额不超 30 万元(含),且从业人数不超过 100 人(含),资产总额不超过 3 000 万元(含)

6. 根据企业所得税法的规定,下列各项目中,享受税额抵免政策的是(   )。

A. 企业综合利用资源,生产符合国家产业政策规定的产品取得的收入

B. 创业投资企业从事国家需重点扶持和鼓励的创业投资的投资额

C. 企业购置用于环境保护的专用设备的投资额

D. 安置残疾人员及国家鼓励安置的其他就业人员所支付的工资

7. 根据企业所得税法的规定,下列各企业中,属于非居民企业的是(   )。

A. 依法在外国成立但实际管理机构在中国境内的企业

B. 在中国境内成立的外商投资企业

C. 在中国境内未设立机构、场所,但有来源于中国境内所得的企业

D. 依法在中国境外成立,中国境内未设立机构、场所,也没有来源于中国境内所得的企业

8. 根据企业所得税的规定,以下适用 25% 企业所得税税率的是(   )。

A. 小型微利企业

B. 在中国境内设立机构、场所且所得与机构、场所有实际联系的非居民企业

C. 在中国境内未设立机构、场所但有来源于中国境内所得的非居民企业

D. 在中国境内虽设立机构、场所但取得所得与境内机构、场所没有实际联系的非居民企业

9. 企业从事国家重点扶持的公共基础设施项目的投资经营的所得,从(   )起,第一年至第三年免征企业所得税,第四年至第六年减半征收企业所得税。

A. 获利年度

B. 盈利年度

C. 项目取得第一笔生产经营收入所属年度

D. 领取营业执照年度

10. 创业投资企业采取股权投资方式,投资于未上市的中小高新技术企业 2 年以上的,可按其投资额的一定比例抵扣该创业投资企业的企业所得税应纳税所得额,这一比例是(   )。

A. 50%   B. 60%   C. 70%   D. 80%

11. 企业安置残疾人员的,在计算企业所得税时,在按照支付给残疾职工工资据实扣除的基础上,按照支付给上述人员工资的(   )加计扣除。

A. 10%　　　　B. 20%　　　　C. 50%　　　　D. 100%

12. 某法国企业未在中国境内设立机构、场所,其来源于中国境内的股息、红利所得应向中国政府缴纳的企业所得税实际适用的税率是(　　)。

A. 20%　　　　B. 15%　　　　C. 10%　　　　D. 25%

13. 某企业从事技术转让净所得为 800 万元,其应纳的企业所得税税额是(　　)万元。

A. 200　　　　B. 37.5　　　　C. 10　　　　D. 9.9

任务三　应纳税所得额的确定

企业所得税的计税依据是应纳税所得额。应纳税所得额的计算公式为:

$$应纳税额 = 应纳税所得额 \times 适用税率 - 减免税额 - 抵免税额$$

根据上述计算公式可以看出,应纳税额的多少取决于应纳税所得额和适用税率两个因素。而要正确计算应缴纳的企业所得税,就必须先确定其应纳税所得额。

一、应纳税所得额

在实际应用中,应纳税所得额的计算一般有两种方法。

（一）直接计算法

应纳税所得额 = 收入总额 - 不征税收入 - 免税收入 - 扣除项目金额 - 弥补亏损

（二）间接计算法

$$应纳税所得额 = 会计利润总额 \pm 纳税调整项目金额$$

二、收入总额

企业的收入总额包括以货币形式和非货币形式从各种来源取得的收入。

① 企业取得的货币形式收入,包括现金、存款、应收账款、应收票据、准备持有至到期的债券投资以及债务的豁免等。

② 纳税人取得的非货币形式收入,包括固定资产、生物资产、无形资产、股权投资、存货、不准备持有至到期的债券投资、劳务以及有关权益等。

对于非货币资产应当按照公允价值确定收入额。公允价值是指按照市场价格确定的价值。市场价格可以理解为熟悉情况的买、卖双方在公平交易的条件下所确定的价格。在会计实务中,公允价值通常需要会计人员进行职业判断。在对非货币资产进行交易之前,企业往往邀请专业评估机构和评估人员对其公允价值进行评估,以便为交易时的定价作参考。

（一）收入总额的一般规定

① 销售货物收入。销售货物收入是指企业销售商品、产品、原材料、包装物、低值易耗品以及其他存货取得的收入。

② 劳务收入。劳务收入是指企业从事建筑安装、修理修配、交通运输、仓储租赁、金融保险、邮电通信、咨询经纪、文化体育、科学研究、技术服务、教育培训、餐饮住宿、中介代理、卫生

保健、社区服务、旅游、娱乐、加工以及其他劳务服务活动取得的收入。

③ 转让财产收入。转让财产收入是指企业转让固定资产、生物资产、无形资产、股权、债权等财产取得的收入。

④ 股息、红利等权益性投资收益。股息、红利等权益性投资收益是指企业因权益性投资从被投资方取得的收入。股息、红利等权益性投资收益,除国务院财政、税务主管部门另有规定外,按照被投资方做出利润分配决定的日期确认收入的实现。

⑤ 利息收入。利息收入是指企业将资金提供他人使用但不构成权益性投资,或者因他人占用本企业资金取得的收入,包括存款利息、贷款利息、债券利息、欠款利息等收入。利息收入按照合同约定的债务人应付利息的日期确认收入的实现。

⑥ 租金收入。租金收入是指企业提供固定资产、包装物或者其他有形资产的使用权取得的收入。租金收入按照合同约定的承租人应付租金的日期确认收入的实现。

⑦ 特许权使用费收入。特许权使用费收入是指企业提供专利权、非专利技术、商标权、著作权以及其他特许权的使用权取得的收入。特许权使用费收入按照合同约定的特许权使用人应付特许权使用费的日期确认收入的实现。

⑧ 接受捐赠收入。接受捐赠收入是指企业接受的来自其他企业、组织或者个人无偿给予的货币性资产、非货币性资产。接受捐赠收入按照实际收到捐赠资产的日期确认收入的实现。

⑨ 其他收入。其他收入是指企业取得的除以上收入外的其他收入,包括企业资产溢余收入、逾期未退包装物押金收入、确实无法偿付的应付款项、已做坏账损失处理后又收回的应收款项、债务重组收入、补贴收入、违约金收入、汇兑收益等。

（二）收入总额的特殊规定

① 以分期收款方式销售货物的,按照合同约定的收款日期确认收入的实现。

② 企业受托加工制造大型机械设备、船舶、飞机,以及从事建筑、安装、装配工程业务或者提供其他劳务等,持续时间超过 12 个月的,按照纳税年度内完工进度或者完成的工作量确认收入的实现。

学习提示	企业将货物用于在建工程、管理部门、分公司不应视同销售,这与《增值税暂行条例》的规定是不一致的。

③ 采取产品分成方式取得收入的,按照企业分得产品的日期确认收入的实现,其收入额按照产品的公允价值确定。

④ 企业发生非货币性资产交换,以及将货物、财产、劳务用于捐赠、偿债、赞助、集资、广告、样品、职工福利或者利润分配等用途的,应当视同销售货物、转让财产或者提供劳务;但国务院财政、税务主管部门另有规定的除外。

三、不征税收入和免税收入

国家为了扶持和鼓励某些特殊的纳税人和特定的项目,或者避免因征税影响企业的正常经营,对企业取得的某些收入予以不征税或免税的特殊政策。

（一）不征税收入

1. 财政拨款

财政拨款是指各级人民政府对纳入预算管理的事业单位、社会团体等组织拨付的财政资金,但国务院和国务院财政、税务主管部门另有规定的除外。

2. 依法收取并纳入财政管理的行政事业性收费、政府性基金

行政事业性收费是指依照法律、法规等有关规定,按照规定程序批准,在实施社会公共管理,以及在向公民、法人或者其他组织提供特定公共服务过程中,向特定对象收取并纳入财政管理的费用。政府性基金是指企业依照法律、行政法规等有关规定,代政府收取的具有专项用途的财政资金。

3. 国务院规定的其他不征税收入

国务院规定的其他不征税收入是指企业取得的,由国务院财政、税务主管部门规定专项用途并经国务院批准的财政性资金。

（二）免税收入

① 国债利息收入。为鼓励企业积极购买国债,支援国家建设,税法规定,企业因购买国债所得的利息收入,免征企业所得税。

学习提示	如果纳税人转让国债取得的收入,是属于企业的转让财产所得,要依法纳税。

② 符合条件的居民企业之间的股息、红利等权益性收益。这是指居民企业直接投资于其他居民企业取得的投资收益。

③ 在中国境内设立机构、场所的非居民企业从居民企业取得与该机构、场所有实际联系的股息、红利等权益性投资收益。

④ 符合条件的非营利性组织的收入。

【思考题5-6】 某公司 2016 年度获得如下收入:销售货物收入 3 000 万元,转让甲公司的股权所得 20 万元,转让一部分未到期的国债并取得收入 25 万元,闲置仓库的租金收入 30 万元,当年获得财政拨款收入 40 万元,取得国债利息收入 4 万元。

请问该公司的应税收入为多少?

四、扣除项目

《中华人民共和国企业所得税法》第八条规定:"企业实际发生的与取得收入有关的、合理的支出,包括成本、费用、税金、损失和其他支出,准予在计算应纳税所得额时扣除。"

（一）准予扣除项目应遵循的原则

除税收法规另有规定外,扣除项目的确认一般应遵循以下原则:

① 权责发生制原则。权责发生制原则是指企业费用应在发生的所属期扣除,而不是在实际支付时确认扣除。

② 配比原则。配比原则是指企业发生的费用应当与收入配比扣除。除特殊规定外,企业发生的费用不得提前或滞后申报扣除。

③ 相关性原则。企业可扣除的费用从性质和根源上必须与取得应税收入直接相关。

④ 确定性原则。即企业可扣除的费用不论何时支付,其金额必须是确定的。

⑤ 合理性原则。企业发生的支出应当符合生产经营活动常规,应当计入当期损益或者有关资产成本的必要和正常的支出。

根据上述的税前扣除一般原则,在实际业务中,进行税前扣除时还应注意以下三个方面:

① 企业发生的支出应当区分收益性支出和资本性支出。如产品的销售成本,销售一批产品,就能有一笔收入,这笔支出给企业带来的经济效益是在本年度实现的。所以产品的销售成本是收益性支出,允许在税前一次性扣除。而如建筑物、厂房、机械、专利等,对于这些资产所发生的支出,它们所带有的经济效益是在1年以上的,因此它们一般要通过折旧或者摊销税前扣除的方式在资产使用期间得到确认。

② 除企业所得税法和本条例另有规定外,企业实际发生的成本、费用、税金、损失和其他支出,不得重复扣除。这主要是考虑企业所得税法已经明确区分了成本与费用等概念,但在实践中,成本与费用的概念并非界限分明,而是存在较多的交叉地带,所以"已经计入成本的费用"不属于费用,以避免同一笔支出分别作为成本、费用,得到重复扣除。如企业缴纳的房产税、车船使用税、土地使用税、印花税等已计入管理费用扣除的,就不能再单独扣除。

③ 企业的不征税收入用于支出所形成的费用或者财产,不得扣除或者计算对应的折旧、摊销扣除。根据企业所得税法规定,企业在计算应纳税所得额时,是要将不征税收入予以事先减除,如果允许用不征税收入所形成的财产或者费用在税前扣除,这等于是使不征税收入得到了重复税前扣除,享受了两次税收优待。所以本条规定,企业的不征税收入用于支出所形成的费用或者财产,不得扣除或者计算对应的折旧、摊销扣除,以确保国家税收利益。

(二)一般扣除项目的范围

1. 成本

企业所发生的成本是指企业在生产经营活动过程中的支出或者耗费。也就是说,企业所发生的成本必须是企业在生产产品、提供劳务、销售商品等过程中的支出和耗费。它具体是指企业在生产经营活动中发生的销售成本、销货成本、业务支出以及其他耗费。其中,销售成本主要是针对以制造业为主的生产性企业而言,销货成本主要是针对以商业企业为主的流通性企业而言,业务支出主要是针对服务业企业而言的成本概念。

2. 费用

费用是指企业每一个纳税年度,在生产经营活动中发生的销售(经营)费用、管理费用和财务费用,已经计入成本的有关费用除外。

① 销售费用是指企业为销售商品和材料、提供劳务的过程中发生的各种费用。如对于一个生产企业而言,销售费用就包括广告费、运输费、装卸费、包装费、展览费、保险费、销售佣金、代销手续费、经营性租赁费及销售部门发生的差旅费、工资、福利费等费用。

② 管理费用是指企业的行政管理部门等为管理组织经营活动提供各项支援性服务而发生的费用。企业除了与生产经营直接相关的各种机构、人员、财物之外,作为一个行为主体,还需要一些为组织生产经营提供辅助性服务的机构和人员,这些机构和人员的配置、职能的发挥等都将影响到企业的生产经营活动的效益性,相应的支出也是与企业取得收入有关的必要与正常的支出,这些在企业所得税扣除方面体现为管理费用。如公司行政管理人员的工资薪金、福利费、差旅费、办公费、折旧费、修理费、物料消耗、低值易耗品摊销、研究开发费、劳动保护费、业务招待费、工会经费、职工教育经费、股东大会或董事会费、开办费摊销、无形资产摊销、坏账损失等。

③ 财务费用是指企业筹集经营性资金而发生的费用,包括利息净支出、汇兑净损失、金融机构手续费以及其他非资本化支出等。

3. 税金

税金是指企业发生的除企业所得税和允许抵扣的增值税以外的各项税金及其附加。

因为企业所得税税款本质上是企业利润分配的支出,是国家参与企业经营成果分配的一种形式,而非为取得经营收入实际发生的费用支出,不能作为企业的税金在税前扣除。而增值税是一种价外税,实际上并非由企业所负担,在实际操作中,企业在计算增值税的销项税额时,没有计入收入当中,购进货物或劳务所发生的进项税额也没有计入成本,因此根据配比原则,企业所发生的增值税不允许在税前扣除。

那么在我国目前的税收体系中,允许税前扣除的税金主要有依法缴纳的资源税、关税、城建税、土地增值税、教育费附加等产品销售税金及附加。

4. 损失

损失是指企业在生产经营活动中发生的固定资产和存货的盘亏、毁损、报废损失,转让财产损失,呆账损失,坏账损失,自然灾害等不可抗力因素造成的损失以及其他损失。

这里需要注意的是,准予税前扣除的损失必须是减除责任人赔偿和保险赔款后的余额,并按照国务院财政、税务主管部门的规定扣除。为了分散或者减少损失,企业应就自身可能遭受的,又无法明确预测的事项向保险机构投保,以期在损失发生时,从保险机构获取相应的补偿。

另外,企业所发生的损失,很多情况下是存在责任人的,即这些损失是由其他责任人所造成的,责任人对这些损失负有相应的赔偿等民事责任,企业可以从责任人那里获取相应的赔偿款。而企业所得税法税前扣除所称的损失,是企业的实际损失,企业获得相应保险赔款或者责任人赔偿部分,不属于企业实际承担的损失,不应允许税前扣除。企业已经作为损失处理的资产,在以后纳税年度全部收回或者部分收回时,应当计入当期收入。

5. 扣除的其他支出

扣除的其他支出是指除成本、费用、税金、损失外,企业发生的与生产经营活动有关的、合理的支出。

（三）具体扣除项目及其标准

在计算应纳税所得额时,下列项目可按照实际发生额或规定的标准扣除:

1. 工资、薪金支出

企业发生的合理的工资、薪金支出准予据实扣除。

工资、薪金支出是指企业每一纳税年度支付给本企业任职或与其有雇佣关系的员工的所有现金或非现金形式的劳动报酬,包括基本工资、资金、津贴、补贴、年终加薪、加班工资,以及与任职或者是受雇有关的其他支出。

| 学习提示 | 作为企业税前扣除项目的工资、薪金支出,是指实际发放的支出,尚未实际支付的,只有等到实际发生后,才准予税前扣除。 |

企业从事生产经营活动,需要通过一定的方式或者手段,聘请一定的自然人去完成,只不过所需要的人工数量有所差别而已。可以说,人是构成企业的基本要素之一,人也是企业取得收入的主要因素之一。人的劳动力是一种商品,企业为了取得收入而必须购买这种商品,并支付相应的费用,于是就产生了工资、薪金等支出。

2. 职工福利费、工会经费、职工教育经费

企业发生的职工福利费、工会经费、职工教育经费按标准扣除,未超过标准的按实际数扣

除,超过标准的只能按标准扣除。

① 企业发生的职工福利费支出,不超过工资、薪金总额14％的部分准予扣除。

② 企业拨缴的工会经费,不超过工资、薪金总额2％的部分准予扣除。

③ 除国务院财政、税务主管部门另有规定外,企业发生的职工教育经费支出,不超过工资、薪金总额2.5％的部分准予扣除,超过部分准予结转以后纳税年度扣除。

3. 保险费

企业在生产经营活动中会出于各种目的而发生各种保险费,其税前扣除规定如下:

① 企业依照国务院有关主管部门或者省级人民政府规定的范围和标准为职工缴纳的基本养老保险费、基本医疗保险费、失业保险费、工伤保险费、生育保险费等基本社会保险费和住房公积金,准予扣除。

为了确保劳动者的基本生活后勤保障,国家要求劳动者个人在缴纳一定基本保障费、住房公积金的基础上,企业也应相应地为其员工缴纳基本保障费和住房公积金。企业的这部分费用支出的对象是本企业的员工,目的是保证员工更好地为企业服务,为企业创造更多的利润,这是企业取得收入的正常与必要的支出,在计算应纳税所得额时应该予以扣除,以鼓励企业更好地完成所承担的社会义务。

② 除企业依照国家有关规定为特殊工种职工支付的人身安全保险费和国务院财政、税务主管部门规定可以扣除的其他商业保险费外,企业为投资者或者职工支付的商业保险费,不得扣除。

在一些特殊行业的企业中,从事特定工种的职工,其人身可能具有高度危险性,一次微小的失误或者事故,都可能使这些职工的生命、健康受到致命性威胁。为了减少这些职工工作的后顾之忧,同时为了尽可能地保障这些职工的生命和健康安全,国家会做出要求企业为这些职工投保人身安全保险的强制性规定,且从企业角度来看,其对本企业职工的工伤等负有赔偿责任,若通过保险,能分散和减少其所承担的责任,是其取得经济利益流入所发生的必要与正常的支出,也符合税前扣除原则。为了鼓励企业为特定工种职工投保人身安全保险费,落实其他国家有关规定的精神,有必要允许企业发生的这部分支出准予税前扣除。

而商业保险是在基本社会保险的基础上,有经济能力和保险意愿的社会主体,为了进一步保障自身的权益,自主决定所投保的险种。虽然,国家也提倡和鼓励社会主体投保商业保险,但是基于国家税收利益上的考虑,以及实践中的可操作性等角度出发,若允许企业为其投资者或者职工向商业保险机构投保的商业保险费支出可以税前扣除,将造成不同盈利水平等状况下的企业扣除范围不一,税负不均。同时也避免有些企业将企业的工资、薪金或企业的其他经济利益通过为投资人或职工购买商业保险而侵蚀企业所得税的税基。因此这类保险费不允许扣除。

③ 企业参加财产保险,按照规定缴纳的保险费,准予扣除。

> **学习提示**　企业参保后,允许税前扣除的损失是抵减保险赔偿后的净损失。

财产保险是指投保人根据合同约定,向保险人支付保险费,保险人对于合同约定的可能发生的事故因其发生所造成的财产损失承担赔偿保险金责任。企业参加的财产保险,是以企业财产及其有关利益为保险标的,企业参加财产保险的目的,是为了减少或者分散其财产可能存在的损失,从某种意义上来说,增加了企业可能的经济利益,所以企业参加财产保险所发生的保险费支出,是与企业取得收入有关的支出,符合企业所得税税前扣除的真实性原则,应准予扣除。

4. 借款费用

所谓借款费用,是指企业因借款而发生的利息及其他相关成本。它包括借款利息、折价或者溢价的摊销、辅助费用以及因外币借款而发生的汇兑差额。

企业在生产经营活动中发生的合理且不需要资本化的借款费用,准予扣除。企业为购置、建造固定资产、无形资产和经过 12 个月以上的建造才能达到预定可销售状态的存货发生借款的,在有关资产购置、建造期间发生的合理的借款费用,应当作为资本性支出计入有关资产的成本,并依照本条例的规定扣除。有关资产交付使用后发生的借款利息,可在发生当期扣除。

其中,利息费用是借款费用的重要组成部分。利息费用是指企业向其他组织、个人借用资金而支付的利息,包括企业向银行或者其他金融机构等借入资金发生的利息、发行公司债券发生的利息等。企业在生产、经营活动中发生的利息费用,按下列规定扣除:

(1)非金融企业向金融企业借款的利息支出,准予全额据实扣除

目前,我国的金融企业承担绝大部分的资金借贷功能,关于金融企业的借贷业务所应遵守的行为规范,存在大量的法律、法规规定,其贷款利率、贷款规则等都有一系列的法律限制,借贷行为较为规范和透明,所以非金融企业向金融企业借款的利息支出,准予全额据实扣除。

(2)金融企业的各项存款利息支出和同业拆借利息支出,准予全额据实扣除

金融企业的存款业务较为容易理解,它是吸收不特定公众存款。同业拆借是指具有法人资格的金融机构及经法人授权的金融分支机构之间进行短期资金融通的行为。金融机构在日常经营中,由于存放款结构的变化、汇兑收支增减等原因,在一个营业日终了时,往往出现资金收支不平衡的情况,一些金融机构收大于支,另一些金融机构支大于收,于是产生金融机构之间进行短期资金相互拆借的需求。它是金融机构在不用保持大量超额准备金的前提下,满足存款支付及汇兑、清算的需要。同业拆借资金的最长期限一般较短,有隔夜、1 天、7 天、1 个月、4 个月等品种,其拆借率等都有着明确的限制。所以,金融企业的各项存款利息支出和同业拆借利息支出,准予全额据实扣除。

(3)企业经批准发行债券发生的利息支出,准予全额据实扣除

企业筹借生产经营活动资金,除了向金融企业借款外,还可以通过发行企业债券,向社会大众借款。企业发行债券的条件和要求相对较为严格,法律法规对可以发行债券的企业所应具备的条件,发行债券的规模、利率等都有着明确规范和要求,也需要事先经有关主管部门批准,处于一个透明、可控的状态,是企业生产经营活动的正常需要,其发生的利息支出,准予全额扣除。

(4)非金融企业向非金融企业借款的利息支出,不超过按照金融企业同期同类贷款利率计算的数额的部分,准予扣除

之所以对此做这个标准限制,主要是考虑到非金融企业之间的借款。目前法律、法规的规范性要求较少,实践中也较难控制和规范,而且非金融企业的主要业务并不是从事资金的拆借、借贷。若允许非金融企业之间的借款利息支出无条件的全额税前扣除,在某种程度上将会鼓励非金融企业之间从事资金拆借活动,这在一定程度上将扰乱金融秩序,也容易造成非金融企业之间通过资金拆借逃避税收等消极影响。非金融企业向非金融企业借款的利息支出,其

扣除依据或者标准是金融企业同期同类贷款利率,使得向金融企业借款的企业的税收待遇,与向非金融企业借款的企业的税收待遇统一,这样就可以抑制企业向非金融企业借款的冲动,鼓励企业向金融企业借款,有助于维护国家金融秩序,也利于实现企业之间的公平。

【思考题 5-7】 某公司 2016 年度"财务费用"账户中列支有两笔利息费用:向银行借入生产用资金 200 万元,借用期限 6 个月,支付借款利息 7 万元;经过批准自 5 月 1 日起向本企业职工借入资金 60 万元,用于建造厂房,其中在 10 月 1 日达到预定可使用状态,10 月 31 日进行竣工决算,借用期限为 8 个月,支付借款利息 4.8 万元。

请问该公司 2016 年可扣除的财务费用为多少?

5. 汇兑损失

企业在货币交易中,以及纳税年度终了时将人民币以外的货币性资产、负债按照期末即期人民币汇率中间价折算为人民币时产生的汇兑损失,除已经计入有关资产成本以及与向所有者进行利润分配相关的部分外,准予扣除。

6. 业务招待费

企业发生的与生产经营活动有关的业务招待费支出,按照实际发生额的 60% 扣除,但最高不得超过当年销售(营业)收入的 5‰。

【思考题 5-8】 某企业 2016 年销售货物收入 2 500 万元,出租房屋收入 500 万元,转让房屋收益 300 万元,取得财政补贴收入 120 万元。当年实际业务招待费 20 万元。

请问该企业当年可在税前扣除的业务招待费为多少?

7. 广告费和业务宣传费

企业发生的符合条件的广告费和业务宣传费支出,除国务院财政、税务主管部门另有规定外,不超过当年销售(营业)收入 15% 的部分,准予扣除;超过部分,准予在以后纳税年度结转扣除。

由于企业发生的广告费用可能绝对数额或相对数都较大,特别是在企业创立初期,或者新产品开拓市场初期和产品市场占有率出现下降趋势时,可能需要加大广告宣传支出。但在市场占有率相对稳定后广告费用占销售(营业)收入的比重会相对固定甚至出现下降趋势。企业长期的广告宣传可能为企业带来品牌效应,甚至形成著名商标。这样的品牌、商标甚至商誉会使企业终身受益,而不是仅仅对某一个或几个经营年度发生作用。因此,企业在某些纳税年度发生的数额较大的广告支出具有资本性支出性质,不应该在发生的纳税年度全部直接扣除,而应在受益期内均衡摊销。《企业所得税法实施条例》规定,企业每一纳税年度可扣除的广告费用支出限制在销售(营业)收入的 15% 以内,但超过部分可以无限期向以后纳税年度结转。

企业申报扣除的广告费支出应与赞助支出严格区分。企业申报扣除的广告费支出,必须符合下列条件:

① 广告是通过工商部门批准的专门机构制作;

② 已实际支付费用,并已取得相应发票;

③ 通过一定的媒体传播。

【思考题 5-9】 某生产企业 2016 年度销售自产产品取得收入 1 500 万元,销售边角余料取得收入 500 万元,接受捐赠收入 50 万元。当年为开拓市场需要,实际发生广告费 350 万元,业务宣传费 150 万元。通过 2016 年的宣传效应,2017 年的销售收入有明显的增长,当年取得产品销售收入 2 000 万元,其他业务收入 1 000 万元,实际发生广告费 200 万元,业务宣传费50 万元。

请问 2017 年该企业允许税前扣除的广告费和业务宣传费为多少?

8. 环境保护专项资金

企业依照法律、行政法规有关规定提取的用于环境保护、生态恢复等方面的专项资金,准予扣除。上述专项资金提取后改变用途的,不得扣除。

由于我国的经济发展走了一段相对较长的粗放型发展模式道路,很大程度上是以牺牲自然环境为代价的,企业所承担的相应自然环境的保护义务较少,这类社会义务也常为企业所忽视,这些都不利于我国经济社会的可持续长期发展,现在税收政策上规定企业依照法律、行政法规有关规定提取的用于环境保护、生态恢复等方面的专项资金,准予扣除,以此来激励企业履行此类社会义务。

但要注意的是,为了确保企业提取的专项资金用于专项目的,以真正体现税收政策对企业这些行为的鼓励,税法明确了只有实际提取且实际用于专项目的资金,才允许税前扣除。如果企业将提取的专项资金用于其他用途的,则不得扣除,已经扣除的,则应计入企业的当期应纳税所得额,缴纳企业所得税。这就从税收政策上进一步确保了企业专项资金的专项目的。

9. 租赁费

企业根据生产经营活动的需要租入固定资产支付的租赁费,按照以下方法扣除:

① 以经营租赁方式租入固定资产发生的租赁费支出,按照租赁期限均匀扣除。这主要是因为经营租赁方式下,租入企业实际上今后也不会实际拥有该租赁资产的所有权,所以其支付的租赁费,应按租赁年限分期、均匀扣除。

② 以融资租赁方式租入固定资产发生的租赁费支出,按照规定构成融资租入固定资产价值的部分应当提取折旧费用,分期扣除。因为,根据企业所得税法的规定,以融资租赁方式租入的固定资产,允许企业计算折旧扣除,所以其租赁费构成租赁资产的价值,与租赁固定资产的价值一起计算折旧,并予以扣除。

10. 劳动保护费

企业发生的合理的劳动保护支出,准予扣除。

为了鼓励企业加大劳动保护投入,支持安全生产,维护职工合法权益,税法明确规定了企业实际发生的合理的劳动保护支出,准予扣除。这里所讲的劳动保护支出,需要满足以下条件才允许税前扣除:

① 必须是因工作需要,如果企业发生的所谓的支出并非出于工作的需要,那么其支出就不得予以扣除。

② 为其雇员配备或提供,而不是给其他与其没有任何劳动关系的人配备或提供。

③ 限于工作服、手套、安全保护用品、防暑降温品等,如高温冶炼企业职工、道路施工企业的防暑降温品,采煤工人的手套、头盔等用品。

11. 公益性捐赠支出

公益性捐赠是指企业通过公益性社会团体或者县级以上人民政府及其部门,用于《中华人民共和国公益事业捐赠法》规定的公益事业的捐赠。

企业发生的公益性捐赠支出,不超过年度利润总额 12% 的部分,准予扣除。年度利润总额是指企业依照国家统一会计制度的规定计算的年度会计利润。

从理论上来说,企业可以直接向公益事业捐赠,而无须通过中间部门,这样更有利于节省成本和环节,而且实践中很多企业向公益事业的捐赠,确实是由企业直接向受援对象捐助的。但是,在税务处理上,出于税收征管实践等方面的考虑,若允许企业直接向公益事业捐赠,税收上很难处理,而且在我国整个公益性捐赠尚处于起步阶段时,允许企业直接向公益事业的捐赠在税前扣除的话,可能会出现一部分企业借此偷漏税的现象。通过一定的中间部门,来转接企业的公益性捐赠更有利于管理,同时在某种程度上也宣传了企业的捐赠行为,更有利于企业良好和负责任形象的建立。

【思考题 5－10】　某企业 2017 年全年会计利润总额为 1 000 万元,其中"营业外支出"科目列支了两笔对外捐赠支出,一笔是直接由企业捐赠给灾区的支出 50 万元,另一笔是通过公益性社会团体捐赠给贫困地区的支出 150 万元。

请问该企业 2017 年度允许在税前扣除的公益性捐赠支出为多少?

12. 总机构分摊的费用

非居民企业在中国境内设立的机构、场所,就其中国境外总机构发生的与该机构、场所生产经营有关的费用,能够提供总机构出具的费用汇集范围、定额、分配依据和方法等证明文件,并合理分摊的,准予扣除。

这是因为企业所得税法规定,在中国境内设立机构、场所的非居民企业在中国只负有限的纳税义务,就其在中国境内所设立的机构、场所获取的来源于中国境内的所得和来源于境外但与所设机构、场所有实际联系的所得纳税。根据配比原则,税法应该允许这部分的费用在税前扣除。

五、不允许扣除的项目

在确定应纳税所得额时,税法出于各种原因,对企业发生的一些支出项目给予限定,规定以下的支出项目不允许在计算应纳税所得额时进行扣除:

① 向投资者支付的股息、红利等权益性投资收益款项。

② 企业所得税税款。

③ 税收滞纳金。税收滞纳金是指纳税人违反税收法规,被税务机关处以的滞纳金。

④ 罚金、罚款和被没收财物的损失是指纳税人违反国家有关法律、法规规定,被有关部门处以罚款,以及被司法机关处以的罚金和被没收财物。

⑤ 直接捐赠支出和超过规定标准的捐赠支出。

⑥ 赞助性支出是指企业发生的与生产经营活动无关的各种非广告性质支出。赞助支出不得税前扣除,主要是因为,一是赞助支出本身并不是与取得收入有关正常、必要的支出,不符合税前扣除的基本原则;二是如果允许赞助支出在税前扣除,纳税人往往会以赞助支出的名义开支不合理甚至非法的支出,容易出现纳税人借此逃税,侵害国家的税收利益,不利于加强税收征管。

⑦ 未经核定的准备金支出是指不符合国务院财政、税务主管部门规定的各项资产减值准备、风险准备等准备金支出。

财务会计制度规定,基于资产的真实性和谨慎性原则考虑,为防止企业虚增资产或者虚增利润,保证企业因市场变化、科学技术进步,或者企业经营管理不善等原因导致资产实际价值的变动能够真实地得以反映,要求企业合理地预计各项资产可能发生的损失,提取准备金。如坏账准备金、商品削价准备金、金融企业的呆账准备金、存货跌价准备金、短期投资跌价准备金、长期投资减值准备金、风险准备金等。

但税法上一般不允许企业提取各种形式的准备金,主要基于以下考虑:一方面,企业所得税税前允许扣除的项目,原则上必须遵循真实发生的据实扣除原则,企业只有实际发生的损失,才允许在税前扣除;另一方面,企业各项资产减值准备的提取,是由会计人员根据会计制度和自身职业判断进行的,不同的企业提取的比例不同,允许企业准备金扣除可能成为企业会计人员据以操纵的工具,而税务人员从企业外部很难判断企业会计人员据以提取准备的依据是否充分合理。

⑧ 与取得收入无关的其他支出。

六、亏损弥补

亏损是指企业依照《企业所得税法》及其实施条例的规定,将每一个纳税年度的收入总额减除不征税收入、免税收入和各项扣除后小于 0 的数额。税法规定,企业某一纳税年度发生的亏损可以用下一年度的所得弥补,下一年度的所得不足以弥补的,可以逐年延续弥补,但最长不得超过 5 年。而且,企业在汇总计算缴纳企业所得税时,其境外营业机构的亏损不得抵减境内营业机构的盈利。

【思考题 5 - 11】　某企业 2008—2016 年,各年度弥补亏损前应纳税所得额如表 5 - 3 所示。

表 5 - 3　2008—2016 年某企业弥补亏损前的应纳税所得额　　　　　　　　万元

年　　度	2008	2009	2010	2011	2012	2013	2014	2015	2016
应纳税所得额	−80	−60	−40	−20	0	10	30	40	100

请问该企业各年度弥补亏损后的应纳税所得额是多少?

七、资产的税务处理

纳入税务处理范围的资产形式,包括固定资产、生物资产、无形资产、长期待摊费用、投资资产、存货等,均以历史成本为计税基础。

（一）固定资产的税务处理

固定资产是指企业为生产产品、提供劳务、出租或者经营管理而持有的、使用时间超过 12 个月的非货币性资产。它包括房屋、建筑物、机器、机械、运输工具以及其他与生产经营活动有关的设备、器具、工具等。

1. 固定资产计税基础的确定方法

① 外购的固定资产,以购买价款和支付的相关税费以及直接归属于使该资产达到预定用途发生的其他支出为计税基础;

② 自行建造的固定资产,以竣工结算前发生的支出为计税基础;

③ 融资租入的固定资产,以租赁合同约定的付款总额和承租人在签订租赁合同过程中发生的相关费用为计税基础,租赁合同未约定付款总额的,以该资产的公允价值和承租人在签订

租赁合同过程中发生的相关费用为计税基础；

④ 盘盈的固定资产，以同类固定资产的重置完全价值为计税基础；

⑤ 通过捐赠、投资、非货币性资产交换、债务重组等方式取得的固定资产，以该资产的公允价值和支付的相关税费为计税基础；

⑥ 改建的固定资产，除已足额提取折旧的固定资产和租入的固定资产以外，其他固定资产以改建过程中发生的改建支出增加计税基础。

2. 不得计算折旧扣除的固定资产

① 房屋、建筑物以外未投入使用的固定资产；

② 以经营租赁方式租入的固定资产；

③ 以融资租赁方式租出的固定资产；

④ 已足额提取折旧仍继续使用的固定资产

⑤ 与经营活动无关的固定资产；

⑥ 单独估价作为固定资产入账的土地；

⑦ 其他不得计算折旧扣除的固定资产。

3. 计提折旧的起止时间

固定资产按照直线法计算的折旧，准予扣除。

企业应当从固定资产使用月份的次月起计算折旧；停止使用的固定资产，应当从停止使用月份的次月起停止计算折旧。

4. 折旧年限

除国务院财政、税务主管部门另有规定外，固定资产计算折旧的最低年限如下：

① 房屋、建筑物，为 20 年；

② 飞机、火车、轮船、机器、机械和其他生产设备，为 10 年；

③ 与生产经营活动有关的器具、工具、家具等，为 5 年；

④ 飞机、火车、轮船以外的运输工具，为 4 年；

⑤ 电子设备，为 3 年。

（二）生物资产的税务处理

生产性生物资产是指企业为生产农产品、提供劳务或者出租等而持有的生物资产。它包括经济林、薪炭林、产畜和役畜等。

1. 生物资产计税基础的确定方法

① 外购的生产性生物资产，以购买价款和支付的相关税费为计税基础；

② 通过捐赠、投资、非货币性资产交换、债务重组等方式取得的生产性生物资产，以该资产的公允价值和支付的相关税费为计税基础。

2. 生产性生物资产的折旧

① 生产性生物资产按照直线法计算的折旧，准予扣除。

② 企业应当自生产性生物资产投入使用月份的次月起计算折旧；停止使用的生产性生物资产，应当自停止使用月份的次月起停止计算折旧。

③ 企业应当根据生产性生物资产的性质和使用情况，合理确定生产性生物资产的预计净残值。生产性生物资产的预计净残值一经确定，不得变更。

④ 生产性生物资产计算折旧的最低年限如下：

a. 林木类生产性生物资产,为 10 年;

b. 畜类生产性生物资产,为 3 年。

(三)无形资产的税务处理

无形资产是指企业为生产产品、提供劳务、出租或者经营管理而持有的、没有实物形态的非货币性长期资产。它包括专利权、商标权、著作权、土地使用权、非专利技术、商誉等。

1. 无形资产计税基础的确定方法

① 外购的无形资产,以购买价款和支付的相关税费以及直接归属于使该资产达到预定用途发生的其他支出为计税基础;

② 自行开发的无形资产,以开发过程中该资产符合资本化条件后至达到预定用途前发生的支出为计税基础;

③ 通过捐赠、投资、非货币性资产交换、债务重组等方式取得的无形资产,以该资产的公允价值和支付的相关税费为计税基础。

2. 无形资产的摊销

① 无形资产按照直线法计算的摊销费用,准予扣除。

② 无形资产的摊销年限不得低于 10 年。

③ 作为投资或者受让的无形资产,有关法律规定或者合同约定了使用年限的,可以按照规定或者约定的使用年限分期摊销。

④ 外购商誉的支出,在企业整体转让或者清算时,准予扣除。

3. 不得计算摊销费用扣除的无形资产

① 自行开发的支出已在计算应纳税所得额时扣除的无形资产;

② 自创商誉;

③ 与经营活动无关的无形资产;

④ 其他不得计算摊销费用扣除的无形资产。

(四)长期待摊费用的税务处理

《税法》第十三条规定,在计算应纳税所得额时,企业发生的下列支出作为长期待摊费用,按照规定摊销的,准予扣除:

1. 到期固定资产的改建支出

已足额提取折旧的固定资产的改建支出,按照固定资产预计尚可使用年限分期摊销。

2. 租入固定资产的改建支出

租入固定资产的改建支出,按照合同约定的剩余租赁期限分期摊销。

3. 固定资产的大修理支出

固定资产的大修理支出是指同时符合下列条件的支出:

① 修理支出达到取得固定资产时的计税基础 50% 以上;

② 修理后固定资产的使用年限延长 2 年以上。

③ 按照固定资产尚可使用年限分期摊销。

4. 其他应当作为长期待摊费用的支出

其他应当作为长期待摊费用的支出自支出发生月份的次月起,分期摊销,摊销年限不得低于 3 年。

长期待摊费用包括企业在筹建期发生的开办费。

（五）投资资产的税务处理

投资资产是指企业对外进行权益性投资和债权性投资形成的资产。企业在转让或者处置投资资产时,投资资产的成本,准予扣除。

投资资产确定成本的方法如下:

① 通过支付现金方式取得的投资资产,以购买价款为成本;

② 通过支付现金以外的方式取得的投资资产,以该资产的公允价值和支付的相关税费为成本。

（六）存货的税务处理

《税法》第十五条规定,企业使用或者销售存货,按照规定计算的存货成本,准予在计算应纳税所得额时扣除。

存货是指企业持有以备出售的产品或者商品、处在生产过程中的在产品、在生产或者提供劳务过程中耗用的材料和物料等。

1. 存货成本的确定方法

① 通过支付现金方式取得的存货,以购买价款和支付的相关税费为成本;

② 通过支付现金以外的方式取得的存货,以该存货的公允价值和支付的相关税费为成本;

③ 生产性生物资产收获的农产品,以产出或者采收过程中发生的材料费、人工费和分摊的间接费用等必要支出为成本。

2. 存货成本的计算方法

企业使用或者销售的存货的成本计算方法,可以在先进先出法、加权平均法、个别计价法中选用一种。计价方法一经选用,不得随意变更。

 **知识卡片**

关于 2016 年度第一批公益性社会团体捐赠税前扣除资格名单的公告

来源:民政部门户网站　时间:2017 - 03 - 06

财政部 国家税务总局　民政部公告

2017 年第 23 号

根据《中华人民共和国企业所得税法》及《中华人民共和国企业所得税法实施条例》的有关规定,按照《财政部 国家税务总局 民政部关于公益性捐赠税前扣除资格确认审批有关调整事项的通知》(财税〔2015〕141 号)有关要求,现将 2016 年度(第一批)符合公益性捐赠税前扣除资格的公益性社会团体名单公告如下:

1. 神华公益基金会

2. 爱佑慈善基金会

3. 陈香梅公益基金会

4. 安利公益基金会

5. 中国红十字基金会

6. 中国社会福利基金会

7. 中国教育发展基金会

8. 中国国际文化交流基金会

9. 中国马克思主义研究基金会

10. 中国留学人才发展基金会

11. 中国残疾人福利基金会

……

共 102 个单位

财政部 国家税务总局 民政部

2017 年 1 月 18 日

 任务训练

一、单项选择题

1. 根据《企业所得税法》的规定,以下各项收入中,属于不征税收入的是(　　　)。

A. 财政拨款　　　　　　　　　　B. 非居民企业投资收益(不足 12 个月)

C. 国债利息收入　　　　　　　　D. 非营利组织从事营利性活动取得的收入

2. 根据《企业所得税法》的规定,以下项目在计算应纳税所得额时,准予扣除的是(　　　)。

A. 行政罚款　　　　　　　　　　B. 被没收的财物

C. 赞助支出　　　　　　　　　　D. 经审批的流动资产盘亏损失

3. 根据《企业所得税法》的规定,下列税金在计算企业应纳税所得额时,不得从收入总额中扣除的是(　　　)。

A. 土地增值税　　　B. 增值税　　　　C. 消费税　　　　D. 资源税

4. 根据《企业所得税法》的规定,在计算应纳税所得额时,下列各项目可以扣除的是(　　　)。

A. 税收滞纳金

B. 子公司支付给母公司的劳务费

C. 用于扩大再生产的环保资金

D. 因违法经营被工商行政管理部门罚款的支出

5. 下列各项利息收入中,不计入企业所得税应纳税所得额的是(　　　)。

A. 企业债券利息收入　　　　　　B. 外单位欠款付给的利息收入

C. 购买国债的利息收入　　　　　D. 银行存款利息收入

6. 根据《企业所得税法》的规定,下列各项中,不征税收入是(　　　)。

A. 股权转让收入

B. 因债权人缘故确实无法偿付的应付款项

C. 依法收取并纳入财政管理的行政事业性收入

D. 接受捐赠收入

7. 下列各项支出中,可以从应纳税所得额中据实扣除的是(　　　)。

A. 建造固定资产过程中向银行借款的利息

B. 诉讼费用

C. 对外投资的固定资产计提的折旧费

D. 赞助支出

8. 某国有企业 2013 年度发生亏损,根据《企业所得税法》的规定,该亏损额可以用以后纳税年度的所得逐年弥补,但延续弥补的期限最长不得超过（　　　）。

　　A. 2015 年　　　　　B. 2016 年　　　　　C. 2017 年　　　　　D. 2018 年

9. 根据《企业所得税法》及其实施条例的规定,不得提取折旧的固定资产是（　　　）。

　　A. 以经营租赁方式出租的固定资产　　　B. 房屋、建筑物

　　C. 季节性停用和大修理停用的机器设备　　D. 以经营租赁方式租入固定资产

10. 在计算企业所得税的应纳税所得额时,下列各项目中,不准从收入总额中扣除的是（　　　）。

A. 逾期归还银行贷款,银行按规定加收的罚息%

B. 转让资产时该项资产的净值

C. 未经核定的准备金支出

D. 聘请中介机构费

11. 在计算企业所得税应纳税所得额时,下列各项目中,准予从收入总额中扣除的是（　　　）。

　　A. 合理的工资薪金支出　　　　　　　B. 各项税收滞纳金、罚款支出

　　C. 非广告性质的赞助支出　　　　　　D. 企业按规定提取的存货减值准备

12. 《企业所得税法》规定,全年销售收入为 1 500 万元以下的,其广告费的列支限额是（　　　）。

　　A. 75 万元　　　　　B. 225 万元　　　　　C. 7.5 万元　　　　　D. 180 万元

二、多项选择题

1. 在计算企业所得税时不得从收入总额中扣除的税金有（　　　）。

　　A. 土地增值税　　　　　　　　　　　B. 企业所得税

　　C. 增值税　　　　　　　　　　　　　D. 契税

　　E. 城市维护建设税

2. 下列各项收入中,应当征收企业所得税的有（　　　）。

　　A. 取得的国库券利息收入　　　　　　B. 国库券转让收入

　　C. 股票转让净收益　　　　　　　　　D. 接受的非货币资产捐赠

　　E. 接受的货币资产捐赠

3. 计算企业所得税应纳税所得额时,下列各项支出中,不得扣除的有（　　　）。

　　A. 税收滞纳金　　　　　　　　　　　B. 罚金、罚款和被没收财物的损失

　　C. 未经核定的准备金支出　　　　　　D. 公益性捐赠支出

　　E. 向投资者支付的股息、红利支出

4. 下列各项事项中,属于企业所得税不征税收入的有（　　　）。

　　A. 财政拨款

　　B. 依法收取并纳入财政管理的行政事业性收费、政府性基金

C. 国债利息收入

D. 符合条件的居民企业之间的股息、红利等权益性投资收益

E. 接收的捐赠收入

5. 在企业发生的下列利息支出中,在计算应纳税所得额时,可以从收入总额中扣除的有( )。

A. 向金融机构借款的利息支出

B. 企业间相互拆借的利息支出

C. 建造、购置固定资产的利息支出

D. 建造、购置固定资产竣工决算投产后发生地向金融机构借款的利息支出

6. 在计算应纳税所得额时,下列各项目中,不能从收入总额中扣除的有( )。

A. 无形资产开发支出未形成资产的部分

B. 意外事故损失中有关赔偿的部分

C. 各种广告性的赞助支出

D. 税收的滞纳金

7. 下列各项支出中,可以从应纳税所得额中据实扣除的是( )。

A. 建造固定资产过程中向银行借款的利息

B. 诉讼费用

C. 对外投资的固定资产计提的折旧费

D. 赞助支出

8. 具有下列( )关系之一的公司,企业和其他经济组织属于关联企业。

A. 在资金、经营、购销方面有直接或间接拥有、控制关系

B. 直接或间接同为第三者所拥有

C. 长期合作、彼此信任

D. 其他在利益上具有相关联关系

9. 企业受托加工制造大型机械设备、船舶、飞机,以及从事建筑、安装、装配工程业务或者提供其他劳务等,持续时间超过 12 个月的,按照( )确认收入的实现。

A. 合同约定的日期　　　　　　　B. 纳税年度内完工进度

C. 完成的工作量　　　　　　　　D. 设备交付使用的日期

10. 确定企业所得税税前扣除项目时应遵循的原则有( )。

A. 确定性原则　　　　　　　　　B. 配比原则

C. 权责发生制原则　　　　　　　D. 收付实现制原则

任务四　企业所得税应纳税额的计算

一、查账征收应纳税额的计算

应纳税额是企业依照税法规定应向国家缴纳的税款,企业所得税应纳税额的计算需要先确定其计税依据应纳税所得额。

应纳税所得额的计算方法有直接计算法和间接计算法。

1. 直接计算法

在直接计算法下,应纳税所得额的计算公式为:

应纳税所得额 = 收入总额－不征税收入－免税收入－扣除项目金额－弥补亏损

【例 5-1】 某居民企业 2016 年实现产品销售收入 1 000 万元,其他业务收入 100 万元,到期国债利息收入 2 万元,全年发生的产品销售成本及其他业务成本 700 万元,销售 80 万元,管理费用 30 万元,财务费用 30 万元,营业外支出 5 万元(其中缴纳税收滞纳金 1 万元),按税法规定缴纳增值税 70 万元,城市维护建设税 4.9 万元,教育费附加 2.1 万元。按照税法规定,在计算企业应纳税所得额时,其他准予扣除项目的金额为 20 万元。

要求:计算该企业 2016 年应纳的企业所得税。

解:应纳税所得额=1 000+100-[700+80+30+(5-1)+4.9+2.1+20]=229(万元)

应纳所得税额=229×25%=57.25(万元)

2. 间接计算法

在间接计算法下,应纳税所得额的计算公式为:

应纳税所得额 = 会计利润总额＋纳税调增项目金额－纳税调减项目金额

【例 5-2】 某企业为居民企业,2016 年发生的经营业务如下:

① 取得产品销售收入 4 000 万元。

② 取得国债利息收入 20 万元。

③ 发生产品销售成本 2 600 万元。

④ 发生销售费用 770 万元(其中广告费 650 万元);管理费用 480 万元(其中,业务招待费 25 万元,新产品研究开发费用 60 万元);财务费用 60 万元。

⑤ 销售税金 160 万元(含增值税 120 万元)。

⑥ 营业外收入 80 万元,营业外支出 50 万元(其中,含直接捐赠现金 10 万元给灾区,支付税收滞纳金 6 万元)。

⑦ 职工 50 人,其中有残疾人 10 人,其实际发生的工资总额为 15 万元。

要求:计算该企业 2016 年度实际应纳的企业所得税。

解:会计利润总额=4 000+20+80-2 600-770-480-60-(160-120)-50=100(万元)

国债利息收入是免税收入,应调减 20 万元。

允许扣除的广告费和业务宣传费限额=4 000×15%=600(万元)

因此,广告费和业务宣传费应调增 50(650-600)万元。

允许扣除的业务招待费支出限额为 20(4 000×5‰)万元,而且只能按实际发生额的 60%在税前扣除,即 15(25×60%)万元,因此,业务招待费调增所得额 10(25-15)万元。

企业直接的捐赠支出不允许在税前扣除,因此应调增 10 万元。

企业的行政罚款不允许在税前扣除,因此应调增 6 万元。

应纳税所得额=100+(50+10+10+6)-20=156(万元)

另外,研究开发费用和残疾人实际发生的工资支出可以加计扣除。其计算公式分别为:研究开发费用可以加计扣除 30(60×50%)万元,工资支出可加计扣除 15(15×100%)万元。因此可以在当年度的应纳税所得额中抵扣 30 万元和 15 万元。

2016 年该企业应缴纳企业所得税＝(156－30－15)×25％＝27.75(万元)

二、境外所得抵扣税额的计算

企业取得的下列所得已在境外缴纳的所得税税额，可以从其当期应纳税额中抵免，抵免限额为该项所得依照税法规定计算的应纳税额；超过抵免限额的部分，可以在以后 5 个年度内，用每年度抵免限额抵免当年应抵税额后的余额进行抵补。

① 居民企业来源于中国境外的应税所得。

② 非居民企业在中国境内设立机构、场所，取得发生在中国境外但与该机构、场所有实际联系的应税所得。

已在境外缴纳的所得税税额是指企业来源于中国境外的所得依照中国境外税收法律以及相关规定应当缴纳并已经实际缴纳的企业所得税性质的税款。企业依照《企业所得税法》的规定抵免企业所得税税额时，应当提供中国境外税务机关出具的税款所属年度的有关纳税凭证。

抵免限额是指企业来源于中国境外的所得，依照《企业所得税法》及其实施条例的规定计算的应纳税额。除国务院财政、税务主管部门另有规定外，该抵免限额应当分国(地区)不分项计算，计算公式为：

抵免限额 ＝ 中国境内、境外所得依照企业所得税法规定计算的应纳税总额 ×
来源于某国(地区)的应纳税所得额 ÷ 中国境内、境外应纳税所得总额

前述五个年度是指从企业取得的来源于中国境外的所得，已经在中国境外缴纳的企业所得税性质的税额超过抵免限额的当年的次年起连续 5 个纳税年度。

应注意的是，"境内、外所得按税法计算的应纳税总额"，是按 25％的法定税率计算的应纳税总额，这里的税率不得使用任何优惠或照顾税率；"来源于境外某一国的应税所得额"，是指来源于同一国家不同应税所得的合计，而且为税前利润。

【例 5-3】　甲公司 2016 年度境内应纳税所得额为 1 000 万元，适用 25％的企业所得税税率。另外，该企业分别在 A、B 两国设有分支机构(我国与 A、B 两国已经缔结避免双重征税协定)，在 A 国分支机构的应纳税所得额为 500 万元，其中生产经营所得为 400 万元，A 国规定的税率为 40％；特许权使用费所得为 100 万元，A 国规定的税率为 20％；在 B 国的分支机构的应纳税所得额为 300 万元，B 国税率为 20％。

要求：计算甲公司汇总时在我国应缴纳的企业所得税税额。

解：该公司按我国税法计算的境内、境外所得的应纳税额＝(1 000＋500＋300)×25％＝450(万元)

A、B 两国的扣除限额如下：

A 国应纳税额的扣除限额＝450×[500÷(1 000＋500＋300)]＝125(万元)

B 国应纳税额的扣除限额＝450×[300÷(1 000＋500＋300)]＝75(万元)

在 A 国缴纳的所得税额为 180(400×40％＋100×20％)万元，高于扣除限额 125 万元，当年只能抵免该公司的应纳税额 125 万元，其超过扣除限额的 55 万元当年不能扣除，允许在以后 5 个纳税年度内抵补。

在 B 国缴纳的所得税额为 60(300×20%)万元,低于扣除限额 75 万元,可全额扣除。

该公司当年度汇总时在我国应缴纳的企业所得税额＝450－125－60＝265(万元)

三、核定征收应纳税额的计算

为了加强企业所得税征收管理,对部分中小企业采取核定征收的办法计算应纳税额。

(一) 核定征收企业所得税的范围

居民企业纳税人具有下列情形之一的,应采取核定征收方式征收企业所得税:

① 依照法律、行政法规的规定可以不设置账簿的。

② 依照法律、行政法规的规定应当设置但未设置账簿的。

③ 擅自销毁账簿或者拒不提供纳税资料的。

④ 虽设置账簿,但账目混乱或者成本资料、收入凭证、费用凭证残缺不全,难以查账的。

⑤ 发生纳税义务,但未按照规定的期限办理纳税申报,经税务机关责令限期申报,逾期仍不申报的。

⑥ 申报的计税依据明显偏低,又无正当理由的。

(二) 核定征收的办法

税务机关应根据纳税人的具体情况,对核定征收企业所得税的纳税人,采用核定应税所得率或者核定应纳所得税额,即定额征收的方法。

1. 核定应税所得率征收

具有下列情形之一的,通过核定其应税所得率征收企业所得税:

① 能正确核算(查实)收入总额,但不能正确核算(查实)成本费用总额的;

② 能正确核算(查实)成本费用总额,但不能正确核算(查实)收入总额的;

③ 通过合理方法,能计算和推定纳税人收入总额或成本费用总额的。

2. 核定应纳所得税额征收

纳税人不属于以上情形的,税务机关按照一定的标准、程序和方法,直接核定纳税人年度应纳所得税额,由纳税人按规定进行申报缴纳的办法。

3. 核定应税所得率征收的计算方法

采用应税所得率方式核定征收企业所得税的,应纳所得税额的计算公式如下:

$$应纳所得税额 = 应纳税所得额 × 适用税率$$

$$应纳税所得额 = 应税收入额 × 应税所得率$$

或:

$$应纳税所得额 = 成本(费用)支出额 ÷ (1 － 应税所得率) × 应税所得率$$

实行应税所得率方式核定征收企业所得税的纳税人,经营多业的,无论其经营项目是否单独核算,均由税务机关根据其主营项目确定适用的应税所得率。故各行业应税所得率的幅度如表 5－4 所示。

表 5 - 4 各行业应税所得率的幅度

行 业	应税所得率/%
农、林、牧、渔业	3～10
制造业	5～15
批发和零售贸易业	4～15
交通运输业	7～15
建筑业	8～20
饮食业	8～25
娱乐业	15～30
其他行业	10,30

主营项目应为纳税人所有经营项目中,收入总额或者成本(费用)支出额或者耗用原材料、燃料、动力数量所占比重最大的项目。

纳税人的生产经营范围、主营业务发生重大变化,或者应纳税所得额或应纳税额增减变化达到 20%的,应及时向税务机关申报调整已确定的应纳税额或应税所得率。所得税月(季)度预缴纳税申报表(B 类),在规定的纳税申报期限内进行纳税申报。应该注意的是,实行核定征收方式的,不得享受企业所得税各项优惠政策。

【例 5 - 4】 某饮食业的私营企业在 2018 年度向主管税务机关申报收入总额为 120 万元,成本费用支出总额为 131.25 万元,全年亏损 10 万元。但经税务机关检查,其支出的成本费用核算准确,而收入总额不能正确核算。税务机关对该企业采用核定征税办法,确定其应税所得率为 25%。

要求:计算该私营企业 2018 年应缴纳的企业所得税税额。

解:按照核定征收办法,有:

该企业应纳税所得额=131.25÷(1-25%)×25%=43.75(万元)

该私营企业 2018 年应缴纳的企业所得税=43.75×25%=10.94(万元)

四、预提所得税应纳税额的计算

对于在中国境内未设立机构、场所的,或者虽设立机构、场所但取得的所得与其所设机构、场所没有实际联系的非居民企业的所得预提所得税,按照下列方法计算应纳税所得额:

① 股息、红利等权益性投资收益和利息、租金、特许权使用费所得,以收入全额为应纳税所得额。

② 转让财产所得,以收入全额减除财产净值后的余额为应纳税所得额。财产净值是指财产的计税基础减除已经按照规定扣除的折旧、折耗、摊销、准备金等后的余额。

③ 其他所得,参照前两项规定的方法计算应纳税所得额。

这类所得采取源泉扣缴的方法,即以实际收益人为纳税义务人,以支付人为扣缴义务人。税款由支付人在每次支付额中按照税法规定的税率扣缴。

【例 5 - 5】 某日本企业未在中国设立机构场所,2018 年年初为某境内企业提供一项专利权使用权,合同约定使用期限为 3 年,该境内企业需要支付费用 300 万元。

要求:计算该境内企业 2018 年应扣缴的企业所得税。

解:该日本企业属于我国非居民企业,其取得特许权使用费,以收入全额为应纳税所得额,所适用的税率为 10%,由该境内企业代扣代缴所得税。

该境内企业 2009 年应扣缴的企业所得税=(300÷3)×10%=10(万元)

 任务训练

判断题

1. 企业发生的亏损,可在今后五个连续纳税年度内用税前所得进行弥补。 (　　)

2. 企业发生的公益救济性捐赠支出在年度会计利润总额 12% 以内的部分,准予在计算应纳税所得额时扣除。 (　　)

3.《企业所得税法》规定,企业安置残疾人员所支付的工资,在据实扣除的基础上,按照支付给残疾职工工资的 100% 加计扣除。 (　　)

4. 对于由于技术进步,产品更新换代较快的固定资产,以及常年处于强震动、高腐蚀状态的固定资产,可以采取缩短折旧年限或者采取加速折旧方法。 (　　)

5. 企业在生产经营期间的借款利息支出,可按实际发生数从收入总额中扣除。 (　　)

6. 企业发生的亏损可在今后 5 年内弥补亏损,是指以五个盈利年度的利润弥补亏损。 (　　)

7. 纳税人取得的保险公司赔款既不纳入收入总额征税,也不得在税前扣除。 (　　)

8. 企业来源于中国境外的所得,已在境外缴纳的所得税税款,准予在汇总纳税时,从其应纳税额中扣除,但扣除额不得超过其境外所得依中国税法规定计算的应纳税额。 (　　)

9. 企业向非金融机构借款的利息支出可按实际发生数扣除。 (　　)

10. 纳税人的财务、会计处理与税法规定不一致的,应按税法规定予以调整。 (　　)

任务五　企业所得税的征收管理

一、纳税地点

① 除税收法律、行政法规另有规定外,居民企业以企业登记注册地为纳税地点,但登记注册地在境外的,以实际管理机构所在地为纳税地点。企业注册登记地是指企业依照国家有关规定登记注册的住所地。

② 居民企业在中国境内设立不具有法人资格的营业机构的,应当汇总计算并缴纳企业所得税。企业汇总计算并缴纳企业所得税时,应当统一核算应纳税所得额,具体办法由国务院财政、税务主管部门另行制定。

③ 非居民企业在中国境内设立机构、场所的,应当就其所设机构、场所取得的来源于中国境内的所得,以及发生在中国境外但与其所设机构、场所有实际联系的所得,以机构、场所所在地为纳税地点。非居民企业在中国境内设立两个或者两个以上机构、场所的,经税务机关审核批准,可以选择由其主要机构、场所汇总缴纳企业所得税。

④ 非居民企业在中国境内未设立机构、场所的,或者虽设立机构、场所但取得的所得与其所设机构、场所没有实际联系的,以扣缴义务人所在地为纳税地点。

二、纳税期限

企业所得税按年计征,分月或者分季预缴,年终汇算清缴,多退少补。

企业所得税的纳税年度,自公历 1 月 1 日起至 12 月 31 日止。企业在一个纳税年度的中间开业,或者由于合并、关闭等原因终止经营活动的,使该纳税年度的实际经营期不足 12 个月的,应当以其实际经营期为一个纳税年度。企业清算时,应当以清算期间作为一个纳税年度。

企业按月或按季预缴的,应当自月份或者季度终了日起 15 日内,向税务机关报送预缴企业所得税纳税申报表,预缴税款。自年度终了之日起 5 个月内,向税务机关报送年度企业所得税纳税申报表,并汇算清缴,结清应缴应退税款。

扣缴义务人每次代扣的税款,应当自代扣之日起 7 日内缴入国库,并向所在地的税务机关报送扣缴企业所得税报告表。

 任务训练

单项选择题

1. 企业境外所得已在境外实际缴纳的所得税税款,在汇总纳税并按规定计算的扣除限额扣除时,如果境外实际缴纳的税款超过扣除限额,对超过的部分可处理的方法是(　　)。

　A. 列为当年费用支出

　B. 从本年度的应纳所得税额中扣除

　C. 从以后年度税额扣除的余额中补扣,补扣期限最长不得超过 5 年

　D. 从以后年度境外所得中扣除

2.《企业所得税法》规定,纳税人境外所得依照中国税法的有关规定计算的应纳税额,其计算方法是(　　)。

　A. 不分项不分国计算　　　　　　B. 分国不分项计算

　C. 分项不分国计算　　　　　　　D. 分国分项计算

3. 企业应当自月份或季度终了之日起(　　)日内,向税务机关报送预缴企业所得税申报表,预缴税款。

　A. 10　　　　　　B. 15　　　　　　C. 7　　　　　　D. 5

4. 某企业于 2017 年 1 月 18 日开业,该企业的纳税年度时间为(　　)。

　A. 2017 年 1 月 1 日至 2013 年 12 月 31 日

　B. 2017 年 1 月 18 日至 2014 年 1 月 17 日

　C. 2017 年 1 月 18 日至 2013 年 12 月 31 日

　D. 以上三种由纳税人选择

5. 按照《新企业所得税法》的规定,在中国境内登记注册的居民企业,缴纳企业所得税的地点是(　　)。

　A. 核算经营地　　　B. 生产经营地　　　C. 货物销售地　　　D. 登记注册地

 项目小结

企业所得税依据企业是否在中国境内成立或实际管理机构是否在中国境内,将纳税人分为居民企业和非居民企业,分别规定了不同的纳税义务。企业所得税的基本税率为25%,根据国家政策需要高新技术企业税率为15%,小微企业税率为10%。企业所得税应纳税所得额的确定有直接法和间接法,实际应用中一般采用间接法计算,可在会计利润的基础上,根据会计与税法存在的差异进行调整得到。企业在境外缴纳的所得税,可在汇总纳税时按分国不分项的方法进行抵免。

➢ 案例解谜

1. 普通企业在计算企业所得税时适用税率为25%,而高新技术企业的适用税率为15%,该公司平均每年利润超过1亿元,如果可以把公司打造成高新技术企业,每年可为公司节省税收可达1000万以上。

2. 高新技术企业是指符合《国家重点支持的高新技术领域》和《高新技术企业认定管理办法》规定并通过有关部门认定的企业,高新技术企业的认定条件在《高新技术企业认定管理办法》中会有明确规定。

 单项技能训练

1. 风华公司上年实现产品销售收入2 000万,国库券利息收入6万;发生销售成本400万,三新研发费40万元;缴纳增值税340万,消费税200万元,城建税和教育费附加54万元。
要求:计算风华公司上年应纳的企业所得税。

2. 利民公司上年度"财务费用"账户对应以下两笔借款:
① 向银行借款300万元,年利息8%,期限为9个月;
② 向非金融机构借款100万元,与第一笔借款同期借入同期归还,实际利息为10.5万元。两笔借款均用于满足资金流动性需求。
要求:计算利民公司在确定应纳税所得额时可扣除的利息费用。

3. 某大型企业(适用税率为25%),在甲、乙两国分设分支机构。2016年境内所得1 000万元;在甲国的分支机构取得生产经营所得400万元,该国公司所得税率为30%,在甲国取得特许权使用费所得100万元,甲国预提所得税税率为10%;从乙国分支机构分回利润90万元,已在乙国纳税10万元。
要求:计算该企业汇总应纳的企业所得税税额。

4. 某居民纳税人的2018年财务资料如下:收入合计30万元,成本合计28万元,经税务机关核实,企业未能正确核算收入,税务机关对企业核定征收企业所得税,应税所得率为20%。
要求:计算该企业2018年应纳的企业所得税税额。

5. 某工业企业全年销售收入净额4 600万元,全年业务招待费实际发生50万元,全年广

告费和业务宣传费实际发生 800 万元。

要求：

① 计算业务招待费扣除限额和不允许扣除的数额；

② 计算广告费和业务宣传费的扣除限额和不允许扣除的数额。

 综合技能训练

广东创新科技有限公司为增值税一般纳税人。法定代表人：方董华；纳税人识别号：106256700386549276；开户银行：广州市工商银行星城支行；账号：62180573763689096；地址：东莞市学景路 9 号；电话：020 - 5283679。

2018 年，该公司的有关资料如下：主营业务收入 4 000 万元，主营业务成本 1 500 万元，销售费用 600 万元，税金及附加 400 万元，应交增值税 210 万元，其他业务收入 500 万元，其他业务支出 300 万元，营业外收入 200 万元，营业外支出 150 万元，财务费用 350 万元，管理费用 400 万元。

当税务师事务所在为该企业进行汇算清缴时，发现与该企业纳税相关的具体资料如下。

① 已计入成本费用中实际支付的合理工资为 300 万元，上缴工会经费 9 万元，实际发生职工福利费 63 万元，实际发生职工教育经费 4.5 万元。

② 管理费用中列支的业务招待费 50 万元；计提的环境保护资金 30 万元；新产品开发经费 100 万元。

③ 财务费用中列支当期向其他企业拆借利息 20 万元，拆借金额为 200 万元，银行同期年利率为 8%。

④ 营业外支出列支了当期因排污处理不当，被环保部门罚款 2 万元；通过公益性社会团体向灾区捐赠 100 万元。

⑤ 在有关收益项目中列示的国债利息收入为 10.5 万元。

要求：根据有关资料计算该公司汇算清缴时 2018 年应纳的企业所得税。

项目六 　 个人所得税

能力目标

◆ 会计算个人所得税的应纳税额
◆ 会办理个人所得税的纳税申报

知识目标

◆ 熟悉个人所得税的征税对象
◆ 掌握居民纳税人与非居民纳税人的划分标准及纳税义务
◆ 掌握各种所得的个人所得税应纳税额的计算与申报

知识结构

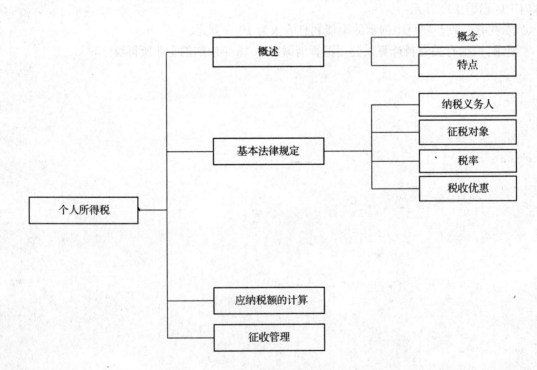

引入案例

里约奥运会,中国女排时隔12年再度荣膺奥运冠军,中国女排队员朱婷获得2016年里约奥运会女子排球冠军金牌一块,试分析以下几种情况是否应该缴纳个人所得税:① 国家体育总局奖励其20万元;② 河南省政府奖励其364万元;③ 周口市郸城县政府奖励其2万元。

知识链接

任务一　个人所得税概述

一、个人所得税的概念

个人所得税是国家对个人(即自然人)取得各项应税所得征收的一种所得税。作为征税对象的个人所得,是指个人在一定期间内,通过各种来源或方式所取得一切利益,而不论这种利益是偶然的,是临时的,是货币、有价证券的,还是实物的。它体现了国家与个人之间的分配关系,是国家筹集财政资金、调节个人收入、缩小贫富差距、维护社会稳定的重要手段。

二、个人所得税的特点

个人所得税是世界各国普遍征收的一个税种。相对于企业所得税而言,我国个人所得税主要有以下特点:

(一)实行分类征收

我国个人所得税采用的是分类征收,即将个人取得的各种所得划分为11类,分别为:工资、薪金所得;个体工商户生产、经营所得;对企事业单位的承包经营、承租经营所得;劳务报酬所得;稿酬所得;特许权使用费所得;财产租赁所得;财产转让所得;股息、利息、红利所得;偶然所得;其他所得。对于这11类所得分别征收个人所得税,对各类所得采用不同的费用减除规定、不同的税率和不同的计税方法。

(二)累进税率与比例税率并用

我国的企业所得税采用的税率是比例税率。而现行的个人所得税则根据各类个人所得的不同性质和特点,采用比例税率和累进税率这两种形式的税率综合运用于个人所得税制。其中,对工资、薪金所得采用七级超额累进税率,对个体工商户的生产、经营所得及企事业单位的承包经营、承租经营所得采用五级超额累进税率,实行量能负担。对劳务报酬、稿酬等其他所得,采用20%的比例税率,实行等比负担。

(三)计算简便

我国的个人所得税的费用扣除采取总额扣除办法,免去了对个人实际生活费用支出逐项计算的麻烦。而且,各种所得项目实行分类计算,各有各的费用扣除规定,费用扣除项目及方法易于掌握,计算比较简单,符合税制简便原则。

① 对工资、薪金所得涉及的个人生计费用，采取定额扣除的办法，即允许从工资、薪金收入当中固定扣除一定费用后作为应纳税所得额。从 2011 年 9 月 1 日起，允许在税前扣除的个人生计费用为每人每月 3 500 元（免征额）。

② 个体工商户的生产、经营所得和对企事业单位的承包经营、承租经营所得及财产转让所得，涉及生产、经营有关成本或费用的支出，采取会计核算办法扣除有关成本、费用或规定的必要费用。

③ 对劳务报酬所得、稿酬所得、特许权使用费所得、财产租赁所得，采取定额和定率两种扣除办法；每次收入不超过 4 000 元的减除 800 元，每次收入 4 000 元以上的减除 20% 的费用。

④ 利息、股息、红利所得和偶然所得，因不涉及必要费用的支付，所以规定不得扣除任何费用。

（四）采取源泉扣缴制和自行申报制两种征纳方法

我国《个人所得税法》规定，对纳税人的应纳税额分别采取由支付单位源泉扣缴和纳税人自行申报两种方法。对凡是可以在应税所得的支付环节扣缴个人所得税的，均由扣缴义务人履行代扣代缴义务；对于没有扣缴义务人的，个人在两处以上取得工资、薪金所得的，以及个人所得超过国务院规定数额（即年所得 12 万元以上）的，由纳税人自行申报纳税。此外，对其他不便于扣缴税款的，也规定由纳税人自行申报纳税。

 **知识卡片**

1980 年 9 月 1 日，通过并公布《中华人民共和国个人所得税法》，我国个人所得税制度建立。

1986 年 9 月，发布《中华人民共和国收入调节税暂行条例》。规定对本国公民的个人所得税收入统一征收个人收入调节税。

1993 年 10 月，通过《关于修改〈中华人民共和国个人所得税法〉的决定》的修正案。个人收入调节税、个人所得税以及个体工商户所得税三税合一。

1999 年 8 月，通过《关于修改〈中华人民共和国个人所得税法〉的决定》。开征个人储蓄存款利息所得税。

2005 年 10 月，通过关于修改个人所得税法决定，免征额为 1 600 元，并于 2006 年 1 月 1 日执行。

2007 年 12 月，人大常委会审议个人所得税法修正案草案，拟将工资薪金所得减除的标准由每月 1 600 元提至 2 000 元。

2008 年 3 月 1 日，个税征收扣除标准为 2 000 元。

2011 年 6 月 30 日，通过新修订的《中华人民共和国个人所得税法》，于 2011 年 9 月 1 日起施行，个税的征收扣除标准为 3 500 元。

 任务训练

判断题

1. 现行《个人所得税法》规定，个人所得税的起征点为 3 500 元。　　　　　　　（　　）

2. 我国现行的个人所得税实行超额累进税率和比例税率相结合的方式。　　　　（　　）

任务二　个人所得税的基本法律规定

一、个人所得税的纳税义务人

个人所得税的纳税义务人包括中国公民个体工商户个人独资企业和合伙企业投资者以及在中国境内有效所得的外籍人员(包括无国籍人员,下同)和我国香港、澳门、台湾同胞。上述纳税人按照住所和居住时间两个标准,区分为居民和非居民,分别承担不同的纳税义务。

(一)居民纳税义务人

居民纳税义务人是指在中国境内有住所,或者无住所但在中国境内居住满1年的个人。居民纳税人负有无限纳税义务。其所得的应纳税所得,无论是来源于中国境内还是中国境外任何地方,都要在中国缴纳个人所得税。

所谓在中国境内有住所的个人,是指因户籍、家庭、经济利益关系,而在中国境内习惯性居住的个人。习惯性居住地是指个人因学习、工作、探亲等原因消除之后,没有理由在其他地方继续居留时,所要回到的地方,而不是指实际居住或者在某一特定时期内的居住地。

所谓在中国境内居住满1年,是指在一个纳税年度(即公历1月1日起至12月31日止)内,在中国境内居住满365日。在计算居住天数时,对临时离境视同在华居住,不扣减在其在华居住天数。临时离境是指一个纳税年度中,一次不超过30日或多次累计不超过90日的离境。

我国税法规定的住所标准和居住时间标准是判定居民身份的两个并列性的标准,个人只要符合或达到其中任何一个标准,就可以被认定为居民纳税人。因此,居民纳税义务人包括两类,一是在中国境内(尚未包括港澳台地区)定居的中国公民和外国侨民;二是从公历1月1日起至12月31日止,居住在中国境内的外国人、海外侨胞和香港、澳门、台湾同胞。

(二)非居民纳税义务人

非居民纳税义务人是指在中国境内无住所又不居住,或者无住所而在中国境内居住不满1年的个人。换句话说,非居民纳税人是指习惯性居住地不在中国境内,或者在一个纳税年度内,在中国境内居住不满1年的个人。非居民纳税义务人承担有限的纳税义务,就其来源于中国境内所得,向中国缴纳个人所得税。

纳税义务人及其纳税义务见表6-1。

表6-1　纳税义务人及其纳税义务

纳税义务人	划分标准	纳税义务
居民纳税义务人 (无限纳税义务)	在中国境内有住所的个人	境内所得 境外所得
	在中国境内无住所,但在一个纳税年度(即公历1月1日起至12月31日止)内,在中国境内住满一年的个人	
非居民纳税义务人(有限纳税义务)	在中国境内无住所又不居住的个人	境内所得
	在中国境内无住所,且在一个纳税年度内在中国境内居住不满1年的个人	

二、个人所得税的征税对象

个人所得税的征税对象是指应该缴纳个人所得税的个人所得项目。确定应税所得项目可以使纳税人明确自己都有哪些收入是需要纳税的。

(一)工资、薪金所得

工资、薪金所得是指个人因任职或受雇而取得的工资、薪金、奖金、年终加薪、劳动分红、津贴、补贴以及与任职或受雇有关的其他所得。

根据我国目前个人收入的构成情况,规定对与一些不属于工资、薪金性质的补贴、津贴或者不属于纳税人本人工资、薪金所得项目的收入,不予征税。这些项目具体包括以下几个方面:

① 独生子女补贴。

② 执行公务员工资制度未纳入基本工资总额的补贴、津贴差额和家属成员的副食品补贴。

③ 托儿补助费。

④ 差旅费津贴、误餐补助。其中,误餐补助是指按照财政部规定,个人因公在城区、郊区工作,不能在工作单位或返回就餐的,根据实际误餐顿数,按规定的标准领取的误餐费。单位以误餐补助名义发给职工的补助、津贴不能包括在内。

【例6-1】 下列各项中,应当按照工资、薪金所得项目征收个人所得税的有(　　　)。

A. 基本工资3 800元　　　　　　　　　B. 季度奖3 000元

C. 独生子女费补贴300元　　　　　　　D. 差旅费津贴900元

【答案】 AB。选项C、D:独生子女费补贴、差旅费津贴不属于"工资、薪金"性质的津贴,不予征收个人所得税。

(二)个体工商的生产、经营所得

个体工商户从事工业、手工业、建筑业、交通运输业、商业、饮食业、服务业、修理业、办学、医疗、咨询以及其他有偿服务活动取得的所得。另外个人独资企业和合伙企业投资者也依照"个体工商户的生产、经营所得"项目计征个人所得税。

(三)对企事业单位的承包经营、承租经营的所得

对企事业单位的承包经营、承租经营所得是指个人承包经营、承租经营以及转包、转租取得的所得,还包括个人按月或者按次从承包经营、承租经营单位中取得的工资、薪金性质的所得。

(四)劳务报酬所得

劳务报酬所得是指个人独立从事各种非雇佣劳务取得的所得。它包括29类,分别为设计、装潢、安装、制图、化验、测试、医疗、法律、会计、咨询、讲学、新闻、广播、翻译、审稿、书画、雕刻、影视、录音、录像、演出、表演、广告、展览、技术服务、介绍服务、经纪服务、代办服务以及其他劳务所得。

工资、薪金所得与劳务报酬所得的主要区别在于,工资、薪金所得是属于非独立个人劳务活动,即在机关、团体、学校、部队、企事业单位及其他组织中任职、受雇而得到的报酬;劳务报酬所得则是个人独立从事各种技艺,提供各种劳务取得报酬。两者主要区别在于,前者存在雇

佣与被雇佣关系,后者则不存在这种关系。

个人担任公司董事、监事,且不在公司任职、受雇的,其担任董事职务所取得的董事费收入,属于劳务报酬性质,按劳务报酬所得项目征税。个人在公司任职、受雇,同时兼任董事、监事的,应将董事费、监事费与个人工资收入合并,统一按工资薪金所得项目缴纳个人所得税。

(五)稿酬所得

稿酬所得是指个人因其作品以图书、报刊形式出版、发表而取得的所得。这里所说的作品,包括文学作品、书画作品、摄影作品,以及其他作品。对不以图书、报刊形式出版、发表的翻译、审稿、书画所得归为劳务报酬所得;因工作原因在本单位刊物出版发表的作品取得的所得为工资薪金所得。此外,作者去世后,对取得其遗作稿酬的个人,也按照"稿酬所得"征收个人所得税。

(六)特许权使用费所得

特许权使用费所得是指个人提供专利权、商标权、著作权、非专利技术以及其他特许权的使用权取得的所得。

专利权是指国家专利主管机关依法授予专利申请人或其权利继承人在一定期间内实施其发明创造的专有权,商标权是商标注册人享有的商标专用权。著作权即版权,是作者依法对文学、艺术和科学作品享有的专有权。提供著作权的使用权取得的所得,不包括稿酬所得。

(七)利息、股息、红利所得

利息、股息、红利所得是指个人拥有债权、股权而取得利息、股息、红利所得。利息一般是指个人拥有债权而取得的利息,包括存款利息、贷款利息和各种债权利息。股息、红利是指个人拥有股权取得的公司、企业派发分红,按照一定的比率对每股发给的息金,称为股息。根据公司、企业应分配的、超过股息部分的利润,按股派发的红股,称为红利。股息、红利所得除另有固定外,都应当缴纳个人所得税。

除个人独资企业、合伙企业以外的其他企业的个人投资者,以企业资金为本人、家庭成员及其相关人员支付与企业生产经营无关的消费型支出及购买汽车、住房等财产性支出,视为企业对个人投资者的红利分配,依照"利息、股息、红利所得"项目计征个人所得税。企业的上述各项不允许在所得税前扣除。

纳税年度内个人投资者从其投资企业(个人独资企业、合伙企业除外)借款,在该纳税年度终了后既不归还又未用于企业生产经营的,其未归还的借款可视为企业对个人投资者的红利分配,依照"利息、股息、红利所得"项目计征个人所得税。

(八)财产租赁所得

财产租赁所得是指个人出租或转租建筑物、土地使用权、机器设备、车船以及其他财产取得的所得。

个人取得的财产转租收入,属于"财产租赁所得"的征税范围,由财产转租人缴纳个人所得税。在确认纳税人时,应以产权凭证为依据;无产权凭证的,由主管税务机关根据实际情况确定。产权所有人死亡,在未办理产权继承手续期间,该财产出租而有租金收入的,以领取租金的个人为纳税人。

(九)财产转让所得

财产转让所得是指个人转让有价证券、股权、建筑物、土地使用权及其设备、车船以及其他财产取得的所得。

（十）偶然所得

偶然所得是指个人得奖、中奖、中彩以及其他偶然性质的所得。得奖是指参加各种有奖竞赛活动取得名次得到的奖金；中奖、中彩是指参加各种有奖活动，如有奖销售、有奖储蓄，或者购买彩票，经过规定，抽中、摇中号码而取得的奖金。偶然所得应缴纳的个人所得税税款，一律由发奖单位或机构代扣代缴。

个人购买社会福利有奖募捐奖券一次中奖收入不超过 1 万元，暂免征个人所得税；超过 1 万元的，按全额计税。

（十一）经国务院财政部门确定征税的其他所得

除上述列举的各项个人应税所得外，其他确有必要征税的个人所得，由国务院财政部门确定。个人取得的所得难以界定应纳税所得项目的，由主管税务机关确定。

三、个人所得税的税率

个人所得税分别不同的个人所得项目，规定了超额累进税率和比例税率两种税率形式。各应税所得项目的使用税率见表 6-2。

表 6-2　应税所得项目的使用税率

税率形式	具体税率	适用的征税项目
超额累进税率	按月征收，七级超额累进税率	工资、薪金所得
	5％～35％的五级超额累进税率	个体工商户的生产、经营所得
	5％～35％的五级超额累进税率	对企事业单位的承包经营、承租经营所得
比例税率	按次征收的比例税率，收入畸高加成征收	劳务报酬所得
	按次征收的比例税率，减征 30％	稿酬所得
	按次征收 20％的比例税率	特许权使用费所得
		财产租赁所得
		财产转让所得
		利息、股息、红利所得
		偶然所得
		其他所得

四、个人所得税的税收优惠

依据现行《个人所得税法》及其实施条例以及财政部、国家税务总局发布的相关规定，目前个人所得税的减税、免税的优惠政策主要包括以下内容：

（一）免征个人所得税的项目

① 省级人民政府、国务院部委和中国人民解放军军以上单位，以及外国组织、国际组织颁发的科学、教育、技术、文化、卫生、体育、环境保护等方面的奖金。

② 国债利息和国家发行的金融债券利息。其中,国债利息是指个人持有中华人民共和国财政部发行的债券而取得的利息;国家发行的金融债券利息是指个人持有经国务院批准发行的金融债券而取得的利息。

③ 按照国家统一规定发给的补贴、津贴。它是指按照国务院规定发给的政府特殊津贴、院士津贴、资深院士津贴和国务院规定免纳个人所得税的补贴、津贴。

④ 福利费、抚恤金、救济金。其中,福利费是指根据国家有关规定,从企业、事业单位、国家机关、社会团体提留的福利费或者从工会经费中支付给个人的生活补助费;抚恤金是指国家或组织发给因公受伤或残疾的人员或因公牺牲以及病故人员的家属的费用;救济金是指国家民政部门支付给个人的生活困难补助费。

⑤ 保险赔款。

⑥ 军人的转业安置费、复员费。

⑦ 按照国家统一规定发给干部、职工的安家费、退职费、退休工资、离休工资、离休生活补助费。离退休人员按规定领取离退休工资或养老金外,另从原任职单位取得的各类补贴、奖金、实物,不属于免税的退休工资、离休工资、离休生活补助费,应按"工资、薪金所得"应税项目的规定缴纳个人所得税。

⑧ 个人举报、协查各种违法、犯罪行为获得的奖金。

⑨ 按照国家有关城镇房屋拆迁管理办法规定的标准,被拆迁人取得的拆迁补偿款,免征个人所得税。

⑩ 经国务院财政部门批准免税的所得。

(二) 减征个人所得税的优惠

有下列情形之一的,经批准可以减征个人所得税:

① 残疾、孤老人员和烈属的所得。

② 因严重自然灾害造成重大损失的。

③ 其他经国务院财政部门批准减税的。

上述减税项目的减征幅度和期限,由省、自治区、直辖市人民政府规定。

(三) 暂免征税项目

① 个人举报、协查各种违法、犯罪行为而获得的奖金。

② 个人办理代扣代缴手续,按规定取得的扣缴手续费。

③ 个人转让自用达 5 年以上、并且是唯一的家庭生活用房取得的所得。

④ 对个人购买福利彩票、赈灾彩票、体育彩票,一次中奖收入在 1 万元(含)以下的暂免征收个人所得税,超过 1 万元的,全额征收个人所得税。

⑤ 自 2008 年 10 月 9 日(含)起,对储蓄存款利息所得暂免征收个人所得税。

⑥ 生育妇女取得符合规定的生育津贴、生育医疗费或其他属于生育保险性质的津贴、补贴,免征个税。

⑦ 达到离休、退休年龄,但确因工作需要,适当延长离休、退休年龄的高级专家(指享受国家发放的政府特殊津贴的专家、学者),其在延长离休、退休期间的工资、薪金所得,视同离休、退休工资免征个人所得税。

任务训练

一、单项选择题

1. 根据《个人所得税法》的规定,在中国境内无住所但取得所得的下列外籍个人中,属于居民纳税人的是(　　)。

A. M 国甲,在华工作 6 个月

B. N 国乙,2016 年 1 月 10 日入境,2016 年 10 月 10 日离境

C. X 国丙,2015 年 10 月 1 日入境,2016 年 12 月 31 日离境,其间临时离境 28 天

D. Y 国丁,2015 年 3 月 1 日入境,2016 年 3 月 1 日离境,其间临时离境 100 天

2. 吴某拍卖小说手稿所得 120 000 元,在计缴个人所得税时适用的税目是(　　)。

A. 劳务报酬所得 　　　　　　　　　　B. 特许权使用费所得

C. 财产转让所得 　　　　　　　　　　D. 偶然所得

二、多项选择题

1. 王某的下列行为中,免征个人所得税的是(　　)。

A. 体育彩票中奖 10 000 元

B. 在某杂志发表论文取得稿酬 2 800 元

C. 取得国家发行的金融债券利息 1 000 元

D. 在二级市场买卖股票取得转让所得 70 000 元

2. 吴某的下列收入中,免予或暂免征收个人所得税的是(　　)。

A. 讲学收入 4 500 元 　　　　　　　　B. 拆迁补偿款 350 000 元

C. 股票转让所得 13 000 元 　　　　　　D. 体育彩票一次中奖收入 10 000 元

三、判断题

1. 外籍人员约翰 2016 年 2 月 24 日受邀来中国工作,2017 年 2 月 25 日结束在中国的工作,约翰在 2013 年纳税年度内属于我国居民纳税人。　　　　　　　　　　　　　(　　)

2. 中国居民张某在境外工作,只就来源于中国境外的所得征收个人所得税。　(　　)

任务三　个人所得税应纳税额的计算

个人所得税的计税依据为应纳税所得额,即是个人取得的各项应税所得减去按规定标准扣除的费用后的余额。由于我国个人所得税采用分类所得税制,与此相适应,在计算确定应纳税额时,需区分不同应税项目,分项进行费用扣除,以某项应税项目的收入额减去税法规定的该项费用减除标准后的月为该项所得的应纳税所得额。

一、工资、薪金所得税额的计算

(一)应纳税所得额的确定

工资、薪金所得按月纳税。一般情况下,工资、薪金所得以纳税人每月取得的工资、薪金收入额减除 3 500 元费用以后的数额为应纳税所得额。

按照税法的规定,对在中国境内无住所而在中国境内取得工资、薪金所得的纳税人和在中国境内有住所而在中国境外取得工资、薪金的纳税人,可以根据其平均收入水平、生活水平以及汇率变化情况确定附加减除费用。

1. 附加减除费用使用的范围和标准

在中国境内的外商投资企业和外国企业中工作取得工资、薪金所得的外籍人员;应聘在中国境内的企业、事业单位、社会团体、国家机关中取得工资、薪金的外籍专家;在中国境内有住所而在中国境外任职或者受雇取得工资、薪金所得的个人;财政部确定的其他人员。

2. 附加减除的费用标准

从 2011 年 9 月 1 日起,上述使用范围内的人员每月工资、薪金所得在减除 3 500 元费用的基础上,再减除 1 300 元。

3. 华侨和中国香港、澳门、台湾同胞参照上述附加减除费用标准执行

工资、薪金所得应纳税所得额的计算公式为:

$$应纳税所得额 = 每个月收入额 - 3\,500(或者 4\,800)$$

(二)适用税率

工资、薪金所得适用七级超额累进税率,税率为 3%～45%,见表 6-3。

表 6-3 工资、薪金所得税率表 元

级 数	月应纳税所得额(含税级距)	月应纳税所得额(不含税级距)	税率/%	速算扣除数
1	不超过 1 500 的	不超过 1 455 的	3	0
2	1 500～4 500 的部分	1 455～4 155 的部分	10	105
3	4 500～9 000 的部分	4 155～7 755 的部分	20	555
4	9 000～35 000 的部分	7 755～27 255 的部分	25	1 005
5	35 000～55 000 的部分	27 255～41 255 的部分	30	2 755
6	55 000～80 000 的部分	41 255～57 505 的部分	35	5 505
7	超过 80 000 的部分	超过 57 505 的部分	45	13 505

注:
① 表中所列含税级距与不含税级距,均为按照税法规定减除有关费用后的所得额;
② 含税级距适用于纳税人负担税款的工资、薪金所得;不含税级距适用于由他人(单位)代付税款的工资、薪金所得。

(三)应纳税额的计算

1. 一般工资、薪金所得应纳个人所得税的计算

其计算公式为:

$$应纳税额 = 应纳税所得额 \times 适用税率 - 速算扣除数$$
$$= (每月收入额 - 3\,500 元或 4\,800 元) \times 适用税率 - 速算扣除数$$

【例 6-2】 中国公民王某 2016 年 12 月取得的月工资、薪金收入是 8 500 元。

要求:计算王某 2016 年 12 月应纳的个人所得税税额。

解:应纳的个人所得税税额 =(8 500-3 500)×20%-555=445(元)

【例 6-3】 在外商投资企业中工作的美国专家(假设为非居民纳税人)2016 年 9 月取得

该企业发放的工资收入 25 000 元。

要求：计算这位专家的个人所得税。

解：应纳的个人所得税税额＝(25 000－4 800)×25％－1 005＝4 045(元)

2. 个人取得全年一次性奖金应纳个人所得税的计算

全年一次性奖金是指企事业单位的扣缴义务人根据其全年经济效益和对雇员全年工作业绩的综合考核情况，向雇员发放一次性奖金。一次性奖金也包括年终加薪、实行年薪制和绩效工资办法的单位根据考核情况兑现的年薪和绩效工资。

① 将雇员当月内取得全年一次性奖金，除以 12 个月，按其商数确定适用税率和速算扣除数。如果在发放年终一次性奖金的当月，雇员当月工资、薪金所得低于税法规定的费用扣除额，应将全年一次性奖金减除"雇员当月工资、薪金所得与费用扣除额的差额"后的余额，按上述办法确定全年一次性奖金的使用税率和速算扣除数。

② 将雇员个人当月内取得的全年一次性奖金，按上述第①条确定的适用税率和速算扣除数计算征税。

纳税人一次性取得的年终奖，按工资、薪金的规定计税，确定其税率及速算扣除数，然后计税，原则上不再扣除必要费用。

自 2011 年 9 月 1 日起按以下计税办法，由扣缴义务人在发放时代扣代缴。

当月工资高于(或等于)费用扣除额时：

$$应纳税额 ＝ 全年一次性奖金×适用税率－速算扣除数$$

当月工资低于费用扣除额时：

$$应纳税额＝(全年一次性奖金－当月工资薪金所得与费用扣除额的差额)×$$
$$适用税率－速算扣除数$$

【例 6 - 4】 中国公民王某 2016 年 12 月取得月工资、薪金收入 8 500 元，另外还取得全年一次性奖金 55 000 元。

要求：计算王某 2016 年 12 月应纳的个人所得税。

解：一次性年终奖 55 000 元单独计税，其中使用的税率和速算扣除数为：年终奖 55 000 除以 12 个月，商数为 4 583 元，根据七级超额累进税率表，其适用税率级次为第三级，税率为 20％，速算扣除数为 555。

王某年终奖应缴纳的个人所得税＝55 000×20％－555＝10 445(元)

王某 2016 年 12 月工资、薪金应纳的个人所得税＝(8 500－3 500)×20％－555＝445(元)

王某 2016 年 12 月应缴纳的个人所得税＝10 445＋445＝10 890(元)

【例 6 - 5】 假设前例中王某 2016 年 12 月应税工资、薪金收入为 2 000 元，年终奖依然为 55 000 元。

要求：计算王某 2016 年 12 月应纳的个人所得税。

解：因王某 12 月工资、薪金所得低于税法规定的费用扣除额，所以应将全年一次性奖金减除"雇员当月工资、薪金所得与费用扣除额的差额"后的余额除于 12 个月，以此商数确定税率级次。即 55 000－(3 500－2 000)÷12＝4 458 元，适用税率级次为第二级，税率为 10％，速算扣除数为 105。

王某 2016 年 12 月应纳的个人所得税税额＝[55 000－(3 500－2 000)]×10％－105＝

5 245(元)

③ 在一个纳税年度内,对于每一个纳税人,上述计税办法只允许采用一次。另外,雇员取得除全年一次性奖金以外的其他各种名目奖金,如半年奖、季度奖、加班奖、先进奖、考勤奖等,一律与当月工资、薪金收入合并,按税法规定缴纳个人所得税。

3. 特定行业职工取得的工资、薪金所得的费用扣除

为了照顾采掘业、远洋运输业、远洋捕捞业因季节、产量等因素的影响,职工的工资、薪金收入呈现较大幅度波动的实际情况,对这三个特定行业的职工取得的工资、薪金所得采取按年计算、分月预缴的方式计征个人所得税。年度终了后 30 日内,合计其全年工资、薪金所得,再按 12 个月平均并计算实际应纳的税款,多退少补。其用公式表示为:

年应纳所得税额=[(全年工资、薪金收入÷12-费用扣除标准)×税率-速算扣除数]×12

【例 6-6】 王某是煤矿采掘工人,2016 年工资收入已按月预缴个人所得税合计为 1 500 元,全年工资收入总计为 66 000 元。

要求:计算王某汇算清缴时应纳或应退的个人所得税税款。

解:王某全年应纳的个人所得税税额=[(66 000÷12-3 500)×10%-105]×12=1 140(元)
王某已经预缴了 1 500 的个人所得税,所以税务机关应该退还 360(1 500-1 140)元。

二、个体工商户的生产、经营所得应纳税额的计算

(一)应纳税所得额的确定

个体工商户的生产、经营所得,以每一纳税年度的收入总额减除成本、费用以及损失后的余额,为应纳税所得额。

成本、费用是指纳税人从事生产、经营所发生的各项直接支出和分配计入成本的间接费用以及销售费用、管理费用、财务费用;损失是指纳税人在生产、经营过程中发生的各项营业外支出。

在具体进行上述成本、费用以及损失的扣除时,应遵循税法对个体工商户个人所得税计算征收的有关规定:

① 自 2011 年 9 月 1 日起,个体工商户业主的费用扣除标准统一确定 42 000 元/年,即3 500元/月。

② 个体工商户向其从业人员实际支付的合理的工资、薪金支出,允许在税前据实扣除。

③ 个体工商户拨缴的工会经费、发生的职工福利费、职工教育经费支出分别在工资、薪金总额 2%、14%、2.5%的标准内据实扣除。

④ 个体工商户每一纳税年度发生的与其生产经营业务直接相关的业务招待费支出,按照发生额的 60%扣除,但最高不得超过当年销售(营业)收入的 5‰。

⑤ 个体工商户每一纳税年度发生的广告费和业务宣传费用不超过当年销售(营业)收入15%的部分,可据实扣除;超过部分,准予在以后纳税年度结转扣除。

⑥ 个体工商户在生产经营中的借款利息支出,未超过中国人民银行规定的同类、同期贷款利率计算的数额部分,准予扣除。

⑦ 投资者及其家庭发生的生活费用不允许在税前扣除,投资者及其家庭发生的生活费用与企业生产经营费用混合在一起,并且难以划分的,全部视为投资者个人及其家庭发生

的生活费用,不允许在税前扣除。个体工商户在生产经营过程中发生的与家庭生活混用的固定资产,由主管税务机关核定分摊比例,据此计算确定的属于生产经营过程中发生的费用,准予扣除。

(二) 使用税率

个体工商户的生产、经营所得使用五级超额累进税率,税率为5%～35%,见表6-4。

表6-4　个体工商户生产、经营和对企事业单位承包、承租经营适用税率表 元

级　数	全年应纳税所得额(含税级距)	全年应纳税所得额(不含税级距)	税率/%	速算扣除数
1	不超过15 000的	不超过14 250的部分	5	0
2	15 000～30 000的部分	14 250～27 750的部分	10	750
3	30 000～60 000的部分	27 750～51 750的部分	20	3 750
4	60 000～100 000的部分	51 750～79 750的部分	30	9 750
5	超过100 000的部分	超过79 750的部分	35	14 750

注:

① 表中所称应纳税所得额是指依照《个人所得税法》第六条的规定,以每一纳税年度的收入总额减除成本、费用、税金及损失后的余额;

② 表中所列含税级距与不含税级距,均为按照税法规定减除有关费用(成本、损失)后的所得额;

③ 含税级距适用于个体工商户的生产、经营所得和由纳税人负担税款的承包经营、承租经营所得;不含税级距适用于同他人(单位)代付税款的承包经营、承租经营所得。

(三) 应纳税额

个体工商的生产、经营所得应纳税额的计算公式为:

$$应纳税额 = 应纳税所得额×适用税率 - 速算扣除数$$

$$= (全年收入总额 - 成本、费用以及损失)×使用税率 - 速算扣除数$$

由于个体工商户生产经营所得是按年计算、分月或分季预缴、年终汇算清缴、多退少补的方法,因此,在实际工作中,分别计算按月预缴税额和年终汇算清缴税额。其计算公式为:

$$本月预缴税额 = 应纳税所得额×适用税率 - 速算扣除数$$

$$汇算清缴税额 = 全年应纳税额 - 全年累计已预缴税额$$

【例6-7】 广州某酒家个体经营户,账册健全,2016年12月取得营业额150 000元,购进菜、肉等原料70 000元,缴纳电费、水费、煤气费等25 000元,缴纳其他相关税费合计7 500元。支付4名雇员工资共10 000。业主个人费用标准为3 500元。1—11月累计应纳税所得额88 400元,累计预缴所得税23 200。

要求:计算2016年应补缴的个人所得税税额。

解:12月份应纳税所得额=150 000-70 000-25 000-7 500-10 000-3 500=34 000(元)

全年应纳税所得额=34 000+88 400=122 400(元)

全年应纳个人所得税=122 400×35%-14 750=28 090(元)

全年应补缴的个人所得税税额=28 090-23 200=4 890(元)

三、对企事业单位的承包经营、承租经营所得应纳税额的计算

（一）应纳税所得额

对企事业单位的承包经营、承租经营所得，以每一纳税年度的收入总额减除必要费用后的余额为应纳税所得额。每一纳税年度的收入总额是指纳税人按照承包经营、承租经营合同规定分的经营利润和工资、薪金性质的所得；所说的减除必要费用，是指按月减除 3 500 元。

（二）适用税率

对企事业单位的承包经营、承租经营所得，与个体工商户的生产、经营所得同样适用五级超额累进税率，税率 5%～35%，见表 6-4。

（三）应纳税额

对企事业单位承包经营、承租经营所得应纳税额的计算公式为：

应纳税额 ＝ 应纳税所得额 × 适用税率 － 速算扣除数
　　　　 ＝（纳税年度收入总额 － 必要费用）× 适用税率 － 速算扣除数

【例 6-8】　王某 2016 年承包某招待所，承包期为 1 年。2016 年招待所实现承包经营利润 150 000 元，按合同规定承包人应从承包经营利润中上缴承包费 30 000 元。另外，王某每月还从招待所领取工资 4 500 元。

要求：计算王某 2016 年度应纳的个人所得税。

解：王某 2016 年度应纳的个人所得税税额＝[（150 000－30 000）＋4 500×12－3 500×12]×35%－14 750＝31 450（元）

四、劳务报酬所得应纳税额的计算

（一）应纳税所得额

劳务报酬所得按次纳税。属于一次性收入的，以取得该项收入为一次；属于同一项目连续收入的，以一个月内取得的收入为一次。每次收入不超过 4 000 元的，减除费用 800 元；4 000 元以上的，减除 20% 的费用，其余额为应纳税所得额。其计算公式为：

每次收入不超过 4 000 元的：

应纳税所得额 ＝ 每次收入额 － 800

每次收入超过 4 000 元的：

应纳税所得额 ＝ 每次收入额 ×（1－20%）

（二）适用税率

劳务报酬所得适用比例税率，税率为 20%。对劳务报酬所得一次收入畸高的，可以施行加成征收。具体规定如下：对个人一次取得的劳务报酬，其应纳税所得额超过 20 000 元至 50 000 元的部分，依税法规定计算应纳税额后再按应纳税额加征五成；超过 50 000 部分，加征十成。因此，劳务报酬所得实际上适用 20%、30%、40 的三级超额累进税率，见表 6-5。

表 6-5　劳务报酬所得适用税率表　　　　　　元

级　数	每次应纳税所得额	税率/%	速算扣除数
1	不超过 20 000 的部分	20	0
2	超过 20 000～50 000 的部分	30	2 000
3	超过 50 000 的部分	40	7 000

（三）应纳税额

劳务报酬所得应纳税额的计算公式为：

1. 每次收入不超过 4 000 元的

应纳税额＝应纳税所得额×适用税率＝（每次收入额－800）×20%

2. 每次收入在 4 000 元以上的

应纳税额＝应纳税所得额×适用税率＝每次收入额×（1－20%）×20%

3. 每次应纳税所得额超过 20 000 的

应纳税额＝应纳税所得额×适用税率－速算扣除数
＝每次收入额×（1－20%）×适用税率－速算扣除数

【例 6-9】　广东某大学王教授应邀为企业培训最新的税务知识，取得收入 3 000 元。

要求：计算其应缴纳的个人所得税税额。

解：应纳税额＝（3 000－800）×20%＝440（元）

假设王教授取得收入 8 000 元，则：

应纳税额＝8 000×（1－20%）×20%＝1 280（元）

【例 6-10】　王某参加文艺演出，一次取得演出收入 50 000 元。

要求：计算王某应缴纳的个人所得税。

解：应纳税额＝50 000×（1－20%）×30%－2 000＝10 000（元）

五、稿酬所得应纳税额的计算

（一）应纳税所得额

稿酬所得以每次出版、发表取得的收入为一次。由于现实中，稿酬的支付或取得形式多种多样，比较复杂。对其每次收入的确定，税法具体规定为：

①　个人每次以图书、报刊方式出版、发表同一作品，不论出版单位是预付还是分次支付稿酬，或者加印作品后再付稿酬，均应合并其稿酬所得按一次计征个人所得税。

②　个人在两处或两处以上出版、发表或再版同一作品而取得的稿酬所得，则可分别各处取得的所得或再版所得按分次所得计征个人所得税

③　个人的同一作品在报刊上连载，应合并其因连载而取得的所有稿酬所得为一次，按税法规定计征个人所得税。在其连载之后又出书取得稿酬所得，或先出书后连载取得的稿酬所得，应视同再版稿酬分次计征个人所得税，即连载作为一次，出书作为另一次。

稿酬所得每次收入不超过 4 000 元的，减除费用 800 元；4 000 元以上的，减除 20% 费用，

其余额为应纳税所得额。

（二）适用税率

稿酬所得适用 20％的比例税率，并按应纳税额减征 30％，故实际税率为 14％。

（三）应纳税额

稿酬所得应纳税额的计算公式为：

1. 每次收入不超过 4 000 元的

$$应纳税额＝ 应纳税所得额×适用税率×（1－30％）$$
$$＝（每次收入额－800）×20％×（1－30％）$$

2. 每次收入在 4 000 元以上的

$$应纳税额＝ 应纳税所得额×适用税率×（1－30％）$$
$$＝ 每次收入额×（1－20％）×20％×（1－30％）$$

【例 6－11】 大学教师王某因编著教材出版获得稿酬收入 20 000 元。

要求：计算王某应缴纳的个人所得税税额。

解：应纳个人所得税税额＝20 000×（1－20％）×20％×（1－30％）＝2 240（元）

【思考题 6－1】 作家王某 2016 年 7 月出版中篇小说一部，取得稿酬 50 000；8 月，因小说加印取得出版社稿酬 10 000 元；10 月，小说在报刊连载，取得报社稿酬 3 800 元。请计算王某应纳的个人所得税。

六、特许权使用费所得应纳税额的计算

（一）应纳税所得额

特许使用费所得按此纳税，以一项特许权的一次许可使用取得的收入为一次。每次收入不超过 4 000 元，减除费用 800 元；4 000 元以上的，减除 20％的费用，其余额为应纳税所得额，提供著作权的使用权取得的所得不包括稿酬所得。

（二）适用税率

特许权使用费所得适用比例税率，税率为 20％。

1. 每次收入不超过 4 000 元的

$$应纳税额＝ 应纳税所得额×适用税率$$
$$＝（每次收入额－800）×20％$$

2. 每次收入在 4 000 元以上的

$$应纳税额＝ 应纳税所得额×适用税率$$
$$＝ 每次收入额×（1－20％）×20％$$

【例 6－12】 王某自己发明的一项专利技术转让给某公司，取得收入 80 000 元，款项分两次支付，每次支付 40 000 元。

要求：计算王某应缴纳的个人所得税。

解：应缴纳的个人所得税税额＝80 000×（1－20％）×20％＝12 800（元）

七、财产租赁所得应纳税额的计算

（一）应纳税所得额

财产租赁所得按次纳税，在收入的确认上，是以一个月内取得的收入为一次。在费用的扣除上同样实行定额和定率相结合的费用扣除办法，即每次收入不超过 4 000 元的，定额扣除 800 元的费用；每次收入超过 4 000 元以上的，定率扣除 20% 的费用。

在确定财产租赁的应纳税所得额时，纳税人在出租财产过程中缴纳的税金和教育费附加，可持完税（缴纳）凭证，从其财产租赁收入中扣除。准予扣除的项目除了规定费用和有关税费外，还准予扣除能够提供有效、准确凭证，证明由纳税人负担的该出租财产实际开支的修缮费用。允许扣除的修缮费用，以每次 800 元为限，一次扣除不完的，准予在下一次继续扣除，直到扣完为止。

个人出租财产取得的财产租赁收入，在计算缴纳个人所得税时，应依次扣除以下费用：

① 财产租赁过程中缴纳的税费（城建税、教育费附加、房产税、印花税）。

② 由纳税人负担的该出租财产实际开支的修缮费用（每次 800 元为限，一次扣不完下次继续扣除，直到扣完为止）。

③ 向出租方支付的租金（仅适合转租，须提供房屋租赁合同和合法的支付凭据，方可扣除）。

④ 税法规定的费用扣除标准。

应纳税所得额的计算公式为：

$$每次（月）收入不超过 4\,000 元的应纳税所得额 = 每次（月）收入额 - 准予扣除项目 -$$
$$修缮费用（800 元为限）- 800$$

$$每次（月）收入超过 4\,000 元的应纳税所得额 = [每次（月）收入额 - 准予扣除项目 -$$
$$修缮费用（800 元为限）] \times (1 - 20\%)$$

（二）适用税率

财产租赁所得适用 20% 的比例税率。但个人按市场价格出租的居民住房取得的所得，自 2001 年 1 月 1 日起暂减按 10% 的税率征税。

$$应纳税额 = 应纳税所得额 \times 适用税率$$

【例 6-13】 王某在 2016 年 1 月将其自有的一套房子出租给张某居住。王某每月取得租金收入 3 500 元，全年租金收入 42 000 元。其中 5 月份因下水道堵塞找人修理，发生修理费 600 元，有维修部门的正式发票。

要求： 计算王某 2016 年全年租金收入应缴纳的个人所得税（不考虑其他税费）。

解： 王某 5 月应纳税额＝（3 500－600－800）×10%＝210（元）

其他每月应纳税额＝（3 500－800）×10%＝270（元）

全年应纳税额＝270×11＋210＝3 180（元）

八、财产转让所得应纳税额的计算

（一）应纳税所得额

财产转让所得以转让财产的收入额减除财产原值和合理费用后的余额为应纳税所得额。

一般情况下,财产转让所得应纳税所得额的计算公式为:

$$应纳税所得额 = 收入总额 - 财产原值 - 合理费用$$

这里的财产原值是指:

① 有价证券,为买入价以及买入时按照规定缴纳的有关费用。

② 建筑物,为建造费或者购进价格以及其他有关费用。

③ 土地使用权,为取得土地使用权所支付的金额,开发土地的费用以及其他有关费用。

④ 机器设备、车船,为购进价格、运输费、安装费以及其他有关费用。

⑤ 其他财产,参照以上方法确定。

合理费用是指卖出财产时按照规定支付的有关费用。

(二) 适用税率

财产转让所得适用比例税率,税率为 20%。

(三) 应纳税额

财产转让所得应纳税额的计算公式为:

$$应纳税额 = 应纳税所得额 \times 适用税率$$
$$= (收入总额 - 财产原值 - 合理费用) \times 20\%$$

【例6-14】 王某在 2016 年 12 月将自有住房一套转让给马某,取得转让收入 250 000 元,该住房购进时原价为 210 000 元,转让时支付有关税费 13 750 元。

要求:计算王某转让该住房应缴纳的个人所得税。

解:王某 12 月应纳税额 = (250 000 - 210 000 - 13 750) × 20% = 5 250(元)

九、利息、股利、红利所得和偶然所得应纳税额的计算

(一) 应纳税所得额

利息、股息、红利所得和偶然所得按次纳税。一般情况下,以每次收入额为应纳税所得额。其计算公式为:

$$应纳税所得额 = 每次收入额$$

这里所说的每次收入是指利息、股息、红利所得以支付单位或个人每次支付利息、股息、红利时,个人取得的收入为一次,偶然所得以每次收入为一次。

(二) 适用税率

利息、股息、红利所得和偶然所得适用比例税率,税率为 20%。

(三) 应纳税额

利息、股息、红利所得和偶然所得应纳税额的计算公式为:

$$应纳税额 = 应纳税所得额 \times 适用税率$$
$$= 每次收入额 \times 20\%$$

【例6-15】 陈某购买体育彩票中奖 50 000 元。

要求:计算其应缴纳的个人所得税。

解:应纳税所得额=50 000(元)

应纳税额=50 000×20%=10 000(元)

【**例 6－16**】 假如陈某在中了 50 000 元的奖金后,将其中的 10 000 元通过民政部门捐赠给贫困山区,由于这笔捐款在应纳税所得额的 30% 以内(捐赠款 10 000 元<应纳税所得额 50 000 元的 30%),按照税法的规定,可以将捐赠款从应纳税所得额中全额扣除,再计算应纳税额。

要求:计算陈某应缴纳的个人所得税。

解:应纳税额=(50 000－10 000)×20%=8 000(元)

十、境外所得已纳税额的扣除

基于国家之间对同一所得避免双重征税的原则,我国在对纳税人的境外所得行使税收管辖权时,对该所得在境外已纳的税额,采取分不同情况予以扣除的做法。

税法规定,纳税人从中国境外取得的所得,准予其在应纳税额中扣除已在境外缴纳的个人所得税税额。但扣除额不得超过该纳税义务人境外所得依照我国税法规定计算的应纳税额。这里所说的"已在境外缴纳的个人所得税税额"是指纳税人从中国境外取得的所得,依照该所得来源国家或地区的法律应当缴纳并且实际已经缴纳的税额。"境外所得依照我国个人所得税法规定计算的应纳税额"是指纳税人从中国境外取得的所得,区别不同国家或者地区和不同应税项目,依照我国税法规定的费用减除标准和适用税率计算的应纳税额。同一国家或者地区内不同应税项目,依照我国税法计算的应纳税额之和,为该国家或者地区的抵免限额。

纳税人在中国境外一个国家或地区实际已经缴纳的个人所得税税额,低于依照上述规定计算出的该国家或地区抵免限额的,应当在中国缴纳差额部分的税款;超过该国家或地区抵免限额的,其超过部分不得在本纳税年度的应纳税额中扣除,但是可以在以后纳税年度的该国家或地区抵免限额的余额中补扣,补扣期限最长不得超过 5 年。

【**例 6－17**】 某外籍来华专家已在中国境内居住满 6 年。2013 年其收入情况如下:在 A 国一家公司任职,月薪 12 800 元(人民币),A 国每月扣缴个人所得税 1 000 元(人民币);在 B 国出版著作,获得稿酬收入 15 000 元(人民币),已在 B 国缴纳该项收入的个人所得税 1 780 元(人民币)。

要求:判断其是否应向中国补缴个人所得税税款。如应补缴,计算需补缴的税款。

① A 国所纳个人所得税的抵减。

每月工资薪金所得按我国税法计算的应纳税额(抵减限额)

=(12 800－4 800)×20%－555=1 045(元)

其在 A 国实际缴纳的个人所得税为每月 1 000 元,低于抵免限额,可以全额抵扣,并需在中国补缴差额部分的税款 540[(1 045－1 000)×12]元。

② B 国所纳个人所得税的抵减。

稿酬所得按我国税法计算的应纳税额(抵减限额)

=[15 000×(1－20%)×20%]×(1－30%)=1 680(元)

其在 B 国实际缴纳的个人所得税为 1 780 元,超出抵免限额 100 元,不能在本年度扣除,但可以在以后五个纳税年度的该国抵免限额的余额中补减。

需要说明的是,纳税人依照税法的规定申请扣除已在境外缴纳的个人所得税税额时,应当提供境外税务机关填发的完税凭证原件。

　　为了保证正确计算扣除限额及合理扣除境外已纳税额,税法规定,在中国境内有住所,或者无住所而在境内居住满1年的个人,从中国境内和境外取得的所得,应当分别计算应纳税额。

　　【思考题6-2】　某美国籍来华专家已在中国境内居中满7年,2016年10月取得美国一家公司支付的净工资薪金所得20 500元(折合成人民币,下同),已被扣缴个人所得税2 500元。同月还从加拿大取得净股息所得8 500元,已被扣缴个人所得税1 500元,经核查,境外完税凭证无误。请问其境外所得应在我国境内补缴的个人所得税是多少?

任务训练

一、单项选择题

1. 根据《个人所得税法》的规定,下列各项收入中,应按"劳务报酬所得"项目缴纳个人所得税的是(　　)。

　　A. 退休人员再任职取得的收入　　　　B. 从非任职公司取得的董事费收入

　　C. 从任职公司取得的监事费收入　　　D. 从任职公司关联企业取得的监事费收入

2. 根据《个人所得税法》的有关规定,下列各项中,按照"稿酬所得"项目征收个人所得税的是(　　)。

　　A. 作品出版或者发表收入　　　　　　B. 审稿收入

　　C. 设计收入　　　　　　　　　　　　D. 讲课收入

3. 2017年5月李某花费500元购买体育彩票,一次中奖30 000元,将其中1 000元直接捐赠给甲小学,已知偶然所得个人所得税税率为20%,李某彩票中奖收入应缴纳个人所得税税额的下列计算中,正确的是(　　)。

　　A. (30 000－500)×20%＝5 900(元)　　B. 30 000×20%＝6 000(元)

　　C. (30 000－1 000)×20%＝5 800(元)　　D. (30 000－1 000－500)×20%＝5 700(元)

二、多项选择题

1. 根据《个人所得税法》的规定,下列个人所得中,应按"劳务报酬所得"项目征收个人所得税的有(　　)。

　　A. 某大学教授从甲企业取得的咨询费

　　B. 某公司高管从乙大学取得的讲课费

　　C. 某设计院设计师从丙公司取得的设计费

　　D. 某编剧从丁电视剧制作单位取得的剧本使用费

2. 根据《个人所得税法》的规定,下列收入中,应按照"特许权使用费所得"项目征收个人所得税的有(　　)。

　　A. 提供商标使用权取得的收入　　　　B. 转让土地使用权取得的收入

　　C. 转让著作权取得的收入　　　　　　D. 转让专利权取得的收入

三、判断题

1. 个人担任公司董事,且不在公司任职、受雇的,其担任董事职务所取得的董事费收入,应按照"劳务报酬所得"项目缴纳个人所得税。　　　　　　　　　　　　　　(　　)

2. 同一作品出版、发表后,因添加印数而追加的稿酬,应与以前出版、发表时取得的稿酬分别视为两次收入,分次计算缴纳个人所得税。　　　　　　　　　　　　　(　　)

3. 个人出版画作品取得的收入,应按"劳务报酬所得"项目计缴个人所得税。　　（　　）

4. 编剧从其任职的电视剧制作中心取得的剧本使用费,应按"特许权使用费所得"项目征收个人所得税。　　（　　）

四、计算题

1. 2016 年 8 月 1 日,李某按市场价格出租住房,取得季度租金收入 9 000 元(不含增值税),缴纳的可扣除税费合计为 500 元,修缮费用 1 200 元,均取得合法票据。

要求:计算李某应缴纳的个人所得税。

2. 2016 年 8 月 1 日,李某按市场价格出租住房,取得月租金收入 9 000 元(不含增值税),缴纳的可扣除税费合计为 500 元,修缮费用 1 200 元,均取得合法票据。

要求:计算李某应缴纳的个人所得税。

3. 作家李某的一篇小说在一家日报上连载两个月,第一个月月末报社支付稿酬 2 000 元;第二个月月末报社支付稿酬 5 000 元。稿酬按 20% 的税率征收,并按规定对应纳税额减征 30%。

要求:计算李某应缴纳的个人所得税。

任务四　个人所得税的征收管理

一、纳税办法

个人所得税的纳税办法有代扣代缴和纳税人自行申报两种。

（一）代扣代缴

代扣代缴是指按照税法规定负有扣缴税款义务的单位或者个人,在向个人支付应纳税所得时,应计算应纳税额,从其所得中扣除并缴入国库,同时向税务机关报送扣缴个人所得税报告表。这种方法有利于控制税源,防止漏税和逃税。

凡支付个人应纳税所得的企业、事业单位、机关、社团组织、军队、驻华机构、个体户等单位或个人,均为个人所得税的扣缴义务人。

扣缴义务人向个人支付下列所得时,应代扣代缴个人所得税:

① 工资、薪金所得;

② 对企事业单位的承包经营、承租经营所得;

③ 劳务报酬所得;

④ 稿酬所得;

⑤ 特许权使用费所得;

⑥ 股息、利息、红利所得;

⑦ 财产租赁所得;

⑧ 财产转让所得;

⑨ 偶然所得以及经国务院财政部门确定征税的其他所得。

扣缴义务人向个人支付应纳税所得时,不论纳税人是否属于本单位人员,均应按税法的规定计算其应缴纳的个人所得税税额,并从该个人的所得中扣除,在次月 15 日内缴入国库,同时向主管税务机关报送"扣缴个人所得税报告表"以及税务机关要求报送的其他有关资料。

对依照法律规定履行代扣代缴税款手续的单位和个人,税务机关按其所扣税款的 2% 付给手续费;对未按规定履行代扣代缴义务的,其应纳税款仍然由纳税人缴纳,扣缴义务人应承担应扣未扣税款 50% 以上至 3 倍的罚款。

（二）自行申报

自行申报纳税是指由纳税人自行在税法规定的纳税期限内,向税务机关申报取得的应税所得项目和数额,如实填写"个人所得税纳税申报表",并按照税法规定计算应纳税额,据此缴纳个人所得税的一种方法。

根据税法的规定,凡有下列情形之一的,纳税人必须自行向税务机关申报所得并缴纳税款:

① 个人所得超过国务院规定数额的（从 2006 年 1 月 1 日起当年取得 12 万元以上者）;

② 从中国境内两处或两处以上取得工资、薪金所得的;

③ 从中国境外取得所得的;

④ 取得的应纳税所得没有扣缴义务人的;

⑤ 国务院规定的其他情形。

年所得 12 万元以上的纳税人的"个人所得额纳税申报表"见表 6-6。

除特殊情况外,纳税人应在取得应税所得的次月 15 日内向主管税务机关申报所得并缴纳税款。申报方式主要有三种,即由本人直接到主管税务机关申报纳税、委托他人代为申报纳税以及采用邮寄方式在规定的申报期内申报纳税。

二、纳税期限

个人所得税对不同种类的所得明确规定了纳税期限和缴款期限。

① 工资、薪金所得应纳的税款,按月计征,由扣缴义务人或纳税人在次月 15 日内缴入国库,并向税务机关报送纳税申报表。特定行业（采掘业、远洋运输业、远洋捕捞业等）纳税人工资、薪金所得的应纳税款,可以实行按年计算、分月预缴的方式计征。

② 账册健全的个体工商户的生产、经营所得应纳的税款,实行按年计算、分月预缴,由纳税人在次月 15 日内预缴,年度终了后 3 个月内汇算清缴、多退少补。账册不健全的个体工商户,其生产、经营所得的应纳税款,由税务机关确定征收方式。

③ 纳税人年终一次性取得承包经营、承租经营所得的,自年度终了后 30 日内申报纳税;在 1 年内分次取得承包经营、承租经营所得的,应在取得每次所得后的 15 日内申报预缴,年度终了后 3 个月内汇算清缴、多退少补。

④ 从中国境外取得所得的纳税义务人,应当在年度终了后 30 日内,将应纳的税款缴入国库,并向税务机关报送纳税申报表。

三、纳税地点

纳税地点一般为收入来源地的税务机关。纳税人从两处或两处以上取得工资、薪金所得的,可选择并固定在其中一地税务机关申报纳税,从境外取得所得的,应向户籍所在地或经常居住地税务机关申报纳税。纳税人因特殊情况变更纳税地点的,须报原主管税务机关备案。

任务训练

多项选择题

根据个人所得税法律制度的规定,下列纳税人中,应在规定时间内到主管税务机关办理个人所得税申报的有( )。

A. 从中国境内两处取得工资、薪金所得的赵某
B. 从中国境内两处取得 1 万元稿酬的李某
C. 从中国境外取得所得的王某
D. 年所得 15 万元的张某

 **项目小结**

个人所得税是个人取得的各项应税所得为征税对象所征收的一种税。个人所得税的纳税人根据住所标准和居住时间标准分为居民纳税人和非居民纳税人。居民纳税人承担无限纳税义务,非居民纳税人承担有限纳税义务。我国《个人所得税法》规定了 11 个征税项目,采用分类所得税税制,不同的征税项目规定了不同的税率和对应的应纳税所得额计算方法。

➤ **案例解谜**

按照《个人所得税法》第四条第一款的规定,"省级人民政府、国务院部委和中国人民解放军军以上单位,以及外国组织、国际组织颁发的科学、体育等方面的奖金免征个人所得税"。

即由国家奖励的奥运专项奖金可以免予征税,但是众多企业和个人承诺给予获奖运动员的物质或资金奖励将被征税。所以朱婷众多奖金当中,只对"周口市郸城县政府奖励其 2 万"的奖金按"偶然所得"来征收个人所得税。

偶然所得应纳税额＝20 000×20％＝4 000(元)

 单项技能训练

1. 中国公民叶某任职于国内甲企业,2012 年出版著作一部取得稿酬 20 000 元,当年因添加印数而追加稿酬 3 000 元。

要求:计算叶某该笔稿酬应缴纳的个人所得税。

2. 2016 年 8 月,张某在杂志上发表一篇文章,取得稿酬 5 000 元。已知稿酬所得个人所得税税率为 20％,每次收入 4 000 元以上的,减除 20％的费用。

要求:计算张某发表文章应缴纳的个人所得税税额。

3. 某外籍专家甲在中国境内无住所,于 2010 年 2 月至 11 月受聘在华工作。该期间甲每月取得中国境内企业支付的工资人民币 28 000 元;另以实报实销形式取得住房补贴人民币 5 000 元,已知外籍个人工资、薪金所得费用减除标准为 4 800 元/月,全月工资、薪金应纳税所得额超过 9 000 元至 35 000 元的部分,适用的个人所得税税率为 25％,速算扣除数为 1 005 元。

要求:计算甲在中国期间每月应缴纳的个人所得税。

4. 2016 年 6 月,张某从本单位取得基本工资 4 000 元,岗位津贴 1 000 元,季度奖金 2 100 元。已知工资、薪金收入减除费用的标准为每月 3 500 元,全月应纳税所得额不超过 1 500 元的,适用税率为 3%,全月应纳税所得额超过 1 500 元至 4 500 元的部分,适用税率为 10%,速算扣除数为 105 元。

要求:计算张某当月工资、薪金所得应缴纳的个人所得税。

5. 中国公民王某 2017 年 1—12 月份每月工资 6 000 元,12 月份除当月工资以外,还取得全年一次性奖金 60 000 元。

要求:计算王某 12 月份应缴纳的工资、薪金所得的个人所得税。

 ## 综合技能训练

1. 中国公民李某为境内甲公司设计部经理,2016 年 12 月,其相关收支情况如下:

① 基本工资 8 000 元,全年一次性奖金 30 000 元。

② 为其他单位提供一项设计服务,分两次取得全部劳务报酬,每次 1 500 元。

③ 在某杂志发表专业文章一篇,取得稿酬 4 000 元。

工资、薪金所得每月减除费用 3 500 元;劳务报酬所得个人所得税税率为 20%,每次收入不超过 4 000 元的,减除费用 800 元;稿酬所得个人所得税税率为 20%,每次收入不超过 4 000 元的,减除费用 800 元(不考虑其他因素)。

要求:

① 计算李某当月基本工资及全年一次性奖金应缴纳的个人所得税。

② 计算李某当月提供设计服务的劳务报酬所得应缴纳的个人所得税。

③ 计算李某当月发表专业文章的稿酬所得应缴纳的个人所得税。

2. 中国公民张某为境内甲公司高级管理人员,2016 年 12 月,其相关收支情况如下:

① 取得基本工资 8 000 元,先进奖金 6 000 元,全年一次性奖金 18 000 元。

② 出租住房取得租金收入 5 000 元(不含增值税),房屋租赁过程中缴纳的准予税前扣除的相关税费 200 元。

工资、薪金所得每月减除费用 3 500 元;对个人出租住房取得的所得暂减按 10% 的税率征收个人所得税,每次收入 4 000 元以上的,减除 20% 的费用(不考虑其他因素)。

要求:

① 计算张某当月基本工资及先进奖金应缴纳的个人所得税。

② 计算张某全年一次性奖金应缴纳的个人所得税。

③ 计算张某当月出租住房取得的租金收入应缴纳的个人所得税。

项目七 财产税

能力目标

◆ 能够了解财产税改革的基本方向
◆ 能够计算财产税各税种的应纳税额

知识目标

◆ 掌握房产税应纳税额的计算
◆ 掌握车船税应纳税额的计算
◆ 掌握契税应纳税额的计算

知识结构

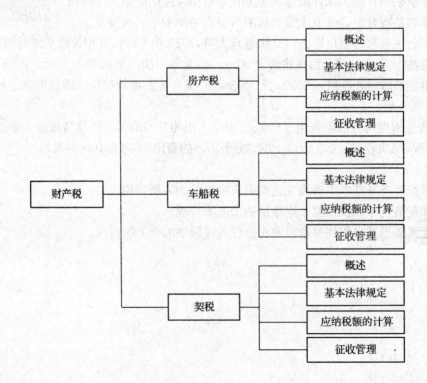

引入案例

俗话说,只有安居才能乐业,只要有关房子的话题,总能引发大家的关注。最近,有媒体称"房地产税最快2017年开征",于是房地产税的讨论再度刷屏。房地产税从最初的讨论和设计已经10多年了,从大家的"翘首期盼"到如今的"寡淡"态度,房地产税正一点点消磨着大家的耐心。这回这只靴子是不是终将落地?

在坊间,降房价似乎一直是不少人对房地产税的最大理解;可如今地王频现,房地产税又无动静,是不是意味着房地产的红利仍将继续?是不是意味着房产泡沫还将越吹越大?是不是意味着房价仍将一路攀升?也许,待房地产税真正出台时,人们已能更为理性地看待它。

任务一　房产税

一、房产税概述

(一)概念

房产税是以房产为征税对象,依据房产的计税余值或租金收入向房产所有人或经营人征收的一种财产税。

开征房产税,其主要目的在于运用税收杠杆调节收入,理顺分配关系;配合有关部门加强管理,提高房屋使用效益。另外,房产税有利于控制固定资产投资规模和促进住房制度改革的顺利进行。

(二)特点

1.房产税属于财产税中的个别财产税

按征税对象的范围不同,财产税可以分为一般财产税和个别财产税。一般财产税也成为综合财产税,是对纳税人拥有的各类财产实行综合课征的税收。个别财产税也称为单项财产税,是对纳税人拥有的土地、房屋、资本和其他财产分别课征的税收。房产税属于个别财产税,其征税对象只有房屋。

2.限于征税范围内的经营性房屋

我国现行房产税在城市、县城、建制镇和工矿区范围内征收,不涉及农村。另外,对某些拥有房屋,但自身没有纳税能力的单位,如国家拨付行政经费、事业经费和国防经费的单位自用的房屋、居民个人居住用房税法也通过免税的方式将这类房屋排除在征税范围之外。

3.区别房屋的经营使用方式规定不同的计税依据

拥有房屋的单位和个人,既可以将房屋用于经营自用,又可以把房屋用于出租、出典。房产税根据纳税人经营形式不同,对前一类房屋按房产计税余值征收,对后一类房屋按租金收入计征。

二、房产税的基本法律规定

(一)征税范围

房产税的征税范围为城市、县城、建制镇和工矿区,不包括农村。

城市是指经国务院批准设立的市。县城是指县人民政府所在地建制镇是指经省、自治区、直辖市人民政府批准设立的建制镇。其征税范围为镇人民政府所在地,不包括所辖的行政村。工矿区是指工商业比较发达,人口比较集中,符合国务院规定的建制镇标准,但尚未设立建制镇的大中型工矿企业所在地。开征房产税的工矿区须经省、自治区、直辖市人民政府批准。

（二）纳税人

房产税以在征税范围内的房屋产权所有人为纳税人。其中:

① 产权属于国家所有的,由经营管理单位纳税;产权属于集体和个人所有的,由集体单位和个人纳税。

② 产权出典的,由承典人纳税。

③ 产权所有人、承典人不在房屋所在地的,由房产代管人或者使用人纳税。

④ 产权未确定及租典纠纷未解决的,也由房产代管人或者使用人纳税。

⑤ 无租使用其他房产的问题。纳税单位和个人无租使用房产管理部门、免税单位及纳税单位的房产,应由使用人代为缴纳房产税。

（三）征税对象

房产税的征税对象是房产。所谓房产,是以房屋形态表现的财产。房屋则是指有屋面和围护结构(有墙或两边有柱),能够遮风避雨,可供人们在其中生产、工作、学习、娱乐、居住或储藏物资的场所。至于那些独立于房屋之外的建筑物,如围墙、烟囱、水塔、变电塔、油池油柜、酒窖菜窖、室外游泳池、玻璃暖房、砖瓦石灰窑以及各种油气罐等,则不属于房产。

（四）税率

房产税采用比例税率,根据房产税的计税依据分为两种,即依据房产计税余值计税的,税率为1.2%;依据房产租金收入计税的,税率为12%。

2008年3月1日起,对个人出租住房,不区分用途,按4%的税率征收房产税。对企事业单位、社会团体以及其他组织按市场价格向个人出租用于居住的住房,减按4%的税率征收房产税。

（五）税收优惠

依据《房产税暂行条例》及有关规定,下列房产免征房产税:

① 国家机关、人民团体、军队自用的房产。

② 国家财政部门拨付事业经费单位自用的房产。

③ 宗教寺庙、公园、名胜古迹自用的房产。对国家机关、人民团体、军队、国家财政部门拨付事业经费的单位,以及宗教寺庙、公园、名胜古迹自用的房产免征房产税,主要是考虑到这些单位的经费来源由国家财政部门拨款,本身没有纳税能力。至于这些单位非自用的房产,如出租或作营业用的,因为已有收入来源和纳税能力,所以应按照规定征收房产税。

④ 个人拥有的非营业用的房产。对个人所有的非营业用房产给予免税,主要是为了照顾我国城镇居民目前住房的实际状况,鼓励个人建房、购房,改善居住条件,配合城市住房制度的改革。但是,对个人所有的营业用房或出租等非自用的房产,应按照规定征收房产税。

⑤ 经财政部批准免税的其他房产如下:

a. 企业办的各类学校、医院、托儿所、幼儿园自用的房产,可以比照由国家财政部门拨付事业经费的单位自用的房产,免征房产税。

b. 经有关部门鉴定,对毁损不堪居住的房屋和危险房屋,在停止使用后,可免征房产税。

c. 凡是在基建工地为基建工地服务的各种工棚、材料棚、休息棚和办公室、食堂、茶炉房、汽车房等临时性房屋,不论是施工企业自行建造还是由基建单位出资建造,交施工企业使用的,在施工期间,一律免征房产税。但是,如果在基建工程结束以后,施工企业将这种临时性房屋交还或者估价转让给基建单位的,应当从基建单位接收的次月起,依照规定征收房产税。

⑥ 自2004年7月1日起,纳税人因房屋大修导致连续停用半年以上的,在房屋大修期间免征房产税,免征税额由纳税人在申报缴纳房产税时自行计算扣除,并在申报表附表或备注栏中作相应说明。

⑦ 对房地产开发企业建造的商品房,在出售前不征收房产税。但对出售前房地产开发企业已使用或出租、出借的商品房应按规定征收房产税。

三、房产税应纳税额的计算

(一) 计税依据

房产税的计税依据是房产的计税价值或房产的租金收入。

1. 对纳税人经营自用的房屋,以房产的计税余值为计税依据

计税余值是指依照房产原值一次减除10%～30%的损耗价值以后的余额。其具体减除比例,由省、自治区、直辖市人民政府在税法规定的减除幅度内自行确定。

房产原值是指纳税人按照会计制度规定,在"固定资产"科目中记载的房屋原值。因此,凡按会计制度规定在账簿中记载有房屋原价的,应以房屋原价按规定减除一定比例后的房产余值计征房产税;对纳税人未按照国家会计制度规定核算并记载房屋原价的,应按规定予以调整或重新评估。

房产原值应包括与房屋不可分割的各种附属设备或一般不单独计算价值的配套设施。它主要有:暖气、卫生、通风、照明、煤气等设备;各种管线,如蒸汽、压缩空气、石油、给水排水等管道及电力、电信、电缆导线;电梯、升降机、过道、晒台等。属于房屋附属设备的水管、下水道、暖气管、煤气管等应从最近的探视井或三通管起,确定计算原值;电灯网、照明线从进线盒联结管起,计算原值。

纳税人对原有房屋进行改建、扩建的,要相应增加房屋的原值。

对投资联营的房产,在计征房产税时应予以区别对待。对于以房产投资联营,投资者参与投资利润分红,共担风险的,按房产的计税余值作为计税依据计征房产税;对以房产收取固定收入,不承担联营风险的,实际是以联营名义取得房产租金,应根据《房产税暂行条例》的有关规定,由出租方按租金收入计算缴纳房产税。

对融资租赁房屋应以房产余值计算征收。

2. 对于出租的房屋,以房产的租金收入为计税依据

房屋的租金收入是房屋产权所有人出租房屋使用权所取得的报酬,包括货币收入和实物收入。对以劳务或其他形式作为报酬抵付房租收入的,应根据当地同类房屋的租金水平,确定租金标准,依率计征。

(二) 应纳税额的计算

房产税以房产的计税余值或房产的租金收入为计税依据。与此相适应,应纳税额的计算

也分为两种,即按照房产的计税余值征税的,称为从价计征;按照房产的租金收入征税的,称为从租计征。

1. 从价计征

其应纳税额的计算公式为:

$$应纳税额 = 应税房产原值×(1-原值减除比例)×1.2\%$$

【例 7-1】 某企业 2016 年开始修建经营用房,9 月 1 日建成并投入适用,造价 6 000 万元,当地规定计算房产余值的扣除比例为 30%。

要求:计算其当年应纳的房产税。

解:应纳税额=6 000×(1-30%)×1.2%÷12×4=16.8(万元)

2. 从租计征

其应纳税额的计算公式为:

$$应纳税额 = 租金收入×12\%(4\%)$$

【例 7-2】 某公司将 2 间空置仓库出租,每间月租金为 25 000 元。

要求:计算该公司应纳的房产税。

解:应纳税额=2×25 000×12×12%=72 000(元)

四、房产税的征收管理

(一)纳税义务的发生时间

① 将原有房产用于生产经营的,从生产经营之月起,计征房产税。

② 自建的房屋用于生产经营的,自建成之日的次月起,计征房产税。

③ 委托施工企业建设的房屋,从办理验收手续之日的次月起,计征房产税。对于在办理验收。

④ 手续前已使用或出租、出借的新建房屋,应从使用或出租、出借的当月起按规定计征房产税。

⑤ 购置新建商品房,自房屋交付使用之日的次月起计征房产税。

⑥ 购置存量房,自办理房屋权属转移、变更登记手续,房地产权属登记机关签发房屋权属证书之日的次月起计征房产税。

⑦ 出租、出借房产,自交付出租、出借房产之日的次月起计征房产税。

⑧ 房地产开发企业自用、出租、出借本企业建造的商品房,自房屋使用或交付之日的次月起计征房产税。

(二)纳税期限

房产税实行按年征收,分期缴纳。纳税期限由省、自治区、直辖市人民政府规定。各地一般按季或半年征收。

(三)纳税地点

房产税在房产所在地缴纳。房产不在同一地方的纳税人,应按房产的坐落地点分别向房产所在地的税务机关缴纳。

（四）纳税申报

房产税的纳税人应按照《房产税暂行条例》的有关规定及时办理纳税申报,并如实填写《房产税纳税申报表》。

 任务训练

一、单项选择题

1. 下列各项中,属于房产税征税范围的是(　　)。

A. 工厂的烟囱　　　　　　　　　B. 室外游泳池

C. 建立在县城的办公楼　　　　　D. 水塔

2. 根据房产税法律制度的规定,下列关于房产税计税依据的表述中,正确的是(　　)。

A. 经营租赁的房产,以租金收入为计税依据,由承租方来缴纳房产税

B. 经营租赁的房产,以房产余值为计税依据,由出租方来缴纳房产税

C. 融资租赁的房产,以租金收入为计税依据,由出租方来缴纳房产税

D. 融资租赁的房产,以房产余值为计税依据,由承租方来缴纳房产税

3. 某企业有原值为 2 500 万元的房产,2016 年 1 月 1 日将其中的 30% 用于对外投资联营,投资期限为 10 年,承担投资风险。当地政府规定的房产原值扣除比例为 20%。根据房产税法律制度的规定,该企业 2016 年度应缴纳房产税(　　)万元。

A. 30　　　　　B. 24　　　　　C. 22.80　　　　　D. 16.80

4. 根据房产税的有关规定,下列说法中,错误的是(　　)。

A. 纳税人将原有房产用于生产经营,从生产经营之月起,缴纳房产税

B. 纳税人购置新建商品房,自房地产权属登记机关签发房屋权属证书之次月起,缴纳房产税

C. 纳税人出租、出借房产,自交付出租、出借本企业房产之次月起,缴纳房产税

D. 纳税人委托施工企业建设的房屋,从办理验收手续之次月起,缴纳房产税

二、多项选择题

1. 根据房产税法律制度的规定,下列有关房产税纳税人的表述中,正确的有(　　)。

A. 产权未确定以及租典纠纷未解决的,房产代管人或者使用人为纳税人

B. 产权所有人、承典人均不在房产所在地的,房产代管人或者使用人为纳税人

C. 产权出典的,承典人为纳税人

D. 房产出租的,承租人为纳税人

2. 根据房产税法律制度的规定,下列有关房产税计税依据的表述中,正确的有(　　)。

A. 纳税人对原有房屋进行改建、扩建的,要相应增加房屋的原值

B. 以房屋为载体,不可随意移动的附属设备和配套设施,在会计上单独记账与核算的,可不计入房产原值

C. 对附属设备和配套设施中易损坏、需要经常更换的零配件,更新后不再计入房产原值

D. 对更换房屋附属设备和配套设施的,在将其价值计入房产原值时,不得扣减原来相应设备和设施的价值

3. 根据房产税法律制度的规定,下列表述中,正确的有(　　)。

A. 公园内开设的照相馆免征房产税

B. 毁损不堪居住的房屋和危险房屋,经有关部门鉴定,在停止使用后,可免征房产税

C. 纳税人因房屋大修导致连续停用半年以上的,在房屋大修期间免征房产税

D. 在基建工地为基建工地服务的各种工棚,在施工期间一律免征房产税

任务二　车船税

车船税法是国家制定的用于调整车船税征、纳双方权利与义务关系的法律规范。现行车船税的基本规范是 2011 年 2 月 25 日第十一届全国人民代表大会常务委员会通过的《中华人民共和国车船税法》(以下简称《车船税法》)。

一、车船税概述

(一)概念

车船税是以车船为征税对象,向拥有车船的单位和个人征收的一种税。

(二)特点

1. 属于财产税性质

车船税法规定,在我国境内车辆、船舶(以下简称车船)的所有人或者管理人,为车船税的纳税人,车船税属于财产税类。

2. 具有单项财产税的特点

从财产税的角度看,车船税属于单项财产税。征税对象仅限于车辆和船舶。

3. 施行分类、分级定额税率

车船税将征税对象划分为五大类,即乘用车、商用车、其他车辆、摩托车和船舶,规定各自不同的定额税率,其中乘用车又分七个梯度按照排气量大小征收不同的税额以税额以期起到节能减排的效果。

二、车船税的基本法律规定

(一)征税范围

车船税的征收范围包括乘用车、商用车、其他车辆、摩托车和船舶。

① 乘用车是指核定载客人数 9 人(含)以下的汽车。

② 商用车是指核定载客人数在 9 人以上的汽车,包括电车。此税目下设客车和货车两个子目。

③ 其他车辆不包括拖拉机。此税目下设专用坐夜车和论事专用机械车两个子目。

④ 船舶包括机动船舶和游艇两个子目。

(二)纳税人及扣缴义务人

车船税的纳税义务人是指在我国境内,车辆、船舶(以下简称车船)的所有人或者管理人。

从事机动车第三者责任强制保险业务的保险机构,为机动车车船税的扣缴义务人,应当在收取保险费时依法代收车船税,并出具代收税款凭证。

（三）税目与税额

车船税实行定额税率。定额税率也成为固定税额，是税率的一种特殊形式。定额税率计算简便，适宜于从量计征的税种。

车船税的适用税额，依照条例所附的《车船税税目税额表》执行。车辆的具体适用税额由省、自治区、直辖市人民政府依照"车船税税目税额表"规定的税额幅度内确定。车船税的税目税额表如表7-1所示。

表7-1　车船税税目税额表　　　　　　　　　　　　　　元

税 目		计税单位	法定税额	备 注
乘用车按发动机汽缸容量（排气量分档）	1.0升（含）以下的	每辆	60至360	核定载客人数9人（含）以下
	1.0升以上至1.6升（含）的		300至540	
	1.6升以上至2.0升（含）的		360至660	
	2.0升以上至2.5升（含）的		660至1 200	
	2.5升以上至3.0升（含）的		1 200至2 400	
	3.0升以上至4.0升（含）的		2 400至3 600	
	4.0升以上的		3 600至5 400	
商用车	中型客车	每辆	480至1 440	核定载客人数9人（包括电车）
	大型客车			
	货车	整备质量每吨	16至120	
挂车		整备质量每吨	按货车50%	
其他车辆	专用作业车	整备质量每吨	16至120	不包括拖拉机
	轮式专用机械车		16至120	
摩托车		每辆	36至180	
船舶	机动船舶	净吨位每吨	3至6	拖船、非机动驳船分别按照机动船舶税额的50%算
	游艇	艇身长度每米	600至2 000	

（四）税收优惠

捕捞、养殖渔船，军队、武装警察部队的专用的车船，警用车船以及依照法律规定应当予以免税的外国驻华领馆、国际组织驻华代表机构及其有关人员的车船免税。

对节约能源、适用新能源的车船可以减征或者免征车船税；对受严重自然灾害影响纳税困难以及有其他特殊原因确需要减税、免税的，可以减征或者免征车船税。

省、自治区、直辖市人民政府根据当地实际情况，可以对公共交通车船，农村居民拥有并主要在农村地区适用的摩托车、三轮汽车和低速再活汽车定期减征或者免征车船税。

三、车船税应纳税额的计算

车船税根据不同类型应税车船的计税依据及其适用单位税额分别计算应纳税额。

纳税人购置的新车船，购置当年的应纳税额自纳税义务发生的当月起按月计算。其计算公式为：

$$应纳税额 = 年应纳税额 \div 12 \times 应纳税月份数$$

【例 7-3】 某运输公司 2016 年拥有载货汽车 20 辆（每辆货车整备质量为 10 吨）；大客车 30 辆，中型客车 15 辆（载货汽车每吨年纳税额为 80 元，大客车每辆年纳税额为 1 200 元，中型客车每辆年纳税额为 700 元）。

要求：计算该公司 2016 年应纳的车船税。

解：载货汽车应纳税额＝80×20×10＝16 000（元）

大客车应纳税额＝1 200×30＝36 000（元）

中型客车应纳税额＝700×15＝10 500（元）

全年应纳税额＝16 000＋36 000＋10 500＝62 500（元）

四、车船税的征收管理

（一）纳税义务的发生时间

车船税纳税义务的发生时间为取得车船所有权或者管理权的当月。

（二）纳税地点

车船税的纳税地点为车船的登记地或者车船税扣缴义务人所在地。依法不需要办理登记的车船，车船税的纳税地点为车船的所有人或者管理人所在地。

（三）纳税申报

车船税按年申报，分月计算，一次性缴纳。具体申报纳税期限由升、自治区、直辖市人民政府规定。

（四）其他管理规定

公安、交通运输、农业、渔业等车船登记管理部门、船舶检验机构和车船税扣缴义务人的行业主管部门应当在提供车船有关信息等方面，协助税务机关加强对车船税的征税管理。

 任务训练

一、单项选择题

1. 根据车船税法律制度的规定，下列各项中，不属于车船税计税单位的是（　　）。

A. 每辆　　　　　B. 每艘　　　　　C. 整备质量每吨　　D. 净吨位每吨

2. 某运输公司 2016 年拥有非机动驳船 2 艘，每艘净吨位 180 吨；机动船舶 10 艘，每艘净吨位 250 吨。当地机动船舶的车船税年税额为：净吨位小于或者等于 200 吨的，每吨 3 元；净吨位 201～2 000 吨的，每吨 4 元。则该公司 2016 年应缴纳的车船税为（　　）元。

A. 1 620　　　　　B. 10 000　　　　　C. 10 540　　　　　D. 11 620

3. 根据车船税法律制度的规定，下列车船不免征车船税的是（　　）。

A. 捕捞、养殖渔船

B. 军队专用车船

C. 依法不需要在车船登记管理部门登记的，在加工厂内行驶的车船

D. 国际组织驻华代表机构及其有关人员的车船

4. 李某新购置了一辆小汽车自用,根据相关规定,李某应在 2016 年 8 月 20 日之前购买"交强险"并缴纳车船税 780 元,但是李某一直到 2016 年 12 月 20 日才购买"交强险",则保险机构 2016 年在收取"交强险"的时候,应代收代缴车船税的滞纳金为( )元。

A. 45.58　　　　B. 47.58　　　　C. 48.64　　　　D. 50.64

5. 汪某 2016 年 10 月 15 日购买乘用车一辆自用(排气量为 1.6 升),该乘用车辆适用年基准税额 480 元,汪某 2016 年应缴纳的车船税为( )元。

A. 40　　　　B. 60　　　　C. 80　　　　D. 120

二、多项选择题

1. 根据车船税法律制度的规定,下列车船在计算车船税时,按照所属税目税额的 50% 计算的有( )。

A. 挂车　　　　B. 半挂牵引车　　　　C. 拖船　　　　D. 非机动驳船

2. 根据车船税法律制度的规定,下列各项中,以"整备质量吨位数"为计税依据计征车船税的有( )。

A. 客车　　　　B. 挂车　　　　C. 客货两用车　　　　D. 半挂牵引车

3. 根据车船税法律制度的规定,下列各项中,不征车船税的有( )。

A. 纯电动乘用车　　B. 纯电动商用车　　C. 燃料电池乘用车　　D. 燃料电池商用车

任务三　契　税

一、契税概述

(一)契税的概念

契税是以所有权发生转移变动的土地、房屋等不动产为征税对象,向产权承受的单位和个人一次性征收的一种财产税。

(二)特点

契税与其他税种相比,具有如下特点:

1. 契税属于财产转移税

契税以权属发生转移的土地和房屋为征税对象,具有对财产转移课税的性质。土地、房屋产权未发生转移的,不征收契税。

2. 契税由财产承受人缴纳

一般税种都确定为销售者为纳税人,即卖方纳税。对买方征税的主要目的,在于承认不动产转移生效,承受人纳税以后,便可拥有转移过来的不动产的产权或使用权,以法律形式保护纳税人的合法权益。

二、契税的基本法律规定

(一)征税范围

契税的征税范围具体包括以下几个方面:

1. 国有土地使用权出让

国有土地使用权出让是指土地使用者向国家交付土地使用权出让费用,国家将国有土地使用权在一定年限内让与土地使用者的行为。

2. 土地使用权转让

土地使用权转让是指土地使用者以出售、赠予交换或者其他方式将土地使用权转移给其他单位和个人的行为。土地使用权转让,不包括农村集体土地承包经营权的转移。

3. 房屋买卖

房屋买卖是指房屋所有者将其房屋出售,由承受者交付货币、实物、无形资产或者其他经济利益的行为。

以下几种情况,视同买卖房屋:

① 经当地政府和有关部门批准,以房产抵债或实物交换房屋,均视同房屋买卖,应由房产承受人按房屋现值缴纳契税。

② 以房产作投资或作股份转让,这种交易形式涉及房屋产权转移,应根据国家房地产管理的有关规定,办理房屋产权交易和产权变更手续,视同房屋买卖,应由产权承受方规定缴纳契税。但以自由房产作股投入本人独资经营企业,因未发生房产权的变化,不需要办理房产变更手续,免征契税。

③ 买房拆料或翻建新房,应按章征收契税。

4. 房屋赠予

房屋赠予是指房屋所有者将房屋无常转让给他人所有。其中,将自己的房屋转交给他人的法人和自然人,称作房屋赠予人;接收他人房屋的法人和自然人,称为受赠人。房屋赠予的前提必须是产权无纠纷,赠予人和受赠人双方自愿。房屋赠予应有书面合同(契约),并须办理登记过户手续。房屋的受赠人应按规定缴纳契税。

5. 房屋交换

房屋交换是指房屋所有者之间互相交换房屋的行为。

随着经济发展过程,有些特殊方式转移土地、房屋权数的,也将视同土地使用权转让、房屋买卖或者房屋赠予。

① 土地、房屋权属于作价投资、入股。

② 以土地、房屋权属抵债。

③ 以获奖方式承受土地、房屋权属。

④ 以预购方式或者预付集资建房款方式承受土地、房屋权属。

(二) 纳税人

契税的纳税义务人是承受我国境内转移土地、房屋权属的单位和个人。土地、房屋权属是指土地使用权、房屋所有权。单位是企业单位、事业单位、国家机关、军事单位和社会团体以及其他组织。个人是指个体经营者及其他个人,包括中国公民和外籍人员。

(三) 税率

契税采用3%～5%的幅度比例税率。具体执行的税率由省、自治区、直辖市人民政府在税法规定的幅度内根据本地区的实际情况决定。

(四) 税收优惠

契税的税收优惠政策主要有:

① 国家机关、事业单位、社会团体、军事单位承受土地、房屋用于办公、教学、医疗、科研和军事设施的,免征契税。

② 城镇职工按规定第一次购买公有住房的,免征契税。

③ 因不可抗力因素丧失住房而重新购买住房的,酌情准予减征或者免征契税。

④ 土地、房屋被县级以上人民政府征用、占用后,重新承受土地、房屋权属的,由省级人民政府确定是否减免。

⑤ 纳税人承受荒山、荒沟、荒丘、荒滩土地使用权,并用于农、林、牧、渔业生产的,免征契税。

⑥ 经外交部确认,依照我国有关法律规定以及我国缔结或参加的双边和多边条约或协定,应当予以免税的外国驻华使馆、领事馆、联合国驻华机构及其外交代表、领事官员和其他外交人员承受土地、房屋权属的,免征契税。

⑦ 对于《中华人民共和国继承法》规定的法定继承人(包括配偶、子女父母、兄弟姐妹、祖父母、外祖父母)继承土地、房屋权属,不征契税。

⑧ 公租房经营单位购买住房作为公租房,免征契税。

三、契税应纳税额的计算

（一）计税依据

契税的计税依据为不动产的价格。由于土地、房屋权属转移方式不同,定价方法不同,因而其计税依据视不同情况而决定。

① 国有土地使用权出让、土地使用权出售、房屋买卖,以成交价格为计税依据。成交价格是指土地、房屋权属转移合同确定的价格,包括承受者应交付的货币、实物、无形资产或者其他经济利益。

② 土地使用权赠予、房屋赠予,由征收机关参照土地使用权出售、房屋买卖的市场价格核定。

③ 土地使用权交换、房屋交换,其计税依据为所交换的土地使用权、房屋的价格差额。交换价格不相等的,由多交付货币、实物、无形资产或者其他经济利益的一方缴纳契税;交换价格相等的,免征契税。

④ 以划拨方式取得土地使用权,经批准转让房地产时,由房地产转让者补缴契税。计税依据为不交的土地使用权出让费用或者土地权益。

为了避免偷、逃税款,税法规定,成交价格明显低于市场价格并且无正当理由的,或者所交换土地使用权、房屋的价格的差额明显不合理并且无正当理由的,征收机关可以参照市场价格核定计税依据。

（二）应纳税额的计算

应纳税额的计算公式为:

$$应纳税额 = 计税依据 \times 税率$$

【例7-4】 某企业2016年12月有关业务情况如下:

① 取得土地适用,向政府有关部门交付土地使用权出让费400万元。

② 协作单位甲企业因无力偿还本企业债务300万元,经双方协商,甲企业以自由房产折

价抵偿家企业债务,房产原值为 380 万元。

③ 因生产关系,本企业将一栋价值 260 万元的房产与乙企业一栋价值 360 万元的房屋交换,支付差价款 100 万元。

④ 本月购买房屋一栋,成交价格为 800 万元。

当地政府规定的契税税率为 4%。

要求:计算该企业本月应缴纳的契税税额。

取得土地使用权应纳的契税税额＝400×4%＝16(万元)

接受甲企业抵债房产应纳的契税税额＝300×4%＝12(万元)

房屋交换应纳的契税税额＝100×4%＝40(万元)

购入房屋应纳的契税税额＝800×4%＝32(万元)

应纳契税税额合计＝16＋12＋40＋32＝100(万元)

分析:国有土地使用权出让,由受让方以成交价格为计税依据计算缴纳契税,出让方不缴纳契税;以房抵债的,视同房屋买卖,由产权承受人按房屋现值计算缴纳契税;土地使用权、房屋交换,交换价格不相等的由多交付货币、实物、无形资产或者其他经济利益的一方缴纳契税,房屋买卖的,由房屋产权承受方以成交价格为计税依据计算缴纳契税。

四、契税的征收管理

(一)纳税义务的发生时间

契税的纳税义务发生时间是纳税人签订土地、房屋权属转移合同的当天,或者纳税人取得其他具有土地、房屋权属转移合同性质凭证的当天。

(二)纳税期限

纳税人应当自纳税义务发生之日起 10 日内,向土地、房屋所在地的契税征收机关办理纳税申报。

(三)纳税地点

契税在土地、房屋所在地的征收机关缴纳。

 任务训练

一、单项选择题

1. 根据契税法律制度的规定,下列各项中,应当征收契税的是( )。

A. 企业房产不等价交换   B. 房屋分拆

C. 农村集体土地承包经营权的转移   D. 土地使用权抵押

2. 陈某将其一套价值 50 万元的住房与李某的一套价值 80 万元的住房交换,陈某以现金方式补偿给李某差价;另将一套价值 100 万元的门面房与王某同等价值的门面房等价交换。当地契税适用的税率为 3%,则下列关于上述房产应纳契税的计算中,正确的是( )(上述金额均不含增值税)。

A. 陈某应纳契税＝(80−50)×3%＝0.9(万元)

B. 陈某应纳契税＝(80−50)×3%＋100×3%＝3.9(万元)

C. 李某应纳契税=(80-50)×3%=0.9(万元)

D. 王某应纳契税=100×3%=3(万元)

3. 根据契税法律制度的规定,下列关于契税征收管理的说法中,正确的是( )。

A. 纳税人应当自纳税义务发生之日起15日内,向税务机关办理纳税申报,并在税收征收机关核定的期限内缴纳税款

B. 企业发生契税纳税义务时,应向企业机构所在地税务机关缴纳契税

C. 契税的纳税义务发生时间是纳税人签订土地、房屋权属转移合同的当天,或者纳税人取得其他具有土地、房屋权属转移合同性质凭证的当天

D. 契税的纳税义务发生时间是纳税人签订土地、房屋权属转移合同7日内

二、多项选择题

1. 2016年12月,张某以100万元的价格购置了一套两室一厅住房,同时将其原有的一套一室一厅住房出售给李某,成交价格为70万元,当地契税的税率为3%(上述金额均不含增值税)。根据契税法律制度的规定,下列各项说法中,正确的有( )。

A. 李某不需要缴纳契税　　　　　　　B. 李某应缴纳契税2.1万元

C. 张某应缴纳契税3万元　　　　　　D. 张某应缴纳契税5.1万元

2. 2016年10月,甲企业用自产的价值80万元的原材料换取乙企业的厂房,并用现金补给乙企业40万元差价;当月甲企业又将一套价值100万元的厂房与丙企业的办公楼交换,并用自产的价值50万元的商品补给丙企业差价。当地契税税率为3%(上述金额均不含增值税)。则关于甲企业应缴纳契税的下列计算中,正确的有( )。

A. 甲企业用原材料换取乙企业厂房应纳契税=40×3%=1.2(万元)

B. 甲企业用原材料换取乙企业厂房应纳契税=(80+40)×3%=3.6(万元)

C. 甲企业用厂房换取丙企业办公楼应纳契税=50×3%=1.5(万元)

D. 甲企业用厂房换取丙企业办公楼应纳契税=(100+50)×3%=4.5(万元)

3. 根据契税法律制度的有关规定,下列各项说法中,正确的有( )。

A. 国家机关购买房产用于办公的,免征契税

B. 城镇职工按规定第一次购买公有住房的,免征契税

C. 企业承受荒山土地使用权,用于农业生产的,免征契税

D. 土地、房屋被县级以上人民政府征用、占用后,重新承受土地、房屋权属的,免征契税

项目小结

房产税是以城镇范围内经营性的房产为征税对象,按照房产的计税余值或租金收入向房产所有人或经营管理人征收的一种税,税率分别为1.2%和12%。

车船税是以我国境内的车辆、船舶为征税对象,向车辆、船舶的所有人或者管理人从量定额征收的一种税。

契税是以我国境内转移的土地、房屋权属为征税对象,向产权承受人征收的一种税,其计税依据是不动产的价格,实行3%~5%的幅度比例税率

单项技能训练

1. 某国有企业 2016 年在其所在城市市区有房屋三幢,其中两幢用于本企业生产经营,两幢房产账面原值共为 400 万元;另外一幢房屋租给某私营企业,年租金收入为 20 万元(当地政府规定允许按房产原值一次扣除 30%)。

要求:计算该企业 2016 年应缴纳的房产税。

2. 高新区某企业通过有偿划拨取得一块土地,地价为 30 万元,后经土地管理部门批准后变为出让用地,现在该地地价为 50 万元,但土地管理部门与该企业签订的土地出让合同中的土地出让金为 20(50−30)万元。

要求:计算该企业取得这块土地时应缴纳的契税。

综合技能训练

1. 赵某拥有三处房产,其中一处原值 60 万元的房产供自己和家人居住;另一处原值 20 万元的房产于 2016 年 7 月 1 日出租给王某居住,按市场价每月取得租金收入 1 200 元;原值 150 万元的房产自 2016 年 1 月 1 日起用于经营超市(该省政府规定房产税扣除比例为 20%)。

要求:计算赵某 2016 年应缴纳的房产税。

2. 我省某运输公司拥有载货汽车 14 辆(其中 2 辆货车报停,货车载重净吨位全部为 5 吨);载货 8 吨的机动车挂车 4 辆;乘人大客车 35 辆(其中 32 座车 10 辆,28 座车 25 辆);小客车 6 辆(均为 10 座车)。其中 1 辆小客车属于公司幼儿园专用(车船使用税年税额为:载货汽车每吨 42 元,乘人汽车 31 座以上的每辆 150 元,11~30 个座位的每辆 120 元,10 座以下的每辆 110 元)。

要求:计算该公司货车、机动车挂车、乘人汽车各应纳车船使用税,以及公司全年应纳车船使用税的合计数。

项目八　行为税

能力目标

- ◆ 能够了解行为税改革的基本方向
- ◆ 能够计算行为税各税种的应纳税额

知识目标

- ◆ 掌握印花税应纳税额的计算
- ◆ 掌握车辆购置税应纳税额的计算
- ◆ 掌握城市维护建设税应纳税额的计算

知识结构

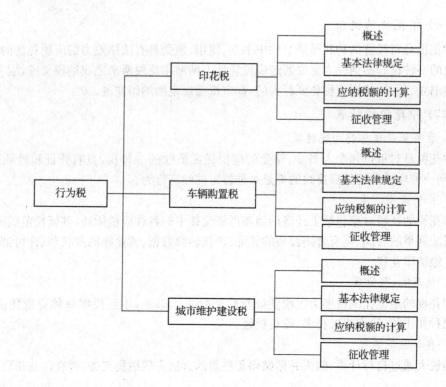

引入案例

　　行为税是国家为了对某些特定行为进行限制或开辟某些财源而课征的一类。如针对一些奢侈性的社会消费行为,征收娱乐税、宴席税;针对牲畜交易和屠宰等行为,征收交易税、屠宰税;针对财产和商事凭证贴花行为,征收印花税,等等。行为税收入零星分散,一般作为地方政府筹集地方资金的一种手段。行为课税的最大特点是征纳行为的发生具有偶然性或一次性。

　　欧洲早在中世纪就有行为税。有的国家对铸造金银货币的行为课征铸造税。印花税于1624年创始于荷兰,由于征收数额小而征税范围广,各国相继仿效。到20世纪80年代,继续征收印花税的有荷兰、英国、日本、伊朗等国。此外,荷兰、法国、日本有登记税或登记许可税,联邦德国、瑞典等国有彩票税,日本有纸牌税,美国有赌博税,其他国家还有狩猎税、养狗税,等等。

　　案例思考:

　　你认为在我国目前的经济状况下,可以对哪些行为征收行为税?

任务一　印花税

　　印花税法是国家制度用于调整印花税征、纳双方权利与义务关系的法律规范。现行印花税的基本规范是1988年国务院颁布的《中华人民共和国印花税暂行条例》。

一、印花税概述

(一)印花税的概念

　　印花税是对经济活动和经济交往中书立、使用、领受具有法律效力的应税凭证的单位和个人征收的一种税。因纳税人主要通过应税凭证上粘贴印花税票来完成纳税义务,故名印花税。凡发生书立、领受、使用应税凭证行为的,都应按照规定缴纳印花税。

(二)印花税的特点

　　1. 兼有凭证税和行为税性质

　　印花税是对单位和个人书立、领受的应税凭证征收的一种税,具有凭证税性质。另一方面,任何一种应税经济凭证反映的都是某种特定的经济行为。

　　2. 征税范围广泛

　　印花税的征税对象包括了经济活动和经济交往中的各种应税凭证,其征税范围及其广泛。凡是税法列举的合同、具有合同性质的凭证、产权转移数据、营业账簿及权利、许可证照等都必须依法缴纳印花税。

　　3. 税率低,税负轻

　　印花税的最低比例税率为应税凭证所载金额的0.05‰,定额税率每件应税凭证5元,与其他税种相比较,税率要低得多,税负较轻。

　　4. 自行贴花纳税

　　纳税人通过自行计算、购买并粘贴印花税票的方法完成纳税义务,并在印花税票和凭证的

骑缝处自行盖戳注销或花销。这也与其他税种的缴纳方法有较大的区别。

二、印花税的基本法律规定

（一）印花税的征税范围

1. 经济合同

我国印花税只对依法订立的经济合同书征收。印花税税目中的合同比照我国原《中华人民共和国经济合同法》对经济合同的分类，在税目税率表中列举了 10 大类合同。

① 购销合同。它包括供应、预购、采购、购销结合及协作、调剂、补偿、易货等合同。

② 加工承揽合同。它包括加工、定做、修缮、修理、印制、广告、测绘、测试等合同。

③ 建设工程勘察设计合同。它包括勘察、设计合同的总包合同、分包合同和转包合同。

④ 建筑安装工程承包合同。它包括建筑、安装工程承包合同的总包合同、分包合同、租转包合同。

⑤ 财产租赁合同。它包括租赁房屋、船舶、飞机、机动车辆、机械、器具、设备等合同；还包括企业、个人出租门店、柜台等所签订的合同，但不包括企业与主管部门签订的租赁承包合同。

⑥ 货物运输合同。它包括民用航空运输、铁路运输、海上运输、内河运输、公路运输和联运合同。

⑦ 仓储保管合同。它包括仓储、保管合同或作为合同使用的仓单、入库单。对某些使用不规范的凭证不便计税的，可就其结算单据作为计税贴花的凭证。

⑧ 借款合同。它包括银行及其他金融组织和借款人（不包括银行同业拆借）所签订的借款合同。

⑨ 财产保险合同。它包括财产、责任、保证、信用等保险合同。

⑩ 技术合同。它包括技术开发、转让、咨询、服务等合同。其中，技术转让合同包括专利申请转让、非专利技术转让所书立的合同，但不包括专利权转让、专利实施许可所书立的合同。后者适用于"产权转移书据"合同。

2. 产权转移书据

产权转移即财产权利关系的变更行为，表现为产权主体发生变更。产权转移书据是在产权的买卖、交换、继承、赠予、分割等产权主体变更过程中，由产权出让人与受让人之间所订立的民事法律文书。

我国印花税税目中的产权转移书据包括财产所有权、版权、商标专用权、专利权、专有技术使用权共五项产权的转移书据。另外，土地使用权出让合同、土地使用权转让合同、商品房销售合同按照产权转移书据征收印花税。

3. 营业账簿

印花税税目中的营业账簿归属于财务会计账簿，是按照财务会计制度的要求设置的，反映生产经营活动的账册。按照营业账簿反映的内容不同，在税目中分为记载资金的账簿（简称资金账簿）和其他营业账簿两类，以便于分别采用按金额计税和按件计税两种计税方法。

① 资金账簿是反映生产经营单位实收资本和资本公积金额增减变化的账簿。

② 其他营业账簿是反映生产经营单位除资金资产以外的其他生产经营活动内容的账簿，即除资金账簿以外的，归属于财务会计体系的生产经营用账册。

4. 权利、许可证照

权利、许可证照是政府授予单位、个人某种法定权利和准予从事特定经济活动的各种证照的统称。它包括政府部门发给的房屋产权证、营业执照、商标注册证、专利证、土地使用证等。

5. 经财政部门确定征税的其他凭证

除了税法列举的以上五大类应税经济凭证之外，在确定经济凭证的征免税范围时，需要注意以下几个方面：

① 由于目前同一性质的凭证名称各异，不够统一，因此，各类凭证不论以何种形式或名称书立，只要其性质属于条例中所列举的征税范围内的凭证，均应照章纳税。

② 应税凭证均是指在中国境内具有法律效力，受中国法律保护的凭证。

③ 适用于中国境内，并在中国境内具备法律效力的应税凭证，无论在中国境内或者境外书立，均应依照印花税的规定贴花。

（二）印花税纳税人

凡在我国境内书立、领受、使用属于征税范围内所列凭证的单位和个人，都是印花税的纳税义务人。它包括各类企业、事业、机关、团体、部队、中外合资经营企业、合作经营企业、外资企业、外国公司企业和其他经济组织及其在华机构等单位和个人。按照征税项目划分的具体纳税人如下：

1. 立合同人

书立各类经济合同的，以立合同人为纳税人。

2. 立账簿人

建立营业账簿的，以立账簿人为纳税人。

3. 立据人

订立各种财产转移书据的，以立据人为纳税人。如立据人未贴印花或少贴印花，则书据的持有人应负责补贴印花。所立书据以合同方式签订的，应由持有书据的各方分别按全额贴花。

4. 领受人

领取权利、许可证照的，以领受人为纳税人。

5. 使用人

它是指在国外书立或领受，在国内使用应税凭证的单位和个人。

对于同一凭证，如果由两方或者两方以上当事人签订并各执一份的，各方均为纳税人，应当由各方就所持凭证的各自金额贴花。所谓当事人，是指对凭证有直接权利义务关系的单位和个人，不包括担保人、证人、鉴定人。如果应税凭证是由当事人的代理人代为书立的，则由代理人代为承担纳税义务。

（三）印花税的税率

印花税的税率设计遵循税负从轻、共同负担的原则。因此，税率比较低。现行的印花税的税率有两种形式，分别是比例税率和定额税率。

1. 比例税率

印花税的比例税率分为四档，即 1‰、0.5‰、0.3‰、0.05‰。按比例税率征收的应税项目包括各种合同及具有合同性质的凭证、记载资金的账簿和产权转移数据等。

① 财产租赁合同、仓储保管合同、财产保险合同的税率为 1‰。

② 加工承揽合同、建设工程勘察设计合同、货物运输合同、产权转移书据、营业账簿中记载资金的账簿，其税率为 0.5‰。

③ 购销合同、建筑安装工程承包合同、技术合同的规定税率为 0.3‰。

④ 借款合同的税率为 0.05‰，因为借款合同的税基较大，从平衡各类合同的税负考虑，需要从低设计税率。

⑤ 因股票买卖、继承、赠予而书立"股权转让书据"，适用的税率为 1‰。

2. 定额税率

为了简化征管手续，便于操作，对无法计算金额的凭证，或虽载有金额，但作为计税依据不合理的凭证，采用定额税率，以件为单位缴纳一定数额的税款，权利、许可证照及营业账簿中的其他账簿均为按件贴花，税额为每件 5 元。印花税的税目税率见表 8-1。

表 8-1　印花税的税目税率表

税　目	范　围	税　率	纳税人	说　明
1. 购销合同	包括供应、预购、采购、购销结合及协作、调剂、补偿、易货等合同	按购销金额的 0.3‰贴花	立合同人	
2. 加工承揽合同	包括加工、定做、修缮、修理、印制、广告、测绘、测试等合同	按加工或承揽收入的 0.5‰贴花	立合同人	
3. 建设工程勘察设计合同	包括勘察、设计合同的总包合同、分包合同和转包合同	按收取费用的 0.5‰贴花	立合同人	
4. 建筑安装工程承包合同	包括建筑、安装工程承包合同的总包合同、分包合同和转包合同。	按承包金额的 0.3‰贴花	立合同人	
5. 财产租赁合同	包括租赁房屋、船舶、飞机、机动车辆、机械、器具、设备等合同	按租赁金额的 1‰贴花。税额不足 1 元，按 1 元贴花	立合同人	
6. 货物运输合同	包括民用航空运输、铁路运输、海上运输、内河运输、公路运输和联运合同	按运输费用的 0.5‰贴花	立合同人	单据作为合同适用，按合同贴花
7. 仓储保管合同	包括仓储、保管合同或作为合同使用的仓单、入库单	按仓储保管费用的 1‰贴花	立合同人	仓单或栈单作为合同适用的，按合同贴花
8. 借款合同	包括银行及其他金融组织和借款人（不包括银行同业拆借）所签订的借款合同	按借款金额的0.05‰贴花	立合同人	单据作为合同适用的，按合同贴花
9. 财产保险合同	包括财产、责任、保证、信用等保险合同	按保险费收入的 1‰贴花	立合同人	
10. 技术合同	包括技术开发、转让、咨询、服务等合同	按所载金额的 0.3‰贴花	立合同人	

（续表）

税　目	范　围	税　率	纳税人	说　明
11. 产权转移书据	包括财产所有权、版权、商标专用权、专利权、专有技术使用权共五项产权的转移书据	按所载金额的 0.5‰ 贴花	立据人	
12. 营业账簿	生产经营用账册，包括记载资金的账簿、其他营业账簿	记载资金的账簿，按实收资本和资本公积合计金额的 0.5‰ 贴花。其他账簿按件贴花 5 元	立账簿人	
13. 权利、许可证照	包括政府部门发给的房屋产权证、营业执照、商标注册证、专利证、土地使用证等	按件贴花 5 元	领受人	

三、印花税应纳税额的计算

（一）计税依据

《印花税暂行条例》应按照应税凭证种类，对计税依据分别规定如下：

合同或具有合同性质的凭证，以凭证所载金额作为计税依据。它具体包括购销合同中记载的购销金额、加工承揽合同中的加工或承揽收入、建设工程勘察设计合同中收取的费用、建筑安装工程合同中的承包金额、财产租赁合同中的租赁金额、货物运输合同中的运输费用（运费收入）及仓储保管费用、借款合同中的借款金额、保险合同中的保险费等。上述凭证以"金额""费用"作为计税依据的，应当全额计税，不得做任何扣除。

载有两个或两个以上应适用不同税目、税率经济事项的同一凭证，分别记载金额的，应分别计算印花税应纳税额，相加后按合计税额贴花；未分别记载金额的，按税率高的计算贴花。

营业账簿中记载资金的账簿，以实收资本与资本公积两项的合计金额为计税依据。

不记载金额的不动产权证、营业执照、专利证等权利、许可证照，以及日记账簿和各种明细分类账簿等辅助性账簿，以凭证或账簿的简述作为计税依据。

纳税人有以下三种情形的，地方税务机关可以核定纳税人印花税的计税依据：

① 未按规定建立印花税应税凭证登记簿，或未如实登记和完整保存应税凭证的；

② 拒不提供应税凭证或不如实提供应税凭证致使计税依据明显偏低的；

③ 采用按期汇总缴纳办法的，未按地方税务机关规定的期限报送汇总缴纳印花税情况报告，经地方税务机关责令限期报告，逾期仍不报告的或者地方税务机关在检查中发现纳税人有未按规定汇总缴纳印花税情况的。

地方税务机关核定征收印花税，应当根据纳税人的实际生产经营收入，参考纳税人各期印花税情况及同行业合同签订情况，确定科学合理的数额或比例作为纳税人印花税的计税依据。

（二）印花税税额的计算

1. 实行比例税率的凭证

其印花税应纳税额的计算公式为：

$$应纳税额 = 应税凭证计税金额 \times 比例税率$$

【例 8-1】 2016 年,甲公司与乙公司签订了一份定做 A 产品的合同,双方约定,所需材料由受托方按市场价格提供,合同中分别记载甲公司提供材料价款为 200 万元和收取加工费 50 万元。

要求:计算应缴纳的印花税。

解:根据税法的规定,由于受托方提供原材料的加工、定做合同,凡在合同中分别记载加工费金额和材料金额的,应分别按照购销合同和加工承揽合同来计算并缴纳印花税。

印花税应纳税额 = 200×0.3‰ + 50×0.5‰ = 850(元)

若上述定做合同甲公司提供的材料价款和加工费未分别记载的话,应把全部金额 250 万元依照加工承揽合同计税贴花。这种情况下,甲公司应纳的印花税如下:

印花税应纳税额 = (200+50)×0.5‰ = 1 250(元)

2. 实行定额税率的凭证

其印花税应纳税额的计算公式为:

$$应纳税额 = 应税凭证件数 \times 定额税率$$

【例 8-2】 A 公司 2016 年 5 月与 B 企业签订一份技术转让合同,同时又注册了一个商标,领取了一份商标注册证。

要求:计算 A 公司 5 月份应纳的印花税。

解:商标属于权利、许可证照,按件贴花,适用的税率为 5 元/件。

印花税应纳税额 = 2×5 = 10(元)

四、印花税的征收管理

(一)纳税义务的发生时间

印花税应当在书立或领受时贴花。具体在合同签订时、账簿启用时和证照领受时贴花。如果合同是在国外签订,并且不便在国外贴花的,应在将合同带入境时办理贴花纳税手续。

(二)纳税期限

印花税由纳税人根据税法的规定,自行计算应纳税额,自行购买印花税税票,自行完成纳税义务,同时,针对特殊情况财务特定了纳税贴花方法。税法规定,印花税完税凭证应在书立、领受时即贴花完税,不得延至凭证生效日期贴花。同一种类应纳印花税凭证若需要频繁贴花的,纳税人可向当地税务机关申请按期汇总缴纳印花税,经税务机关核准发给许可证后,按税务机关确定的期限汇总计算纳税。

(三)纳税地点

印花税一般实行就地纳税,对于全国性商品物资订货会上签订合同应纳的印花税,由纳税人回其所在地后及时办理贴花完税手续;对地方主办、不设计省际关系的订货会、展销会上所签合同的印花税,其纳税地点由各省、自治区、直辖市人民政府自行确定。

 **任务训练**

一、单项选择题

1. 宏远公司向育华公司租入一栋办公楼,办公楼价值 3 200 万元,月租金 20 万,租期 1 年,则宏远公司应纳的印花税为(　　)万元。

　　A. 0.72　　　　　　　　B. 0.24　　　　　　　　C. 0.12　　　　　　　　D. 0.32

2. 北京一帆风顺运输公司和北京方圆商业贸易公司签订一份运输合同,将方圆商业贸易公司的货物运往乙地,合同列明运费 20 万元,保险费 5 万元,装卸费 4 万元,北京一帆风顺运输公司应纳的印花税为(　　)元。

　　A. 750　　　　　　　　B. 1 450　　　　　　　　C. 100　　　　　　　　D. 1 000

3. 北京城建工程设计院为一单位设计办公楼,设计费为 18 万元。该业务双方应纳的印花税合计为(　　)元。

　　A. 54　　　　　　　　B. 90　　　　　　　　C. 180　　　　　　　　D. 108

二、多项选择题

1. 下列关于印花税的陈述中,不正确的是(　　)。

　　A. 应纳税额不足 1 角时,免纳印花税

　　B. 应纳税额在 1 角以上的,其税额尾数不满 5 分的,按实际计税额缴纳

　　C. 财产租赁合同税额不足 1 元的,不贴花

　　D. 财产租赁合同税额不足 1 元的,按 1 元贴花

2. 下列关于印花税的陈述中,不正确的是(　　)。

　　A. 印花税的征税对象是条例列举征税的凭证,未列举的不征税

　　B. 印花税是对社会事务活动中书立、领受的凭证征收的一种税

　　C. 印花税是一种兼有行为性质的凭证税

　　D. 境外书立的合同不贴花

3. 下列行为中,不属于印花税列举应税合同范围的是(　　)。

　　A. 某银行向另一银行拆借 50 000 万元所签订的借款合同

　　B. 农民和农村村委会签订土地承包经营合同

　　C. 科技公司签订技术服务合同

　　D. 某公司和会计师事务所签订的管理咨询合同

4. 下列属于印花税的征税对象的是(　　)。

　　A. 账簿　　　　　　B. 车辆行驶证　　　　C. 房屋产权证　　　　D. 营业执照

任务二 车辆购置税

一、车辆购置税概述

(一)车辆购置税的概念

车辆购置税是以在中国境内购置规定的车辆为课税对象,在特定的环节向车辆购置者一次性征收的一种税。

(二)车辆购置税的特点

车辆购置税于 2001 年 1 月 1 日开始实施,是在原交通部门收取的车辆购置附加费的基础上,通过"费改税"方式演变而来的。

1. 征收范围单一

车辆购置税以购置的特定车辆为课税对象,而不是对所有的财产或消费财产征税,范围窄,是一种特种财产税。

2. 征收环节单一

车辆购置税实行一次性课征制,它不是在生产、经营和消费的每个环节道道征收,而是在消费领域中的特定环节一次征收。

3. 征税具有特定目的

车辆购置税为中央税,它取之于应税车辆,用之于交通建设,其征税具有专门用途,可作为中央财政的经常性预算科目,由中央财政根据国家交通建设投资计划,统筹安排。

4. 价外征收,税负不转嫁

征收车辆购置税的商品价格中不含车辆购置税税额,车辆购置税附加在价格之外,税收的缴纳者就是最终的税收负担者,税负不转嫁。

二、车辆购置税的基本法律规定

(一)车辆购置税的征税范围

车辆购置税以列举的车辆为征税对象,未列举的车辆不纳税。

车辆购置税的征收范围包括汽车、摩托车、电车、挂车、农用运输车。

1. 汽车

它包括各类汽车。

2. 摩托车

① 轻便摩托车,最高设计时速不大于 50 千米/小时,发动机气缸总排量不大于 50 厘米^{3}的两个或三个车轮的机动车。

② 二轮摩托车,最高设计时速大于 50 千米/小时,或发动机气缸总排量大于 50 厘米^{3}的两个车轮的机动车。

③ 三轮摩托车,最高设计时速大于 50 千米/小时,或发动机气缸总排量大于 50 厘米^{3}的,空车重量不大于 400 千克的三个车轮的机动车。

3. 电车

① 无轨电车,以电能为动力,由专用输电电缆线宫殿的轮式公共车辆。

② 有轨电车,以电能为动力,在轨道上形式的公共车辆。

4. 挂车

① 全挂车,无动力设备,独立承载,由牵引车辆牵引形式的车辆。

② 半挂车,无动力设备,与牵引车辆共同承载,由牵引车辆牵引形式的车辆。

5. 农用运输车

① 三轮农用运输车,柴油发动机,功率不大于 7.4 千瓦,载重量不大于 500 千克,最高车速不大于 40 千米/小时的三个车轮的机动车。

② 四轮农用运输车,柴油发动机,功率不大于 28 千瓦,载重量不大于 1 500 千克,最高车速不大于 50 千米/小时的四个车轮的机动车

车辆购置税征收范围的调整,由国务院决定并公布。其他任何部门、单位和个人只能认真执行政策的规定,无权擅自扩大或缩小车辆购置税的征税范围。

（二）车辆购置税的适用税率

车辆购置税实行统一比例税率,税率为 10%。

三、车辆购置税应纳税额的计算

（一）计算依据

车辆购置税的计税依据是车辆的计税价格。车辆购置税的计税价格根据不同情况,按照下列规定分别加以确定:

1. 购买自用应税车辆计税依据的确定

纳税人购买自用的应税车辆的。计税价格,其组成为纳税人购买应税车辆而支付给销售者的全部价款和价外费用（不包括增值税税款）。

价外费用是指销售方向购买方收取的手续费、基金、违约金、包装费、运输费、保管费、返还利润、补贴集资费、储存费、运输装卸费、代收款项、代垫款项和其他各种性质的价外收费,但不包括增值税税款。其计算公式为:

$$计税价格 = \frac{全部价款 + 价外费用}{1 + 增值税税率或征收率}$$

2. 进口自用应税车辆计税依据的确定

纳税人进口自用的应税车辆以组成计税价格为计税依据。组成计税价格的计算公式为:

$$组成计税价 = 关税完税价格 + 关税 + 消费税$$

上述进口自用的应税车辆是指纳税人直接从境外进口或委托代理进口自用的应税车辆,即非贸易方式进口自用的应税车辆。

进口自用应税车辆的计税价格,应根据纳税人提供的、经海关审查确认的有关完税证明资料确定。

3. 其他自用应税车辆计税依据的确定

纳税人自产、受赠、获奖或以其他方式取得并自用的应税车辆的计税价格,凡不能或不能

准确提供车辆价格的,由主管税务机关依国家税务总局核定的、相应类型的应税车辆的最低计税价格确定。

4. 以最低计税价格为计税依据的确定

纳税人购买自用或者进口自用应税车辆,申报的计税价格低于同类型应税车辆的最低计税价格,又无正当理由的,按照最低计税价格征收车辆购置税。最低计税价格由国家税务总局依据全国市场的平均销售价格制定。

车辆购置税的计税依据和应纳税额应使用统一货币单位计算。纳税人以外汇结算应税车辆价款的,按照申报纳税之日中国人民银行公布的人民币基准汇价,折合成人民币计算应纳税额。

（二）应纳税额的计算

车辆购置税实行从价定率的办法计算应纳税额。其应纳税额的计算公式如下:

$$应纳税额 = 计税价格 \times 税率$$

【例8-3】 王某2018年6月从某汽车公司购买1辆轿车自用,支付含增值税价款356 000元,另外支付购买工具件和零配件价款2 600元,车辆装饰费1 000元。支付的各项价费款均由该汽车公司开具相关的发票和有关票据。

要求:计算该公司当月应纳的车辆购置税。

解:计税价格 $= \dfrac{全部价款+价外费用}{1+增值税税率或征收率} = \dfrac{356\,000+2\,600+1\,000}{1+16\%} = 310\,000(元)$

车辆购置税的应纳税额 $= 310\,000 \times 10\% = 31\,000(元)$

四、车辆购置税的征收管理

（一）纳税期限

纳税人购买自用应税车辆的,应当自购买之日起内申报纳税;进口自用应税车辆的,应当自进口之日起60日内申报纳税;自产、受赠、获奖或者以其他方式取得并自用应税车辆的,应当自取得之日起60日申报纳税。

（二）纳税地点

纳税人购置应税车辆,应当向车辆登记注册地的主管税务机关申报纳税;购置不需要办理车辆登记注册手续的应税车辆,应当向纳税人所在地的主管税务机关申报纳税。

 任务训练

一、单项选择题

1. 根据《车辆购置税暂行条例》的规定,下列人员中不属于车辆购置税纳税义务人的是（ ）。

A. 应税车辆的馈赠人　　　　　B. 应税车辆的购买使用者

C. 免税车辆的受赠使用者　　　D. 应税车辆的进口使用者

2. 关于车辆购置税的计算,下列说法中,正确的是（ ）。

A. 进口自用的应税小汽车的计税价格包括关税完税价格和关税,不包括消费税

B. 底盘发生更换的车辆,计税依据为最新核发的同类型车辆最低计税价格

C. 销售汽车的纳税人代收的保险费,不应计入计税依据中征收车辆购置税

D. 进口自用的应税小汽车,其计税价格＝关税完税价格＋关税＋消费税

二、多项选择题

1. 按照现行车辆购置税的有关规定,对下列车辆按照应税车辆最低计税价格征收车辆购置税的有(　　)。

A. 企业从国外进口自用的卡车

B. 减税、免税条件消失的宝马小汽车

C. 受赠、获奖方式下取得已确认购置价格的家庭小汽车

D. 纳税人购买自用的小汽车

E. 进口旧车不能提供有效证明的

2. 根据《车辆购置税暂行条例》的规定,下列各项说法中,正确的有(　　)。

A. 纳税人购买自用的应税车辆,自购买之日起 60 天内申报纳税

B. 进口自用的应税车辆,应当自进口之日起 60 天内申报纳税

C. 纳税人购买自用的应税车辆,其计税价格为纳税人支付给销售者的含增值税税款的全部价款和价外费用

D. 摩托车牌照,在县(市)公安车辆管理部门办理,其登记注册地为县(市)公安车管部门所在地,其纳税地点在当地县税务机关

E. 车辆购置税是在应税车辆上牌登记注册前的使用环节征收

任务三　城市维护建设税

新中国成立以来,我国城市建设和维护在不同时期都取得了较大成绩,但是国家在城市建设方面一直资金不足。1985 年 2 月 8 日,国务院正式颁布《中华人民共和国城市维护建设税暂行条例》(以下简称《城建税暂行条例》),并于 1985 年度起在全国范围内施行。

一、城市维护建设税概述

(一)城市维护建设税的概念

城市维护建设税是对从事工商经营,缴纳增值税、消费税的单位和个人,以其实际缴纳的"两税"税额为计税依据而征收的一种税。

城建税属于特定目的税,是国家为加强城市的维护建设,扩大和稳定城市维护建设资金来源而采取的一项税收措施。

(二)城市维护建设税的特点

城市维护建设税与其他税种相比较,具有以下特点:

1. 税款专款专用,具有特定目的

按照财政的一般性要求,税收及其他政府收入应当纳入国家预算,根据需要统一安排其用途,并不规定各个税种收入的具体使用范围和方向。但是作为例外,也有个别税种事先明确规定使用范围与方向。城市维护建设税专款专用,用来保证城市的公共事业和公共设施的维护和建设,是一种具有特定目的的税种。

2. 属于一种附加税

城市维护建设税与其他税种不同,没有独立的征税对象或税基,而是以增值税、消费税"两税"实际缴纳的税额之和为计税依据,随"两税"同时附征,本质上属于一种附加税。

3. 根据城建规模设计税率

一般来说,城镇规模越大,所需要的建设与维护资金越多。与此相适应,《城市维护建设税暂行条例》规定,纳税人所在地为城市市区的,税率为7%;纳税人所在地为县城、建制镇的,税率为5%;纳税人所在地不在城市市区、县城或建制镇的,税率为1%。这种根据城镇规模不同,差别设置税率的办法,较好地照顾了城市建设的不同需要。

4. 征收范围较广

鉴于增值税、消费税在我国现行税制中属于主体税种,而城市维护建设税又是其附加税,原则上讲,只要缴纳增值税、消费税中任一税种的纳税人都要缴纳城市维护建设税。这也就等于说,除了减免税等特殊情况以外,任何从事生产经营活动的企业单位和个人都要缴纳城市维护建设税,这个征税范围当然是比较广的。

二、城市维护建设税的基本法律规定

(一)城建税的纳税人

城建税的纳税人是指在征税范围内从事工商经营,并缴纳增值税、消费税的单位和个人。不论是国有企业、集体企业、私营企业、股份制企业、个体工商户,还是其他单位和个人,只要缴纳"两税"中任何一种税,就必须同时缴纳城建税。

自2010年12月1日起,对外商投资企业、外国企业及外籍个人征收城建税。

海关对进口货物或物品代征增值税、消费税的,不代征城建税。

(二)城建税的税率

城市维护建设税实行地区差别比例税率。按照纳税人所在地的不同,税率分别规定为7%、5%、1%三个档次。不同地区的纳税人,适用不同档次的税率。其具体适用范围如下:

① 纳税人所在地在城市市区的,税率为7%。

② 纳税人所在地在县城、建制镇的,税率为5%。

③ 纳税人所在地不在城市市区、县城、建制镇的,税率为1%。

纳税单位和个人缴纳城市维护建设税的适用税率,一律按其纳税所在地的规定税率执行。县政府设在城市市区,其在市区办的企业,按照市区的规定税率计算纳税。纳税人所在地为工矿区的,应根据行政区划分别按照7%、5%、1%的税率缴纳城市维护建设税。

城市维护建设税的适用税率,一般规定按纳税人所在地的适用税率执行。但对下列两种情况,可按纳税人缴纳"两税"所在地的规定税率就地缴纳城市维护建设税:

① 由受托方代收、代扣"三税"的单位和个人。

② 流动经营等无固定纳税地点的单位和个人。

三、城市维护建设税应纳税额的计算

(一)计税依据

城市维护建设税的计税依据是纳税人实际缴纳的增值税、消费税税额。

这里所称"实际缴纳",其实是指"两税"的应纳税额,不包括加收的滞纳金和罚款。因为滞纳金和罚款是税务机关对纳税人采取的一种经济制裁,不是"两税"的正税,因此,不应包括在计税依据之内。对纳税人因偷税而被"查补"和罚款时,应同时对其偷漏的城建税进行补税和罚款。

城市维护建设税以"两税"税额为计税依据并同时征收,如果要免征或者减征"两税",也要同时免征或者减征城市维护建设税。

对出口产品退还增值税、消费税的,不退还已缴纳的城市维护建设税。自 2005 年 1 月 1 日起,经国家税务总局审核批准的当期免抵的增值税税额应纳入城市维护建设税和教育费附加的计税范围。

(二)城市维护建设税应纳税额的计算

城建税应纳税额的计算公式如下:

$$应纳税额 = (实际缴纳的增值税税额 + 实际缴纳的消费税税额) \times 适用税率$$

【**例 8 - 4**】 地处市区的某企业,2016 年 3 月份应缴纳增值税 231 万元,其中因符合有关政策规定而被退库 13 万元;缴纳消费税 87 万元;因故被加收滞纳金 0.25 万元。

要求:计算该企业实际应纳的城市维护建设税税额。

解:城市维护建设税的应纳税额 = (231 - 13 + 87) × 7% = 305 × 7% = 21.35(万元)

四、城市维护建设税的征收管理

(一)纳税地点

城市维护建设税的征收管理、纳税环节等事项,比照增值税、消费税的有关规定办理。根据税法规定的原则,针对一些比较复杂并有特殊性的纳税地点,财政部和国家税务总局做了如下规定:

① 纳税人直接缴纳"两税"的,在缴纳"两税"地缴纳城市维护建设税。

② 代扣代缴的纳税地点。代征、代扣、代缴增值税、消费税的企业单位,同时也要代征、代扣、代缴城市维护建设税。如果没有代扣城市维护建设税的,应由纳税单位或个人回到其所在地申报纳税。

(二)纳税期限

由于城建税是由纳税人在缴纳"两税"的同时缴纳的,所以其纳税期限分别与"两税"的纳税期限一致。

(三)纳税申报

纳税人应在办理"两税"纳税申报的同时办理城建税的纳税申报,并如实填写《城市维护建设税纳税申报表》。

五、教育费附加

(一)教育费附加的概念

教育费附加是以单位和个人缴纳的增值税、消费税税额为计算依据征收的一种附加费。

教育费附加名义上是一种专项资金,但实质上具有税的性质。为了调动各种社会力量办教育的积极性,开辟多种渠道筹措教育经费,国务院于 1986 年 4 月 28 日颁布了《征收教育费附加的暂行规定》,同年 7 月 1 日开始在全国范围内征收教育费附加。

（二）教育费附加的征收范围及计税依据

教育费附加对缴纳增值税、消费税的单位和个人征收,以其实际缴纳的增值税、消费税税额为计税依据,分别与增值税、消费税同时缴纳。

（三）教育费附加的计征比率

随着经济的发展,社会各界对各级教育投入的需求也在增加,与此相适应,教育费附加的计征比率也经历了一个由低到高的变化过程。1994 年 1 月 1 日至今,教育费附加比率为 3%。

（四）教育费附加的计算

应纳教育费附加 ＝（实际缴纳的增值税税额＋实际缴纳的消费税税额）× 征收比率

【例 8-5】 某市区的甲公司 7 月实际缴纳增值税 50 万元,实际缴纳的消费税为 30 万元。
要求:计算该企业应缴纳的教育费附加。
解:应纳的教育费附加＝(50＋30)×3%＝2.4(万元)

 **拓展阅读**

行为税在我国的发展历史

中国特定的行为征税历史悠久,早在战国时期,楚国等就对牲畜交易行为征税。此后历代对行为征税的税种散见于工商税收和各类杂税中。例如,三国两晋南北朝时期,对交易行为征收的"估税",唐代的"除陌钱",宋代商税中的"住税""印契税",清朝的"落地税"等。

"中华民国"时期,北洋政府效法西方,于 1912 年公布了《印花》,1913 年首先在北京开征,以后陆续推行至各省。地方割据势力对行为征税的名目更多。南京国民政府于 1928 年、1934 年以及迁都重庆后的 1941 年曾先后三次改革与调整税制。其统一后的工商税制,在中央税中属于行为税的有印花税,在地方税中属于行为税的则有屠宰税、筵席税及娱乐税等。国民党政府又不断扩大征税范围,使杂税名目繁多,税费交错并存,苛重扰民,商民深受其害。

由于行为税中很多税种是国家根据一定时期的客观需要,大部分是为了限制某种特定的行为而开征的,因此,除屠宰税、印花税等税负较轻、长期征收的税种之外,税负都较重,税源都很不稳定。加之征收范围有限,税源零星,征收管理难度较大,又多为地方税,在税制体系中此类税收一般作为辅助税种而存在。

 **项目小结**

印花税是对经济活动和经济交往中书立、领受、使用应税凭证的单位和个人征收的一种行为税,纳税人是立合同人、立账簿人、立据人等,税率有定额税率和比例税率两种形式。印花税覆盖面广、税率低,由纳税人自行完税。

车辆购置税是国家对购置应税车辆的单位和个人,以其购置应税车辆的不含税价格为计税依据,按固定比例税率 10% 计算并一次性征收的一种税。

城市维护建设税和教育费附加是以单位和个人实际缴纳的增值税、消费税的税额为计算依据并按比例计算征收的一种税。其本身没有独立的征税对象,其税款专门用于城市的公用事业和公共设施的维护建设。

 任务训练

一、单项选择题

1. 下列纳税人中,应缴纳城建税的是( )。
A. 印花税的纳税人
B. 个人所得税的纳税人
C. 车船使用税的纳税人
D. 既缴增值税又缴消费税的纳税人

2. 下列纳税人中,应缴纳城市维护建设税的是( )。
A. 消费税的纳税人
B. 车船税的纳税人
C. 契税的纳税人
D. 个人所得税的纳税人

3. 市区某纳税人当月应纳增值税 2 万元,减免 1 万元,补缴上月未缴的增值税 0.5 万元,滞纳金 0.1 万元。该纳税人本月应缴纳的城建税为( )万元。
A. 0.14
B. 0.182
C. 0.105
D. 0.154

二、多项选择题

1. 某生产企业生产销售汽车轮胎,取得的销售收入应纳( )。
A. 增值税
B. 消费税
C. 城建税
D. 教育费附加

2. 城建税适用的税率有( )。
A. 7%
B. 5%
C. 3%
D. 1%

 单项技能训练

1. 某化工股份有限公司 2016 年度的有关资料如下:

① 与主管部门签订承包一化学制品厂经营合同,约定每年上缴利润 100 万元。

② 与某银行签订融资租赁合同,合同金额 300 万元,年利率 5%;签订一份借款合同,合同金额 1 500 万元。

③ 与某制药公司签订以货换货合同,本企业的货物价值 350 万元,制药公司的货物价值 450 万元。

④ 与金属加工厂签订委托加工合同,加工厂提供价值 100 万元的原材料和价值 15 万元的辅助材料,加工厂收加工费 20 万元。

⑤ 与丙公司签订转让技术合同,转让收入由丙公司按 2013—2015 年实现利润的 30% 支付。

⑥ 与货运公司签订运输合同,载明运输费用 8 万元(其中含装卸费 0.5 万元)。

⑦ 与铁路部门签订运输合同,载明运输费及保管费共计 20 万元。

⑧ 本年"资本公积"科目增加 100 万元;开立新增账簿 6 本。

要求:逐项计算该企业 2016 年应缴纳的印花税。

2. 某外贸公司进出口公司 2016 年 11 月经批准从美国进口某种小汽车一辆自用,到岸价格为 3 万美元,缴纳进口关税 73 800 元,消费税 27 809 元。申报缴纳车辆购置税当日人民币基准汇价为 1 美元＝6.876 5 元。

要求:计算该公司应缴纳的车辆购置税税额。

3. 坐落在市区的某日化厂为增值税一般纳税人,2018 年 8 月进口一批香水精,出口地离岸价格 85 万元,境外运费及保险费共计 5 万元,海关于 8 月 15 日开具了完税凭证,日化厂缴纳进口环节税金后海关放行;日化厂将进口的香水精的 80％用于生产高级化妆品。本月从国内购进材料取得增值税专用发票,注明价款 120 万元、增值税 19.2 万元,销售高级化妆品取得不含税销售额 500 万元。本月取得的增值税抵扣凭证在本月认证并抵扣,关税税率为 50％。

要求:计算该企业本月应纳的税金及附加。

4. 某镇的 A 卷烟厂 2018 年 8 月主要缴纳税金的情况如下:

① 向国税局缴纳消费税 40 000 元,增值税 30 000 元;

② 被查补消费税 10 000 元、增值税 5 000 元,被处以罚款 8 000 元,加收滞纳金 600 元;

③ 进口一批烟丝被海关征收关税 60 000 元、增值税 80 000 元、消费税 100 000 元;

④ 受一家位于市区的 B 卷烟厂委托,加工烟丝一批,B 卷烟厂提供烟叶的成本为 70 000元;

A 卷烟厂代垫的辅料成本为 8 000 元(不含增值税),收取含增值税的加工费金额为 10 000元。

要求:

① 计算 A 企业应代收代缴 B 企业的城建税和教育费附加合计数额;

② 计算 A 企业自身业务应缴纳的城建税和教育费附加合计数额。

项目九　资源税

能力目标

◆ 能够了解资源税类改革的基本方向
◆ 能够计算资源税类各税种的应纳税额

知识目标

◆ 掌握资源税应纳税额的计算
◆ 掌握土地增值税应纳税额的计算
◆ 掌握城镇土地使用税应纳税额的计算

知识结构

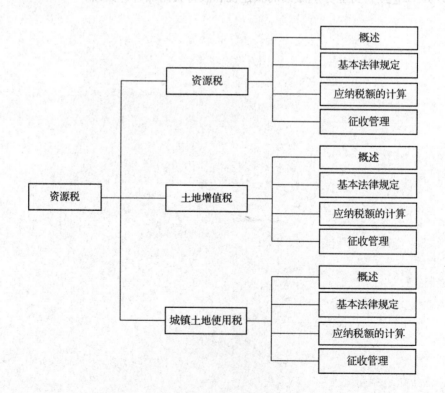

引入案例

　　某水泥厂2014年6月因经营管理不善被迫停产。2015年7月被永生化工厂出资租赁,年租赁费为50万元,该地方税务局稽查人员于2016年5月,对该水泥厂的纳税情况进行检查,发现该厂占地面积近百亩,但未申报缴纳城镇土地使用税。检查人员为了弄清真相,进一步调阅查证了租赁合同,由于签订的合同中涉及土地占用情况事宜,所以承租方对该问题百般回避。

　　稽查人员找到该水泥厂留守处负责人及财务人员,并要求其出示厂区土地使用情况档案资料,后又对该厂驻地某街道的土地出租情况进行了了解,经查实,其所有土地使用权情况如下:

　　① 有政府核发给该水泥厂土地使用证一份(属征用),占用土地面积36 980.7平方米。

　　② 该水泥厂与惠华建筑公司签订购买土地合同一份,面积为4 468.6平方米。

　　③ 该水泥厂与国家机关签订土地租赁使用合同一份,土地面积为25 146.7平方米。

案例思考:

以上三项共计占用土地面积66 596平方米,所占用土地范围均在县城区域内。

以上三块土地应当由哪一家单位缴纳城镇土地使用税?

任务一　资源税

一、资源税概述

(一)资源税的概念

资源税是对在我国领域及管辖海域从事应税矿产品开采或者生产盐的单位和个人,就其因自然资源和开采条件差异而形成的级差收入征收的一种税。

(二)资源税的特点

1.只对特定资源征税

任何一个国家对资源的征税都不可能涉及全部的自然资源,而只能选择某些特定的资源,我国现行资源税的征税对象既不是全部的自然资源,也并非对所有具有商品属性的资源都征税,而是对级差收入大、资源较为普遍、易于控制管理的矿产品和盐征税。

2.具有受益税性质

一般来说,国家可以凭借对自然资源的所有权向资源的开发经营者收取占用费和租金,也可以凭借政治权力征税。资源税的征收是国家政治权力和所有权的统一。它一方面体现了税收的强制性、固定性的特征;另一方面又体现了对国有资源的有偿占用性。单位或个人开发经营国有自然资源,既应当为拥有开发权而付出代价;又因享受国有自然资源而有义务支付一定费用。所以说,我国资源税具有收益税的性质。

3.具有级差收入税的特点

我国资源税通过对同一资源实行高低不同的差别税率,可以直接调节因资源条件不同而产生的级差收入。

4. 实行从量定额、从价定率征收

资源税的应纳税额，按照从价定率或者从量定额的办法，分别以应税产品的销售额乘以纳税人具体适用的比例税率或者以应税产品的销售数量乘以纳税人具体适用的定额税率计算。

二、资源税的基本法律规定

(一) 资源税的征税范围

现行资源税采用列举法，其税目包括以下七大类，七个税目下面又设有子税目。税目及子目主要是根据资源税应税产品和纳税人开采资源的行业特点设置的。

1. 原油

即指开采的天然原油，不包括人造石油。

2. 天然气

即指专门开采或与原油同时开采的天然气，暂不包括煤矿生产的天然气。

3. 煤炭

它包括原煤和以未税原煤加工的洗选煤。

4. 金属矿

包括稀土、钨、钼、铁矿、金矿、铜矿、铝土矿(包括耐火级矾土、研磨级矾土等高铝黏土)、铅锌矿、镍矿、锡矿及未列举名称的其他金属矿产品。

5. 非金属矿

包括石墨、硅藻土、高岭土、萤石、石灰石、硫铁矿、磷矿、氯化钾、硫酸钾、井矿盐、湖盐、提取地下卤水筛制的盐、煤层(成)气、黏土、砂石及其他未列举名称的非金属矿产品。

6. 海盐

指海水晒制的盐，不包括提取地下卤水晒制的盐。

(二) 资源税的纳税人和扣缴义务人

1. 资源税的纳税人

在中华人民共和国领域及管辖海域开采或者生产应税自然资源产品的单位和个人，为资源税的纳税人。

上述单位是指国有企业、集体企业、私营企业、股份制企业、其他企业和行政单位、事业单位、军事单位、社会团体及其他单位。个人是指个体经营者及其他个人。其他单位和其他个人包括外商投资企业、外国企业及外籍人员。

对进口应税资源产品的单位或个人不征收资源税，相应的对出口应税产品也不退(免)已纳的资源税。

中外合作开采石油、天然气，按照现行规定征收资源税，不再缴纳矿区使用费。

2. 资源税的扣缴义务人

为了加强对资源税零星税源的源泉控管，堵塞漏洞，节约征税费用，税法规定了代扣代缴制度，其扣缴义务人是收购未税矿产品的单位。

收购未税矿产品的单位是指独立矿山、联合企业和其他单位。独立矿山是指只有采矿或只有采矿和选矿并实行独立核算、自负盈亏的单位，其生产的原矿和精矿主要用于对外销售；联合企业是指采矿、选矿、冶炼(或加工)连续生产的企业或采矿、冶炼(或加工)连续生产的企业,其采矿单位一般是该企业的二级或二级以下核算单位;其他单位中还包括收购未税矿产品的个体户。

扣缴义务人履行代扣代缴义务的适用范围是收购的除原油、天然气、煤炭以外的资源税未税矿产品。

（三）资源税税率

资源税采用比例税率和定额税率两种形式,对原油和天然气两款税目按照比例税率从价征收,其他税目按照固定税额从量征收。

资源税具体适用的税率、税额在表9-1的幅度范围内按照等级来确定。

表9-1 资源税税目税率表

税 目		税 率
一、原油		销售额的 6%～10%
二、天然气		销售额的 6%～10%
三、煤炭		销售额的 2%～10%
四、金属矿	稀土（精矿）	轻稀土按地区执行不同的使用税率,其中,内蒙古为 11.5%、四川为 9.5%、山东为 7.5%,中重稀土资源税使用税率为 27%
	钨（精矿）	6.5%
	钼（精矿）	11%
	铁矿（精矿）	1%～6%
	金矿（金锭）	1%～4%
	铜矿（精矿）	2%～8%
	铝土矿（原矿）	3%～9%
	铅锌矿（精矿）	2%～6%
	镍矿（精矿）	2%～6%
	锡矿（精矿）	2%～6%
	未列举名称的其他金属矿产品（原矿或精矿）	税率不超过 20%
五、黑色金属矿原矿	石墨（精矿）	3%～10%
	硅藻土（精矿）	1%～6%
	高岭土（原矿）	1%～6%
	萤石（精矿）	1%～6%
	石灰石（原矿）	1%～6%
	硫铁矿（精矿）	1%～6%
	磷矿（原矿）	3%～8%
	氯化钾（精矿）	3%～8%

（续表）

税　目		税　率
	硫酸钾（精矿）	6%～12%
	井矿盐（氯化钠初级产品）	1%～6%
	湖盐（氯化钠初级产品）	1%～6%
五、黑色金属矿原矿	提取地下卤水晒制的盐（氯化钠初级产品）	3%～15%
	煤层（成）气（原矿）	1%～2%
	黏土、砂石（原矿）	每吨或立方米 0.1～5 元
	未列举名称的其他非金属矿产品（原矿或静矿）	从量税率每吨或立方米不超过 30 元；从价税率不超过 20%
六、海盐（氯化钠初级产品）		1%～5%

独立矿山、联合企业收购未税矿产品，按照本单位应税产品税额、税率标准，依据收购的数量代扣代缴资源税。其他收购单位收购的未税矿产品，按主管税务机关核定的应税资源产品税额、税率标准，依据收购的数量代扣代缴资源税。

（四）资源税的税收优惠

资源税贯彻普遍征收、级差调节的原则思想，减免税项目相对较少。

凡有下列情形之一的，减征或者免征资源税：

① 开采原油过程中用于加热、修井的原油，免税。

② 纳税人开采或者生产应税产品过程中，因意外事故或者自然灾害等原因遭受重大损失的，由省、自治区、直辖市人民政府酌情决定减税或者免税。

③ 对依法在建筑物下、铁路下、水体下通过充填开采方式采出的矿产资源，资源税减征50%。充填开采是指随着回采工作面的推进，向采空区或离层带空间充填废石、尾矿、废渣、建筑废料以及专用充填合格材料等采出矿产品的开采方法。

④ 对实际开采年限在 15 年以上的衰竭期矿山开采的矿产资源，资源税减征 30%。衰竭期矿山是指剩余可采储量下降到原设计可采储量的 20%（含）以下或剩余服务年限不超过 5 年矿山，以开采企业下属的单个矿山为单位确认。

⑤ 对鼓励利用的低品位矿、废石、尾矿、废渣、废水、废气等提取的矿产品，由省级人民政府根据实际情况确定是否给予减税或免税。

纳税人的减税、免税项目，应当单独核算课税数量，未单独核算或者不能准确提供课税数量的，不予减税或者免税。另外，资源税规定仅对我国境内开采或生产应税产品的单位和个人征收，进口的矿产品和盐不征收资源税。但出口的应税产品不可免征资源税，也不退还已纳资源税。

三、资源税应纳税额的计算

（一）一般计算方法

资源税的应纳税额按照从价定率或者从量定额的方法，分别以应税产品的销售额乘以纳税人具体适用的比例税率或者以应税产品的销售数量乘以纳税人具体适用的定额税率计算。

1. 从价定率征收

从价定率征收时,计税依据为应税产品的销售额。

$$应纳税额 = 销售额 \times 税率$$

销售额为纳税人销售应税产品向购买方收取的全部价款和价外费用,但不包括收取的增值税销项税额。价外费用包括价外向购买方收取的手续费、补贴、基金、集资费、返还利润、奖励费、违约金、滞纳金、延期付款利息、赔偿金、代收款项、代垫款项、包装费、包装物租金、储备费、优质费、运输装卸费以及其他各种性质的价外收费。但下列项目不包括在内:

① 同时符合以下条件的代垫运输费用:

a. 承运部门的运输费用发票开具给购买方的;

b. 纳税人将该项发票转交给购买方的。

② 同时符合以下条件代为收取的政府性基金或者行政事业性收费:

a. 由国务院或者财政批准设立的政府性基金,由国务院或者省级人民政府及其财政、价格主管部门批准设立的行政事业性收费;

b. 收取时开具省级以上财政部门印制的财政票据;

c. 所收款项全额上缴财政。

【例 9-1】　某油田 2016 年 3 月销售原油 15 000 吨,开具增值税专用发票,取得销售额 75 000万元,增值税税额 12 750 万元,适用税率为 8%。

要求:计算出该油田 3 月应缴纳的资源税。

解:资源税的应纳税额=75 000×8%=600(万元)

2. 从量定额征收

从量定额征收时,资源税应纳税额的计算必须正确核定课税数量,即计税依据。

$$应纳税额 = 课税数量 \times 单位税额$$

(二)资源税计税方法的特殊规定

① 将开采的原煤加工为洗选煤销售的,以洗选煤销售额乘以折算率作为应税煤炭销售额,计算缴纳资源税。

$$洗选煤应纳税额 = 洗选煤销售额 \times 折算率 \times 适用税率$$

② 纳税人用已纳资源税的应税产品进一步加工应税产品销售的,不再缴纳资源税。纳税人以未税产品和已税产品混合销售或混合加工为应税产品销售的,应当准确核算已税产品的购进金额,在计算加工后的应税产品销售额时,准予抵扣已税产品的购进金额;未分别核算的,一并计算缴纳资源税。

③ 为促进共伴生矿的综合利用,纳税人开采销售共伴生矿,共伴生矿与主矿产品销售额分开核算的,对共伴生矿暂不计征资源税;没有分开核算的,共伴生矿按主矿产品的水木和适用税率计征资源税。

【例 9-2】　某煤矿企业(增值税一般纳税人),本月向某电厂销售优质原煤 3 000 吨,开具增值税专用发票注明不含税价款 40 万元,支付从坑口到车站的运输费用 2 万元;向某煤场销售选煤,开具增值税普通发票列明销售额为 11.6 万元。该煤矿的资源税税率为 5%,选煤折算率为 92%,试计算应纳的资源税税额。

应纳税额＝40×5%＋11.6÷(1+16%)×92%×5%＝2.46(万元)

四、资源税的征收管理

(一)纳税义务的发生时间

① 纳税人采取分期收款结算方式的,其纳税义务发生时间为销售合同规定的收款日期的当天。

② 纳税人采取预收货款结算方式的,其纳税义务发生时间为发出应税产品的当天。

③ 纳税人采取其他结算方式的,其纳税义务发生时间为收讫销售款或者取得索取销售款凭据的当天。

④ 纳税人自产自用应税产品的,其纳税义务发生时间为移送使用应税产品的当天。

⑤ 扣缴义务人代扣代缴税款的纳税义务发生时间,为支付首笔货款或者首次开具支付货款凭据的当天。

(二)纳税环节

① 资源税在应税产品的销售或自用环节计算缴纳。以自采原矿加工精矿产品的,在原矿移送使用时不缴纳资源税,在精矿销售或自用时缴纳资源税。

② 纳税人以自采原矿加工金锭的,在金锭销售或自用时缴纳资源税。纳税人销售自采原矿或者自采原矿加工的金精矿、粗金,在原矿或者金精矿、粗金销售时缴纳资源税,在移送使用时不缴纳资源税。

③ 纳税人以应税产品投资、分配、抵债、赠予、以物易物等,视同销售,在移送使用环节缴纳资源税。

(三)纳税期限

资源税的纳税期限由主管税务机关根据纳税人(扣缴义务人)应纳(应缴)税额的多少,分别核定 1 日、3 日、5 日、10 日、15 日或者 1 个月,纳税人的纳税期限由主管税务机关根据实际情况具体核定。不能按固定期限计算纳税的,可以按次计算纳税。纳税人以 1 个月为纳税期限的,自期满之日起 10 日内申报纳税;以 1 日、3 日、5 日、10 日、15 日为纳税期限的,自期满之日起 5 日内预缴税款,于次月 1 日起 10 日内申报纳税并结清上月税款。

(四)纳税地点

① 纳税人应纳的资源税,应当向应税产品的开采或者生产所在地的主管税务机关缴纳。

② 纳税人在本省、自治区、直辖市范围内开采或者生产应税产品,其纳税地点需要调整的,由所在省、自治区、直辖市税务机关决定。

③ 跨省、自治区、直辖市开采或生产资源税应税产品的纳税人,其下属生产单位与核算单位不在同一省、自治区、直辖市的,对其开采或生产的应税产品,一律在开采地或生产地纳税。实行从量计征的应税产品,其应纳税款一律由独立核算的单位按照每个开采地或者生产地的销售量及适用税率计算划拨;实行从价计征的应税产品,其应纳税款一律由独立核算的单位按照每个开采地或者生产地的销售量、销售价格及适用税率计算划拨。

④ 扣缴义务人代扣代缴的资源税,应当向收购地主管税务机关缴纳。

 **任务训练**

一、单项选择题

1. 某采矿企业 6 月共开采锡矿石 50 000 吨，销售锡矿石 40 000 吨，适用税额为每吨 6 元。该企业 6 月应缴纳的资源税额为（　　）元。

A. 168 000　　　　　B. 210 000　　　　　C. 240 000　　　　　D. 300 000

2. 下列产品中，不征资源税的有（　　）。

A. 出口海盐　　　　　　　　　　　B. 铜矿石

C. 锡矿石　　　　　　　　　　　　D. 中外合作开采的石油天然气

3. 某铁矿山 2017 年 12 月份销售铁矿石原矿 6 万吨，移送入选精矿 0.5 万吨，选矿比为 40%，适用税额为 10 元/吨。该铁矿山当月应缴纳的资源税为（　　）。

A. 55 万元　　　　　B. 60 万元　　　　　C. 65 万元　　　　　D. 72.5 万元

4. 某钨矿企业 2017 年 10 月共开采钨矿石原矿 80 000 吨，直接对外销售钨矿石原矿 40 000 吨，以部分钨矿石原矿入选精矿 9 000 吨，选矿比为 40%。钨矿石适用的税额为每吨 0.6 元。该企业 10 月份应缴纳的资源税为（　　）元。

A. 20 580　　　　　B. 26 250　　　　　C. 29 400　　　　　D. 37 500

5. 某油田 2017 年 12 月生产原油 6 400 吨，当月销售 6 100 吨，自用 5 吨，另有 2 吨在采油过程中用于加热、修井。原油的单位税额为每吨 8 元。该油田当月应缴纳的资源税为（　　）。

A. 48 840 元　　　　　B. 48 856 元　　　　　C. 51 200 元　　　　　D. 51 240 元

二、多项选择题

1. 下列纳税人中，不缴纳资源税的有（　　）。

A. 采掘应税资源产品的外商投资企业和外国企业

B. 进口应税资源产品的国有企业

C. 进口应税资源产品的个人

D. 采掘应税资源产品的私营企业

2. 下列各项中，属于资源税纳税人的有（　　）。

A. 开采原煤的国有企业　　　　　　　B. 进口铁矿石的私营企业

C. 生产石灰石的个体经营者　　　　　D. 开采天然原油的外商投资企业

3. 下列各项中，符合资源税纳税义务发生时间规定的有（　　）。

A. 采取分期收款结算方式的为实际收到款项的当天

B. 采取预收货款结算方式的为发出应税产品的当天

C. 自产自用应税产品的为移送使用应税产品的当天

D. 采取其他结算方式的为收讫销售款或取得索取销售款凭据的当天

4. 下列各项资源中，为应税资源的有（　　）。

A. 人造石油　　　　　　　　　　　B. 天然矿泉水

C. 锰矿石原矿　　　　　　　　　　D. 与原油同时开采的天然气

5. 下列不征资源税的矿产品有（　　）。

A. 加热、修井用原油　　　　　　　　B. 煤油

C. 海盐　　　　　　　　　　　　　D. 居民煤炭制品

任务二　土地增值税

一、土地增值税概述

（一）土地增值税的概念

土地增值税是对有偿转让国有土地使用权及地上建筑物和其他附着物产权，并取得增值收入的单位和个人征收的一种税。

我国现行土地增值税是指对单位和个人在有偿转让国有土地使用权及地上建筑物和其他附着物产权时取得的增值性收入征税，即对土地增值额或土地的受益额征税。征收土地增值税有利于适度加强国家对房地产开发、交易行为的宏观调控，抑制土地炒买炒卖，保障国家权益；有利于规范国家参与土地增值收益的分配方式，增加财政收入。

（二）土地增值税的特点

1. 以转让房地产取得的增值额为征税对象

我国的土地增值税属于"土地转让增值税"的类型，将土地、房屋的转让收入合并征收。作为征收对象的增值额，是纳税人转让房地产的收入减去税法规定准予扣除项目金额后的余额。

2. 征税面比较广

凡在我国境内转让房地产并取得增值收入的单位和个人，除税法规定免税的以外，均应按照税法规定缴纳土地增值税。

3. 采用扣除法和评估法计算增值额

一般来说，以纳税人转让房地产取得的收入，减除法定扣除项目金额后的余额作为计税依据。对旧房及建筑物的转让，以及对纳税人转让房地产申报不实、成交价格偏低的，采用评估价格法确定增值额。

4. 采用超率累进税率

土地增值税的税率是以转让房地产的增值率高低为依据，按照累进原则设计的，实行分级计税。我国土地增值税采用的是超率累进税率，增值率高的，使用的税率高，多纳税；增值率低的，使用的税率低，少纳税。税收负担较为合理，体现了国家政策。

5. 实行按次征收，其纳税时间、缴纳方法根据房地产转让情况而定

土地增值税发生在房地产转让环节，实行按次征收，每发生一次转让行为，就应根据每次取得的增值额征一次税。其纳税时间和缴纳方法根据房地产转让情况而定。

二、土地增值税的基本法律规定

（一）土地增值税的征税范围

土地增值税的征税范围包括：

① 转让国有土地使用权。"转让"不同于"出让"，国家出让国有土地使用权不征税。

② 地上建筑物及其附着物连同国有土地使用权一并转让。转让是指以出售或其他方式进行的有偿转让，不包括以继承、赠予方式进行的无偿转让。出租房地产行为和受托代建工程，由于产权没有转移，不属于纳税范围。征税范围的具体规定见表9-2。

表 9-2

有关事项	是否属于征税范围
1. 出售	① 出售国有土地使用权； ② 取得国有土地使用权后进行房屋开发建造后出售； ③ 存量房地产买卖
2. 继承、赠予	① 继承不征(无收入)； ② 赠予中公益性赠予、赠予直系亲属或承担直接赡养义务人,不征税;非公益性赠予,征税
3. 出租	不征(无权属转移)。征城建税和教育费附加
4. 房地产抵押	① 抵押期不征税； ② 抵押期满偿还债务本息,不征税； ③ 抵押期满,不能偿还债务,而以房地产抵债,征税
5. 房地产交换	① 单位之间换房,征税； ② 对个人(企业纳税人不行)之间互换自有居住用房地产(商业用地不行)的,经当地税务机关核实,可以免征土地增值税
6. 以房地产投资、联营	① 凡所投资、联营的企业从事房地产开发的,征税； ② 房地产开发企业以其建造的商品房进行投资和联营的,征税； ③ 投资联营企业将投资联营房地产再转让,征税； ④ 非房地产开发企业将房地产投资到投资联营企业,暂免征税
7. 合作建房	① 建成后自用,暂免征税； ② 建成后转让(包括合作建房双方之间的转让),征税
8. 企业兼并转让房地产	暂免征税
9. 房地产评估增值	不征税(无收入)
10. 国家收回房地产权	免税

③ 存量房地产的买卖。存量房地产是指已经建成并已投入适用的房地产,其房屋所有人将房屋产权和土地使用权一并转让给其他单位和个人。这种行为按照国家有关的房地产法律和法规,应当到有关部门办理房产产权和土地使用权的转移变更手续;原土地使用权属于无偿划拨的,还应到土地管理部门补交土地出让金。

（二）土地增值税的纳税人

土地增值税的纳税人是转让国有土地使用权、地上建筑物及其附着物(以下简称"转让房地产")并取得收入的单位和个人。单位包括各类企业、事业单位、国家机关、社会团体及其他组织。个人包括个体经营者。

由此可见,在土地增值税纳税人的确定上,只要发生有偿转让房地产的行为,不论法人与自然人,不论企业的经济性质,不论内资企业与外资企业,也不论行业部门,都是土地增值税的纳税人。

（三）土地增值税的税率

土地增值税实行四级超率累进税率,见表 9-3。

表 9‑3 土地增值税四级超率累进税率表

级 数	增值额与扣除项目金额的比率	税率/％	速算扣除系数/％
1	不超过 50％的部分	30	0
2	超过 50％至 100％的部分	40	5
3	超过 100％至 200％的部分	50	15
4	超过 200％的部分	60	35

（四）土地增值税的税收优惠

① 纳税人建造普通标准住宅出售，增值额未超过扣除项目金额20％的，免征土地增值税。

② 因国家建设需要依法征用、收回的房地产，免征土地增值税。

③ 因城市实施规划、国家建设的需要而搬迁，由纳税人自行转让原房地产的，免征土地增值税。

④ 自1999年8月1日起，对居民个人拥有的普通住宅，在其转让时暂免征收土地增值税。个人因工作调动或改善居住条件而转让原有自用住房（非普通住宅），经向税务机关申报审核，凡居住满5年或5年以上的，免予征收土地增值税；居住满3年未满5年的，减半征税；居住未满3年的，按规定计征土地增值税。从2008年11月1日起，对居民个人转让住房一律免征土地增值税。

⑤ 国家规定的其他土地增值税优惠政策。

三、土地增值税应纳税额的计算

（一）增值额的确定

$$增值额 = 转让房地产收入 - 扣除项目金额$$

1. 转让房地产取得的收入

纳税人转让房地产取得的收入包括转让房地产的全部价款及有关的经济效益。从收入的形式来看，它包括货币收入、实物收入和其他收入。

纳税人隐瞒、虚报房地产成交价格或转让房地产的成交价格低于房地产评估价格又无正当理由的，应由评估机构参照同类房地产的市场交易价格进行评估，税务机关根据或参照评估价格确定纳税人转让房地产的收入。

2. 扣除项目金额的确定

（1）新建房扣除项目金额的确定

取得土地使用权所支付的金额。取得土地使用权所支付的金额指纳税人为了取得土地使用权所支付的地价款和按国家统一规定缴纳的有关费用。凡是通过行政划拨方式无偿取得土地使用权的企业和单位，则以转让土地使用权时按规定补缴的出让金及有关费用，作为取得土地使用权所支付的金额。

地价款的确定有三种方式：如果是以协议、招标、拍卖等出让方式取得土地使用权的，地价款为纳税人所支付的土地出让金；如果是以行政划拨方式取得土地使用权的，地价款为按照国家有关规定不交的土地出让金；如果是以转让方式取得土地使用权的，地价款为向原土地使用权人实际支付的地价款。

房地产开发成本是指纳税人开发房地产项目实际发生的成本。这些成本允许按实际发生数扣除,主要包括土地征用及拆迁补偿费、前期工程费,建筑安装工程费、基础设施费、公共配套设施费、开发间接费用等。

房地产开发费用是指与房地产开发项目有关的销售费用、管理费用、财务费用。会计制度规定,与房地产开发有关的费用直接计入当年损益,不按房地产项目进行归集或分摊。税法对有关费用的扣除标准规定如下:

纳税人能够按转让房地产项目计算分摊利息支出,并能提供金融机构的贷款证明的,其允许扣除的房地产开发费用为:

$$允许扣除的房地产开发费用=利息+(取得土地使用权所支付的金额+$$
$$房地产开发成本)\times 5\%$$

纳税人不能按转让房地产项目计算分摊利息支出或不能提供金融机构贷款证明的,其允许扣除的房地产开发费用为:

$$允许扣除的房地产开发费用=(取得土地使用权所支付的金额+房地产开发成本)\times 10\%$$

上述计算扣除的具体比例由各省、自治区、直辖市人民政府规定。

【例9-3】 某房地产开发公司整体出售了其新建的商品房,取得与商品房相关的土地使用权支付的金额为1 000万元,房地产开发成本为6 000万元,该公司未能按转让房地产项目计算分摊银行借款利息;该项目所在省政府规定计征土地增值税时房地产开发费用扣除比例按国家规定允许的最高比例执行。

要求:计算该公司应扣除的房地产开发费用。

解:根据《实施细则》的规定,房地产开发费用中的财务费用,凡不能按照转让房地产项目计算分摊银行借款利息,房地产开发费用按地价款和房地产开发成本金额之和的10%以内计算扣除,则:

该公司应扣除的房地产开发费用=(1 000+6 000)×10%=700(万元)

与转让房地产有关的税金是指在转让房地产时已缴纳的城市维护建设税、印花税以及教育费附加。房地产开发企业转让房地产缴纳的印花税应列入管理费用科目中,故在此不允许单独再扣除。

财政部规定的其他扣除项目。财政部规定,对专门从事房地产开发的纳税人,可以按取得土地使用权所支付的金额和房地产开发成本的金额之和,加计20%扣除。

(2) 旧房及建筑物的扣除项目金额的确定

税法规定,转让旧房的,按照房屋及建筑物的评估价格、取得土地使用权所支付的地价款和按国家统一规定缴纳的有关费用以及在转让环节缴纳的税金作为扣除项目金额计征土地增值税。

旧房及建筑物的评估价格是指在转让已使用的房屋及建筑物时,由政府批准设立的房地产评估机构评定的充值成本价乘以成新度折扣率后的价格。评估价格须经当地税务机关确认。

重置成本价即对旧房及建筑物,按转让时的建材价格及人工费用计算,建造同样面积、同样层次、同样结构、同样建设标准的新房及建筑物所需话费的成本费用。

成新度折旧不同于会计核算中的折旧,它是根据房屋在评估时的实际新旧程度,按专业机构规定的房屋新旧登记标准进行对照,并参考房屋的适用时间、适用程度和保养情况,综合确定房屋的新旧比例,一般用几成新表示。

【例9-4】 一栋2014年建造的房屋,当时造价100万元,按照2016年转让的建材及人工费用计算,建造同样的新房需要 200 万元,则 200 万元即为重置成本价。假设该房屋为七成新。

要求:计算该房屋的评估价格。

解:该房屋的评估价格=200×70%=140(万元)

根据税法的规定,出售旧房及建筑物的,应按评估价格计算扣除项目的金额。纳税人转让旧房及建筑物时,因计算纳税的需要对房地产进行评估,其支付的评估费用允许在计算土地增值税时予以扣除。但对纳税人因隐瞒、虚报房地产成交价格等情形而按房地产评估价格计算征收土地增值税时所发生的评估费用,则不允许在计算土地增值税时予以扣除。

3. 增值额

增值额是指纳税人转让房地产所得的收入,减除准予扣除的项目金额后的余额。如果纳税人转让房地产的收入减除规定的扣除项目金额后没有余额,则不需要缴纳土地增值税。

纳税人不能准确提供房地产转让价格或扣除项目金额,致使增值税不准确,影响应纳税额的计算和缴纳,应依法按照房地产评估价格计算征收。

(二) 应纳税额的计算

土地增值税的计算公式如下:

$$应纳税额 = \sum (每级距的土地增值税 \times 适用税率)$$

为了简便土地增值税的计算,一般可采用速算扣除法计算。速算扣除法的计算公式如下:

$$应纳税额 = 增值额 \times 适用税率 - 扣除项目金额 \times 速算扣除系数$$

1. 主营房地产业务的企业

主营房地产业务的企业是指企业的经营业务中,房地产业务是企业的主要经营业务,其经营收入在企业的经营收入中占有较大比重,并且是直接影响企业的经济效益。不同销售方式下,企业土地增值税的计算方法如下:

(1)现货房地产销售

在现货房地产销售的情况下,采用一次性收款、房地产移交使用、发票账单提交买主、钱货两清方式销售房地产的,应于房地产已经移交和发票账单提交买主时作为销售实现,计算应由实现的营业收入负担的土地增值税。

在现货房地产销售情况下,采取赊销、分期收款方式销售房地产的,应以合同规定的收款时间作为销售实现时间,分次结转收入。同时计算应由实现的营业收入负担的土地增值税。

(2)商品房预售

在商品房预售的情况下,商品房交付使用前采用一次性收款或分次收款方式的,采取先按比例预征,然后清算的办法征收土地增值税。

【例9-5】 某房地产公司出售高级公寓一栋,获得货币收入 7 500 万元,获得购买方原准备盖楼的钢材 2 100 吨,每吨 0.25 元。公司为取得土地使用权支付 1 450 万元,开发土地、建房及配套设施等支出 2 110 万元,支付开发费用 480 万元(其中,利息支出 295 万元,未超过规定标准),支付转让房地产有关的税金47万元。

要求:计算该公司应纳的土地增值税。

解:收入额=7 500+2 100×0.25=8 025(万元)

开发费用可扣除额=295+(1 450+2 110)×5%=473(万元)

扣除项目金额=(1 450+2 110)×(1+20%)+473+47=4 792(万元)

增值额=8 025-4 792=3 233(万元)

增值额与扣除项目的比例=3 233÷4 792=67.47%

该比例超过50%未超过100%,故税率为40%,速算扣除系数为5%,则:

应纳税额=3 233×40%-4 792×5%=1 053.6(万元)

2. 兼营房地产业务的企业

兼营房地产业务的企业是指虽然经营房地产业务,但不是以此为主,而是兼营或附带经营房地产业务的企业。

【例9-6】 某国有商业企业在2016年10月利用库房空地进行住宅商品房开发,按照国家有关规定补交土地出让金2 850万元,缴纳相关费用是150万元,住宅开发成本2 900万元,其中含装修费用600万元;房地产开发费用中的利息支付为300万元(不能提供金融机构证明);当年住宅全部销售完毕,取得不含增值税销售收入共计9 300万元;缴纳城市维护建设税和教育费附加50.35万元,缴纳印花税4.65万元。已知:该公司所在省人民政府规定的房地产开发费用的计算扣除比例为10%。计算该企业销售住宅应缴纳的土地增值税税额。

解:住宅销售收入=9 300(万元)

扣除项目金额:

取得土地使用权所支付的金额=2 850+150=3 000(万元)

房地产开发成本=2 900(万元)

房地产开发费用=(3 000+2 900)×10%=590(万元)

转让房地产允许扣除的税金=50.35+4.65=55(万元)

转让房地产的扣除项目金额=3 000+2 900+590+55=6 545(万元)

转让房地产的增值额=9 300-6 545=2 755(万元)

增值额与扣除项目金额比例=2 755÷6 545=45.09%

增值额占扣除项目金额的比例大于50%,故税率为30%,速算扣除系数为0。

应纳税额=2 755×30%=826.5(万元)

3. 销售旧房

旧房是企业已使用过的房屋及建筑物。销售旧房首先按评估价格及有关因素计算、确定扣除项目金额,再计算应纳税额。

【例9-7】 某企业将旧车间出售,取得不含增值税的收入80万元,该车间账面原值30万元,已提折旧14万元,评估价值为40万元,交纳城市建设维护税及教育费附加共44 000元,发生其他清理费用8 000元。计算应纳的土地增值税。

解:扣除项目金额=400 000+44 000=444 000(元)

增值额=800 000-444 000=356 000(元)

增值额占扣除项目的比例=356 000÷444 000=80.18%

应纳税额=356 000×40%-444 000×5%=120 200(元)

四、土地增值税的征收管理

（一）纳税义务的发生时间

土地增值税纳税义务的发生时间为房地产转让合同签订之日。通过非正常方式转让房地产的土地增值税纳税义务发生时间如下：

① 已签订房地产转让合同，原房地产因种种原因迟迟未能过户，后因有关问题解决后再办理房地产转移登记，土地增值税纳税义务的发生时间以签订房地产转让合同时间为准。

② 法院在进行民事判决、民事裁定、民事调解过程中，判决或裁定房地产所有权转移，土地增值税纳税义务的发生时间以判决书、裁定书、民事调解书确定的权属转移时间为准。

③ 依法设立的仲裁机构裁决房地产权属转移，土地增值税纳税义务的发生时间以仲裁书明确的权属转移时间为准。

（二）纳税环节

土地增值税是在国有土地使用权、地上房地产转让环节课征，一般有以下两种纳税方式：

1. 预征土地增值税，待工程项目竣工结算后，多退少补

纳税人在项目全部竣工结算前转让房地产取得的收入，由于涉及成本确定或其他原因，而无法据以计算土地增值税的，可以预征土地增值税，待该项目全部竣工，办理结算后再进行清算，多退少补。

2. 按转让次数纳税

对于转让存量房地产的（即指已经建成并已投入使用的房地产，其房屋所有人将房地产权和土地使用权一并转让给其他单位和个人），其土地增值税的纳税环节就在转让环节，每转让一次都应计算征收。

（三）纳税期限

纳税人应在转让房地产合同签订后 7 日内，到房地产所在地主管税务机关办理纳税申报，并向税务机关提交房屋及建筑物产权、土地使用权证书，土地转让、房屋买卖合同，房地产评估报告及其他与转让房地产有关的资料，然后在税务机关规定的期限内缴纳土地增值税。

（四）纳税地点

土地增值税的纳税地点为房地产所在地，即房地产坐落地。纳税人转让的房地产坐落在两个或两个以上地区的，应按房地产所在地分别申报纳税。

在实际工作中，纳税地点的确定又可分为以下两种情况：

1. 纳税人是法人

转让房地产坐落地与其机构所在地或经营所在地一致的，应在办理税务登记的原管辖税务机关申报纳税；如果不一致的，则应在房地产坐落地所管辖的税务机关申报纳税。

2. 纳税人是自然人

转让房地产坐落地与其居住所在地一致的，应在住所所在地税务机关申报纳税；如果不一致的，则应在办理过户手续所在地的税务机关申报纳税。

 任务训练

一、单项选择题

1. 房地产开发企业转让房地产的,其已缴纳的税金不得单独扣除的是( )。

A. 增值税
B. 城市维护建设税
C. 印花税
D. 教育费附加

2. 某单位转让一幢已经使用过的楼房,售价 500 万元。该楼房原价为 600 万元,已提折旧 400 万元。经房地产评估机构评估,该楼重置成本价为 800 万元,成新度折扣率为五成。转让时缴纳各种税费共 27.5 万元。该单位应缴纳的土地增值税是( )万元。

A. 25
B. 24.15
C. 20
D. 21.75

3. 2017 年 8 月某房产开发公司转让新建普通标准住宅一幢,取得转让收入 4 000 万元,转让环节缴纳税款以及有关费用合计 220 万元(不含印花税)。该公司为取得土地使用权而支付的地价款和有关费用为 1 600 万元,房地产开发成本为 900 万元,利息支出 210 万元(能够按房地产项目计算分摊并提供金融机构证明,但其中有 30 万元属于超过贷款期限的利息)。该公司所在地政府规定的其他房地产开发费用的计算扣除比例为 5%。该单位应缴纳土地增值税( )万元。

A. 0
B. 133.5
C. 142.5
D. 292.5

4. 某房地产开发公司整体出售了其新建的商品房,取得收入 20 000 万元,与商品房相关的土地使用权支付额和开发成本共计 10 000 万元;该公司没有按房地产项目计算分摊银行借款利息;该项目所在省政府规定计征土地增值税时房地产开发费用扣除比例按国家规定允许的最高比例执行;该项目转让的有关税金为 200 万元。该商品房项目应缴纳的土地增值税是( )万元。

A. 1 500
B. 2 000
C. 2 500
D. 2 060

5. 对房地产开发企业进行土地增值税清算时,下列表述中,正确的是( )。

A. 房地产开发企业的预提费用,除另有规定外,不得扣除
B. 房地产开发企业提供的开发间接费用资料不实的,不得扣除
C. 房地产开发企业提供的前期工程费的凭证不符合清算要求的,不得扣除
D. 房地产开发企业销售已装修房屋,可以扣除的装修费用不得超过房屋值的 10%

二、多项选择题

1. 计算土地增值税时,下列费用准予从收入总额中扣除的有( )。

A. 耕地占用税
B. 开发小区的排污费、绿化费
C. 安置动迁用房的支出
D. 超过贷款期限的利息和加罚的利息支出

2. 下列项目中,免征土地增值税的有( )。

A. 以房地产抵债而发生房地产产权转移的
B. 被兼并企业将房地产转让到兼并企业中的
C. 房地产企业以土地(房地产)作价入股进行投资
D. 国家收回国有土地使用权、征用地上建筑物及附着物

3. 下列各项中,符合土地增值税征收管理有关规定的有( )。

A. 纳税人建造普通标准住宅出售,增值额未超过扣除项目金额 20% 的,减半征收土地增值税

B. 纳税人建造普通标准住宅出售,增值额未超过扣除项目金额 20% 的,免征土地增值税

C. 纳税人建造普通标准住宅出售,增值额超过扣除项目金额 20% 的,应对其超过部分的增值额按规定征收土地增值税

D. 纳税人建造普通标准住宅出售,增值额超过扣除项目金额 20% 的,应就其全部增值额按规定征收土地增值税

4. 下列项目中,计征土地增值税时需要用评估价格来确定转让房地产收入、扣除项目金额的包括(　　)。

A. 出售新房屋及建筑物的
B. 出售旧房屋及建筑物的
C. 虚报房地产成交价格的
D. 以房地产进行投资联营的

5. 按照土地增值税征收管理的有关规定,下列项目中,属于房地产评估机构应履行的义务有(　　)。

A. 向税务机关提供房产买卖合同

B. 向税务机关无偿提供与房地产评估有关的评估资料

C. 按当地政府的要求按期报送房地产的价格评估结果

D. 严格按税法规定的办法进行应纳税房地产的价格评估

任务三　城镇土地使用税

一、城镇土地使用税概述

(一)城镇土地使用税的概念

城镇土地使用税是以城镇土地为征税对象,以实际占用的土地面积为计税依据,按规定税额对拥有土地使用权的单位和个人征收的一种税。

(二)城镇土地使用税的特点

1. 对占用土地的行为征税

根据我国《宪法》的规定,城镇土地的所有权归国家,单位和个人对占用的土地只有使用权而无所有权。因此,现行的城镇土地使用税实质上是对占用土地行为的课税。

2. 征税对象是国有土地

我国城镇的土地归国家所有。开征城镇土地使用税,实质上是运用国家政治权力,将纳税人获取的本应属于国家的土地收益集中到国家手中。

3. 征税范围有所限定

现行城镇土地使用税征税范围限定在城市、县城、建制镇、工矿区,上述范围之外的土地不属于城镇土地使用税的征税范围,即不包括农村地区。

4. 实行差别幅度税额

为了有利于体现国家政策,城镇土地使用税实行差别幅度税额,不同城镇使用不同税额,

对同一城镇的不同地段,根据市政建设状况和经济繁荣程度确定不同的负担水平,以此更好地调节土地级差收入。

二、城镇土地使用税的基本法律规定

(一)城镇土地使用税的征税范围

城镇土地使用税的征税范围包括城市、县城、建制镇和工矿区内的所有土地。

① 城市是指国务院批准设立的市,其征税范围包括市区和郊区的土地。

② 县城是指县级人民政府所在地,其征税范围包括县人民政府所在地的城镇的土地。

③ 建制镇是指经省、自治区、直辖市人民政府批准设立的建制镇,其征税范围为镇人民政府所在地的土地。

④ 工矿区是指工商业比较发达,人口比较集中,符合国务院规定的建制镇标准,但尚未设立建制镇的大中型工矿企业所在地。工矿区须经省、自治区、直辖市人民政府批准。

对已按规定免征城镇土地使用税的企业范围内的荒山、林地、湖泊等占地,自2014年1月1日至2015年12月31日,按应纳税额减半征收城镇土地使用税;自2016年1月1日起,全额征收城镇土地使用税。

(二)城镇土地使用税的纳税人

城镇土地使用税的纳税人是征收地域范围内使用土地的单位和个人。所谓单位,包括国有企业、集体企业、私营企业、股份制企业、外商投资企业、外国企业以及其他企业和事业单位、社会团体、国家机关、军队以及其他单位。所谓个人,包括个体工商户以及其他个人。城镇土地使用税的纳税人通常包括以下四类:

① 拥有土地使用权的单位和个人;

② 拥有土地使用权的单位和个人不在土地所在地的,以土地的实际使用人或代管人为纳税人;

③ 土地使用权未确定或权属纠纷未解决的,以实际使用人为纳税人;

④ 土地使用权共有的,由共有各方分别纳税。即由共有各方分别纳税。

(三)城镇土地使用税的税率

城镇土地使用税采用定额税率,由于全国城镇经济发展水平千差万别,又是地方税,所以国家只是规定了一个幅度差别税额。其具体规定见表9-4。

表9-4 城镇土地使用税税率表

级 别	人口/人	每平方米税额/元
大城市	50万以上	1.5~30
中等城市	20万~50万	1.2~24
小城市	20万以下	0.9~18
县城、建制镇、工矿区		0.6~12

各省、自治区、直辖市人民政府可根据市政建设情况和经济繁荣程度在规定税额幅度内确定所辖地区的适用税额幅度。经济落后地区土地使用税的适用税额标准可适当降低,但降低

额不得超过上述规定最低税额的 30%。经济发达地区的适用税额标准可以适当提高,但须报财政部批准。

(四)城镇土地使用税的税收优惠

凡有下列情形之一的,免征土地使用税:

① 国家机关、人民团体、军队自用的土地。但如果是对外出租、经营用则应按规定缴纳土地使用税。

② 由国家财政部门拨付事业经费的单位自用的土地。

③ 宗教寺庙、公园、名胜古迹自用的土地。经营用地则不属于免税范围。

④ 市政街道、广场、绿化地带等公共用地。

⑤ 直接用于农、林、牧、渔业的生产用地。

⑥ 经批准开山填海整治的土地和改造的废弃土地,从使用的月份起免缴城镇土地使用税 5 年至 10 年。

⑦ 企业办的学校、医院、托儿所、幼儿园,其用地能与企业其他用地明确区分的,免征城镇土地使用税。

⑧ 个人所有的居住房屋及院落用地。

⑨ 民政部门举办的安置残疾人占一定比例的福利工厂用地。

⑩ 集体和个人办的各类学校、医院、托儿所、幼儿园用地。

⑪ 国家规定的其他免征土地使用税的情形。

三、城镇土地使用税应纳税额的计算

(一)计税依据

城镇土地使用税以纳税人实际占用的土地面积为计税依据,土地面积以每平方米为计量标准。纳税人实际占用的土地面积按下列办法确定:

① 凡由省、自治区、直辖市人民政府确定的部门组织测定土地面积的,以测定的面积为准;

② 尚未组织测量,但纳税人持有政府部门合法的土地使用证书的,以证书确认的土地面积为准;

③ 尚未核发土地使用证书的,应由纳税人申报土地面积据以纳税,待核发土地使用证后再作调整。

(二)应纳税额的计算

城镇土地使用税按纳税人实际占用的土地面积和规定的税额按年计算,分期纳税。其计算公式为:

$$年度应纳税额 = 应税土地实际占用面积 \times 适用单位税额$$

$$月(或季、半年)度应纳税额 = 年度应纳税额 \div 12(或 4、2)$$

【例 9 - 8】 某市一家企业 2016 年已占用土地面积 4 000 平方米,2016 年 12 月因需扩建生产车间,新征非耕地 500 平方米,该地区适用资源税单位税额 10 元/平方米。

要求:计算该企业 2016 年和 2017 年各应缴纳的城镇土地使用税。

解:2016 年应纳的城镇土地使用税=4 000×10=40 000(元)

2017 年应纳的城镇土地使用税＝(4 000＋500)×10＝45 000(元)

【例 9－9】　某商业企业占用土地 20 000 平方米,其中企业办的学校自用地为 3 000 平方米,当地政府核定的土地使用税税额为 3 元/平方米。

要求:计算该企业应纳的城镇土地使用税。

解:企业办的学校、医院、托儿所、幼儿园,其用地能与企业其他用地明确区分的,免征城镇土地使用税。则:

解:应纳税额＝(20 000－3 000)×3＝51 000(元)

四、城镇土地使用税的征收管理

(一)纳税义务的发生时间

1. 新征用的土地

① 新征用的耕地,自批准征用之日起满 1 年时开始缴纳土地使用税;

② 新征用的非耕地,自批准征用次月起缴纳土地使用税。

2. 以出让或转让方式有偿取得的土地使用权

应由受让方从合同约定交付土地时间的次月起缴纳城镇土地使用税;合同未约定交付土地时间的,由受让方从合同签订的次月起缴纳城镇土地使用税。

3. 购置新建商品房

自房屋交付使用之次月起缴纳城镇土地使用税。

4. 购置存量房

自办理房屋权属转移、变更登记手续,房地产权属登记机关签发房屋权属证书之次月起缴纳城镇土地使用税。

5. 出租、出借房产

自交付出租、出借房产之次月起缴纳城镇土地使用税(不含房地产开发企业)。

(二)纳税期限

城镇土地使用税实行按年计算,分期缴纳的征收办法,具体纳税期限由省、自治区、直辖市人民政府确定。

(三)纳税地点

城镇土地使用税一般应当向土地所在地主管税务机关缴纳。纳税人使用的应税土地属于不同省、自治区、直辖市管辖范围的,应分别按实际占用面积向土地所在地税务机关申报缴纳。在同一省、自治区、直辖市管辖范围内,纳税人跨地区使用的土地,由省、自治区、直辖市地方税务机关确定纳税地点。

 任务训练

一、单项选择题

1. 城镇土地使用税是由(　　)负责征收管理。

A. 国税机关　　　　B. 地税机关　　　　C. 土地管理部门　　D. 财政机关

2. 城镇土地使用税的征税方式是(　　)。

A. 按年计征,分期缴纳　　　　　　B. 按次计征

C. 按年计征,分期预缴　　　　　　D. 按期缴纳

3. 城镇土地使用税适用的税率属于(　　)。

A. 差别比例税率　　B. 幅度比例税率　　C. 定额税率　　　D. 地区差别比例税率

4. 城镇土地使用税的计税依据应为(　　)。

A. 纳税人使用土地而支付的使用费金额

B. 纳税人实际占用的土地面积

C. 纳税人转让土地使用权的转让收入

D. 纳税人租用土地而每年支付的租金

5. 下列土地应缴纳城镇土地使用税的是(　　)。

A. 占有或使用国有土地　　　　　　B. 某街道企业占用的国有土地

C. 家庭住房占地　　　　　　　　　D. 种植农作物用地

6. 某市区某企业医务室占用土地 1 000 平方米、厂房占地 2 000 平方米,税率为 8 元/平方米。该企业的应纳税额为(　　)元。

A. 16 000　　　　　B. 24 000　　　　C. 12 000　　　　D. 18 000

二、多项选择题

1. 由省、自治区、直辖市地方税务局确定减免土地使用税的有(　　)。

A. 对高校后勤实体的用地

B. 对集体和个人办的学校、医院、托儿所、幼儿园的用地

C. 对个人所有的居住房屋及院落的用地

D. 对民政部门举办的安置残疾人占一定比例的福利工厂的用地

2. 以下土地可以免征土地使用税的有(　　)。

A. 非营利性医疗机构自用的土地　　B. 农副产品加工场地

C. 盐场的矿井用地　　　　　　　　D. 港口的码头用地

3. 需要征收城镇土地使用税的地区有(　　)。

A. 城市市区　　　B. 城市郊区　　　C. 县城郊区　　　D. 建制镇

4. 在(　　)使用土地的单位和个人需要缴纳城镇土地使用税。

A. 农村　　　　　B. 建制镇　　　　C. 工矿区　　　　D. 县城

5. 下列使用城镇土地者中,属于城镇土地使用税的纳税义务人的有(　　)。

A. 使用国有土地的国有企业

B. 使用集体土地的国有企业

C. 使用国有土地的外商投资企业

D. 使用集体土地的集体企业

6. 下列有关土地使用税的纳税期限的说法中,正确的有(　　)。

A. 征用的耕地,自批准征用之次月起缴纳土地使用税

B. 征用的耕地,自批准征用之日起满 1 年时开始缴纳土地使用税

C. 征用的非耕地,自批准征用之次月起缴纳土地使用税

D. 征用的非耕地,自批准征用之日起满 1 年时开始缴纳土地使用税

7. 城镇土地使用税的纳税义务人包括在征税范围内的(　　)。

A. 所有拥有国有土地使用权的单位和个人

B. 拥有国有土地使用权的国有企业

C. 拥有集体土地使用权的私营企业

D. 拥有国有土地使用权的外资企业

 项目小结

资源税是对在我国境内生产或开采应税产品的单位和个人,按照以价定率为主、从量定额为辅的办法征收的一种税。

土地增值税是对有偿转让国有土地使用权、地上建筑物及其他附着物产权,并取得增值收入的单位和个人征收的一种税。

城镇土地使用税是以城镇土地为征税对象,以实际占用的土地面积为计税依据,按规定税额对拥有土地使用权的单位和个人征收的一种税。它实行从量定额征收。

➤ 案例解谜

某水泥厂出租的土地,因其拥有土地使用权,所以是城镇土地使用税的纳税人;租用国家机关的土地,该厂只是有偿租赁使用,并不拥有土地使用权,不是城镇土地使用税的纳税人。

 单项技能训练

1. 某铜矿山 3 月份销售 5 000 吨;移送入选精矿 2 000 吨,选矿比为 20%;该矿山铜矿属于 5 等,按规定单位税额为每吨 1.2 元。

要求:请计算该矿山 3 月份应纳的资源税。

2. 某省一独立核算的煤炭企业,下属一生产单位在外省。2017 年,该企业开采原煤 340 万吨(其中含省外生产单位开采的 60 万吨),当年销售原煤 300 万吨(其中含省外生产单位开采的 50 万吨)。原煤每吨单位税额为 4 元。

要求:计算 2017 年该企业在本省应缴纳的资源税。

 综合技能训练

1. 南方某盐场 2017 年 10 月以自产的液体盐加工固体盐 2 000 吨,当月售出 1 600 吨;以外购液体盐 820 吨加工固体盐 550 吨,当月全部售出;另外还直接销售自产液体盐 500 吨。南方海盐固体盐单位税额为 10 元/吨,液体盐单位税额为 2 元/吨。

要求:请计算该盐场当期应纳的资源税税额。

2. 某市一内资房地产开发企业 2016 年有关经营情况如下:

① 2 月 1 日,与当地建设银行签订借款合同一份,合同记载借款金额 2 000 万元,借款期限 10 个月,还款到期日为 11 月 30 日。

② 2 月中旬,用借款 2 000 万元和自有资金 800 万元,购得非耕地 40 000 平方米的使用权

用于开发写字楼和商品房,合同记载土地使用权为 60 年,2 月月末办完相关权属证件。

③ 第一期工程("三通一平"和第一栋写字楼开发)于 11 月 30 日竣工,按合同约定支付建筑承包商全部土地的"三通一平"费用 400 万元和写字楼建造费用 7 200 万元。写字楼占地面积 12 000 平方米,建筑面积 60 000 平方米。

④ 到 12 月 31 日为止,对外销售写字楼 50 000 平方米,全部签了售房合同,每平方米售价 0.32 万元,共计收入 16 000 万元,按售房合同规定全部款项于 12 月 31 日均可收回,有关土地权证和房产证次年为客户办理;其余 10 000 平方米与某企业合作投资兴办五星级酒店,共担风险,该酒店 2016 年由于刚开业出现亏损,未分配利润。

⑤ 在售房过程中发生销售费用 1 500 万元;发生管理费用(不含印花税)900 万元。

(说明:计算土地增值税开发费用的扣除比例为 10%)

要求:

① 计算征收土地增值税时应扣除的取得土地使用权支付的金额。

② 计算征收土地增值税时应扣除的开发成本。

③ 计算征收土地增值税时应扣除的开发费用和其他项目。

④ 计算 2016 年应缴纳的土地增值税。

3. A 公司为位于某区的一国有企业,与土地使用税相关的资料如下:A 公司提供的政府部门核发的土地使用证书显示,A 公司实际占地面积 50 000 平方米,其中,企业内学校和医院共占地 1 000 平方米;厂区以外的公用绿化用地 5 000 平方米;厂区内生活小区的绿化用地 500 平方米;其余土地均为 A 公司生产经营用地。2017 年 3 月 31 日,A 公司将一块 2 000 平方米的土地对外无偿出租给军队作为训练基地;2017 年 4 月 30 日,将一块 900 平方米的土地无偿借给某国家机关作公务使用。

另外,该公司与某外商投资企业还共同拥有一块面积为 3 000 平方米的土地,其中 A 公司实际使用 2 000 平方米,其余归外商投资企业使用。假设当地的城镇土地使用税每半年征收一次,该地区每平方米土地年税额 8 元。

要求:分析计算 A 公司 2017 年 1—6 月份应缴纳的城镇土地使用税。

项目十　综合模拟纳税实训

能力目标

本章内容将从企业的开立到运行等每个阶段中可能涉及的税收事务综合在一起,通过本章的学习,使读者对企业的涉税业务有一个综合、全面的认识,可起到一个对税收知识先分后总、灵活运用的效果。

知识目标

综合掌握税务登记、日常涉税业务处理、纳税申报等整个纳税人涉税流程。

实训案例

一、背景资料

唐明化妆品有限责任公司相关资料如下。

公司名称:唐明化妆品有限责任公司

主营:化妆品的生产、销售

兼营:运输

统一社会信用代码:913440101268682680

纳税人登记号:913440101268682680

地址、电话:××市冈州区景新路 98 号　　87504321

开户行及账号:中国银行××市东圃支行,账号:2468151826

法定代表人:李明孝,身份证号码:440782196908211344

财务负责人:王晴,身份证号码:440105197307256682

二、涉税事务

(一)一照一码办理

2015 年 9 月 10 日,国家税务总局发布《关于落实"三证合一"登记制度改革的通知》(税总函[2015]482 号)规定:2015 年 10 月 1 日起,新设立企业、农民专业合作社(以下统称"企业")领取由工商行政管理部门核发加载法人和其他组织统一社会信用代码(以下称统一代码)的营业执照后,无须再次进行税务登记,不再领取税务登记证。企业办理涉税事宜时,在完成补充采集的信息后,凭加载统一代码的营业执照可代替税务登记证使用。

对于工商登记采集的信息,税务机关不再重复采集;其他必要涉税基础信息,可在企业办理有关事宜时,及时采集,陆续补齐。发生变化的,由企业直接向税务机关申报变更,税务机关及时更新税务系统中的企业信息。

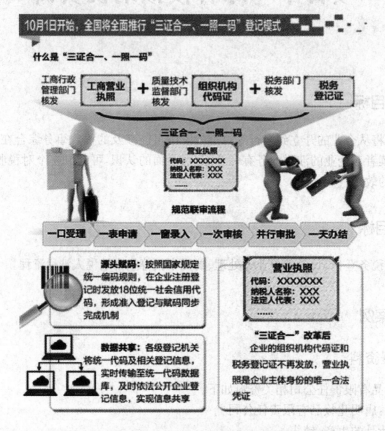

图 10-1 一照一码登记制度改革

【步骤 1】 申请营业执照

公司名称核查通过,提供的资料审核通过后,就可以开始办理申请营业执照了,申请营业执照时应填写相关表格,并同时提供核查通过的通知书、公司章程、相关合同等,待工商部门再次进行审核。

【步骤 2】 领取营业执照

申请营业执照的资料经审核通过以后就可以去工商部门领取新版营业执照的正、副本了。包括设立登记申请表、股东(发起人)名单、董事经理监理情况、法人代表登记表、指定代表或委托代理人登记表、连同核名通知、公司章程、房租合同、房产证复印件一起交给工商局,工商局对企业提交的材料进行审查,符合企业登记申请的,经工商行政管理局核定,即发放工商营业执照,并公告企业成立。

图 10-2　营业执照正、副本

（二）一照一码信息采集

纳税人在工商部门办理加载统一社会信用代码的营业执照后，在首次办理涉税事项时，税务机关对其补充信息采集，在完成补充信息采集后，凭加载统一代码的营业执照可代替税务登记证使用。

【步骤1】　报送资料

纳税人到税务机关报到，补充采集信息时需提交以下资料：

表 10-1　一照一码信息采集报送资料

序号	资料名称	原件/复印件	份数	备注
1	加载统一社会信用代码的营业执照	原件	1	原件核对后退还
2	经办人身份证明	原件	1	原件核对后退还

【步骤2】　填写信息采集表

表 10-2　纳税人首次办税补充信息表

统一社会信用代码	913440101268682680		纳税人名称	唐明化妆品有限责任公司	
核算方式	请选择对应项目打"√" ☑独立核算　□非独立核算		从业人数 __300__ 其中外籍人数 __0__		
适用会计制度	请选择对应项目打"√" ☑企业会计制度　□企业会计准则　□小企业会计准则　□行政事业单位会计制度				
生产经营地	__广东__省（市/自治区）__××__市__冈州__区__景新__路__98__号				
办税人员	身份证件种类	身份证件号码	固定电话	移动电话	电子邮箱
叶小单	身份证	440102197909213336	87516265	1596268××××	

（续表）

财务负责人	身份证件种类	身份证件号码	固定电话	移动电话	电子邮箱
王　晴	身份证	440105197307256882	87504343	1382747××××	

税务代理人信息			
纳税人识别号	名称	联系电话	电子信箱

代扣代缴代收代缴税款业务情况	
代扣代缴、代收代缴税种	代扣代缴、代收代缴税款业务内容

经办人签章：叶小单 　2018　年　6　月　15　日	纳税人公章： 　2018　年　6　月　日
国标行业（主）	主行业明细行业
国标行业（附）	国标行业（附）明细行业

纳税人所处街乡		隶属 关系		国地管户类型	
国税主管税务局		国税主管税务所 （科、分局）			
地税主管税务局		地税主管税务所 （科、分局）			
经办人		信息采集日期			

【表单说明】

1. 本表由已办理"一照一码"纳税人在首次办理涉税事项时，或者纳税人本表相关内容发生变更时使用，由税务机关根据纳税人提供资料填写，并打印交纳税人确认。当纳税人本表相关内容发生变化时，仅填报变化栏目即可；

2. "生产经营地""财务负责人"栏仅在纳税人信息发生变化时填写；

3. "统一社会信用代码"栏填写纳税人办理"一照一码"证照时工商机关赋予的社会信用代码；

4. "纳税人名称"栏填写纳税人办理"一照一码"证照时的名称；

5. "核算方式"栏选择纳税人会计核算方式，分为独立核算、非独立核算；

6. "适用会计制度"栏选择纳税人适用的会计制度，在企业会计制度、企业会计准则、小企业会计准则、行政事业单位会计制度中选择其一；

7. "国标行业（主）""主行业明细行业""国标行业（附）""国标行业（附）明细行业"栏根据国民经济行业分类标准（GB/T 4754－2011）进行填写；

8. 本表一式一份,税务机关留存;纳税人如需留存,请自行复印。

【步骤3】 税务机关受理

纳税人提出申请,且提交资料齐全、符合法定形式、填写内容完整的,税务机关受理后即时办结。

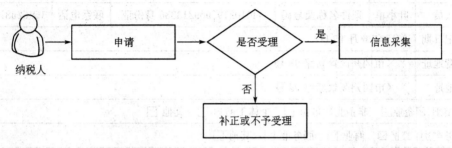

图10-3　一照一码信息采集流程图

（三）纳税人资格认定

【步骤1】 向税务机关出具书面申请报告

认定增值税一般纳税人申请报告

××市冈州区国家税务局:

我公司于2018年6月1日经工商注册成立,主营化妆品的生产和销售。预计年销售额1 000万元以上。我公司具有较强纳税意识,财务制度健全,按规定设置总账、明细账、日记账等账簿,能准确核算增值税进项、销项及应纳税额,配备专职会计5名,能认真学习增值税条例及发票管理办法,积极参加贵局举办的业务培训,做到持证上岗。发票管理严格,配有3号保险柜,专人领用、保管、开具发票,并准备申请防伪税控程序。由于业务需要,同时也为了企业更好地发展及为国家税收做出贡献,特向贵局申请认定增值税一般纳税人。

当否,请批示。

唐明化妆品有限责任公司

2018年6月15日

【步骤2】 提供资料

表10-3　纳税人资格认定提供资料

序号	资料名称	原件/复印件	份数	备注
1	《增值税一般纳税人登记表》	原件	2	原件核对后退还
2	社会信用代码营业执照	原件	1	原件核对后退还

【步骤3】 填写一般纳税人登记表

表 10-4　增值税一般纳税人资格登记表

纳税人名称	唐明化妆品有限责任公司		纳税人识别号		913440101268682680
法定代表人	李明孝	证件名称及号码	440782196908211344 身份证	联系电话	87504321
财务负责人	王　晴	证件名称及号码	440105197307256882 身份证	联系电话	1382747××××
办税人员	叶小单	证件名称及号码	440102197909213336 身份证	联系电话	1596268××××
税务登记日期	2018 年 6 月 15 日				
生产经营地址	××市冈州区景新路 98 号				
注册地址	××市冈州区景新路 98 号				
纳税人类别:☑企业□　非企业性单位 □　个体工商户 □　其他 □					
主营业务类别:工业 ☑　商业 □　服务业 □　其他 □					
会计核算健全:是 ☑					
一般纳税人资格生效之日:当月 1 日 □　次月 1 日 ☑					
纳税人(代理人)承诺: 上述各项内容真实、可靠、完整。如有虚假,愿意承担相关法律责任。 经办人:叶小单　　法定代表人:　　　代理人:　　　　(签章) 2018 年 6 月 15 日					
以下由税务机关填写					
主管税务机 关受理情况	受理人:　　　　　　　　　　　　　　　　　　　　　主管税务机关(章) 年　　月　　日				

填表说明:1. 本表由纳税人如实填写。

2. 表中"证件名称及号码"相关栏次,根据纳税人的法定代表人、财务负责人、办税人员的居民身份证、护照等有效身份证件及号码填写。

3. 表中"一般纳税人资格生效之日"由纳税人自行勾选。

4. 主管税务机关(章)指各办税服务厅业务专用章。

5. 本表一式二份,主管税务机关和纳税人各留存一份。

【步骤 4】 办理方式及流程

1. 现场办理

所在地主管税务机关办税服务厅(场所)进行办理。

流程如下:

(1)纳税人通过办税服务厅办理一般纳税人登记,提交相关资料。

(2)办税服务厅核对资料是否齐全、填写内容是否完整,符合的当场受理;纳税人提交资料不齐全或不符合法定形式的,一次性告知纳税人需补正的内容;

(3)资料齐全、符合要求的,办税服务厅当场办结。

(4)结果送达:当场送达。

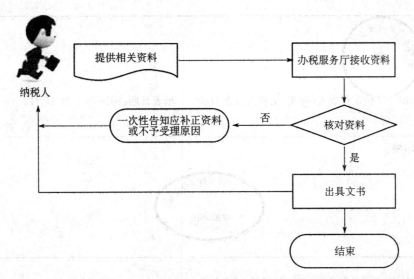

图 10 - 4　增值税一般纳税人登记流程图

2. 网上办理

(1) 纳税人通过电子税务局的操作路径发起一般纳税人登记。

(2) 办税服务厅后台受理纳税人业务,并通过电子税务局发送税务文件及办理结果。

(3) 结果送达:网上送达。

(四) 票种核定及最高开票限额申请

【步骤1】 填写票种核定申请表

表 10 - 5　纳税人领用发票票种核定表

纳税人识别号	唐明化妆品有限责任公司						
纳税人名称	913440101268682680						
领票人	联系电话			身份证件类型		身份证件号码	
叶小单	1596268××××			身份证		440102197909213336	
发票种类名称	发票票种核定操作类型	单位（数量）	每月最高领票数量	每次最高领票数量	持票最高数量	定额发票累计领票金额	领票方式
专用发票三联电脑版	增加	份	25	10	200		验旧购新
增值税普通发票（中文二联）	增加	份	50	20	300		验旧购新

（续表）

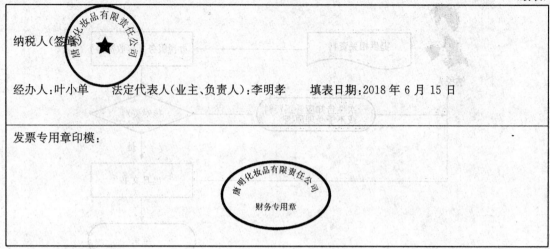

纳税人（签章）：

经办人：叶小单　　　法定代表人（业主、负责人）：李明孝　　　填表日期：2018 年 6 月 15 日

发票专用章印模：

唐明化妆品有限责任公司
财务专用章

填表说明：

1. 本表依据《中华人民共和国发票管理办法》第十五条设置。
2. 适用范围：本表适用于需要领购发票的单位和个人，向主管税务机关办理发票领用手续时使用。
3. 填表说明：
(1) 身份证件类型：购票人的居民身份证、护照或者其他能证明经办人身份的证件；
(2) 发票种类名称：根据《发票种类代码表》的"名称"列填写，详见附件；
(3) 申请发票票种核定操作类型：填写增加、变更或删除；
(4) 购票方式：填写验旧购新、交旧购新、批量供应或其他。
4. 本表一式一份，由纳税人主管税务机关留存。

【步骤2】　填写最高开票额申请表

表 10 - 6　增值税专用发票最高开票限额申请单

申请事项（由纳税人填写）	纳税人名称	唐明化妆品有限责任公司	纳税人识别号	913440101268682680
	地　址	××市冈州区景新路 98 号	联系电话	1596268××××
	购票人信息	叶小单　身份证号：440102197909213336		
	申请增值税专用发票（增值税税控系统）最高开票限额	☑初次　□变更　（请选择对应项目打"√"）		
		□一亿元　□一千万元　□一百万元　☑十万元　□一万元　□一千元 （请选择一个项目并在□内打"√"）		
	申请货物运输业增值税专用发票（增值税税控系统）最高开票限额	□初次　□变更　（请选择对应项目打"√"）		
		□一亿元　□一千万元　□一百万元 □十万元　□一万元　□一千元 （请选择对应项目打"√"）		
	申请理由： 业务需要　经办人（签字）：叶小单 　　　　　　2018 年 6 月 15 日　　　　　　纳税人（印章）： 　　　　　　　　　　　　　　　　　　　2018 年 6 月 15 日			

（续表）

区县税务机关意见	发票种类	批准最高开票限额
	增值税专用发票（增值税税控系统）	
	货物运输业增值税专用发票（增值税税控系统）	
	经办人（签字）：　　批准人（签字）：　　税务机关（印章）： 　年　月　日　　　年　月　日　　　年　月　日	

【步骤3】 申请领购税控设备

纳税人发票领购完成后，即可申请购买税控设备。税控设备的领购，既可以采取"在线申请"，也可采取"线下申请"方式。

若选择"在线申请"，需选择"防伪税控设备服务商"，填写"企业联系人"和"企业联系电话"，完成在线支付。待审核通过后根据网站提示信息前往办税服务厅领取税控设备并发行。

若选择"线下申请"，选择防伪税控设备服务商，填写企业联系人和企业联系电话。提交申请后自行前往防伪税控设备服务公司购买税控设备，再前往办税服务厅进行发行。

（五）电子文书签收与现场确认资料

【步骤1】 电子文书签收

纳税人在电子税局完成上述业务申请，税务机关审核通过后，企业对税（费）种认定和增值税专用发票最高开票限额的事项文书进行签收。

【步骤2】 现场确认资料

纳税人携带加盖公章的银行开户许可证或账户账号开立证明复印件（已在线上传电子资料的可不带）、银行扣税协议原件、发票专用章和公章前往指定的办税服务厅进行确认。

【步骤3】 防伪税控设备发行

在线成功支付税控设备款的纳税人在办税服务厅领取税控设备并完成现场发行；选择"线下支付"或者在线支付不成功的纳税人自行前往服务公司购买税控设备，再前往办税服务厅进行发行。

（六）日常涉税业务处理（以12月为例）

唐明公司12月发生的涉税业务及会计处理如下。

（1）12月1日购进原材料一批，销售开出的增值税专用发票上注明价款10 000元，增值税1 600元。价、税款均以银行存款支付，原材料已验收入库。

借：原材料　　　　　　　　　　　　　　　　　　　　10 000

　　应交税费——应交增值税（进项税额）　　　　　　　1 600

　　　贷：银行存款　　　　　　　　　　　　　　　　　　　11 600

（2）唐明公司接受广贤公司投资转入原材料一批，增值税专用发票上注明的材料价款800 000元，增值税128 000元。

借：原材料　　　　　　　　　　　　　　　　　　　　800 000

　　应交税费——应交增值税（进项税额）　　　　　　　128 000

　　　贷：实收资本　　　　　　　　　　　　　　　　　　　928 000

（3）为了产品的升级换代，唐明公司新购买了一批先进的生产设备，取得增值税专用发票上注明的价款 1 000 000 元，增值税额 160 000 元。另支付物流公司费用 5 500 元，取得货物运输发票，其中运费 5 000 元，增值税 500 元。货款已通过银行存款支付。

进项税额＝160 000＋5 000×10％＝160 500（元）

借：固定资产 1 005 000

应交税费——应交增值税（进项税额） 160 500

贷：银行存款 1 165 500

（4）12 月 15 日，下了一场持续性的暴雨，由于排水系统部分堵塞，使部分存货被水浸泡。经核实，受损原材料 5 000 元，受损产成品 150 000 元，产成品所耗外购原材料成本为 100 000元。

进项税额转出＝5 000×16％＋100 000×16％＝16 800（元）

① 财产清查时

借：待处理财产损溢——待处理流动资产损溢 171 800

贷：原材料 5 000

库存商品 150 000

应交税费——应交增值税（进项税额转出） 16 800

② 经批准作为营业外支出处理时

借：营业外支出 171 800

贷：待处理财产损溢——待处理流动资产损溢 171 800

（5）唐明公司销售眼霜一批，开出的增值税专用发票上注明价款 80 000 元，增值税额 12 800元，货款尚未收到。已知该批眼霜的成本为 36 000 元。

应纳消费税＝80 000×30％＝24 000（元）

① 借：应收账款 92 800

贷：主营业务收入 80 000

应交税费——应交增值税（销项税额） 12 800

② 借：税金及附加 24 000

贷：应交税费——应交消费税 24 000

③ 借：主营业务成本 36 000

贷：库存商品——眼霜 36 000

（6）12 月 1 日柏莱公司与唐明公司签订预购缓心精华油合同一份，合同记载金额 500 000 元，以银行存款支付印花税金。

应纳印花税＝500 000×0.3‰＝150（元）

① 借：管理费用 150

贷：应交税费——应交印花税 150

② 借：应交税费——应交印花税 150

贷：银行存款 150

（7）唐明公司新年将近之际实行促销活动，所有产品八折销售。销售缓心精华油一批，原价 100 000 元，实际收到货款 92 800 元。唐明公司将原销售额和折扣额开在同一张增值税专用发票上。已知该批精华油的成本为 38 000 元。

销项税额=92 800÷(1+16%)×16%=12 800(元)

应纳消费税=92 800÷(1+16%)×30%=24 000(元)

① 借:银行存款　　　　　　　　　　　　　　　　　　　　　　92 800

　　贷:主营业务收入　　　　　　　　　　　　　　　　　　　　　80 000

　　　　应交税费——应交增值税(销项税额)　　　　　　　　　　12 800

② 借:税金及附加　　　　　　　　　　　　　　　　　　　　　24 000

　　贷:应交税费——应交消费税　　　　　　　　　　　　　　　24 000

③ 借:主营业务成本　　　　　　　　　　　　　　　　　　　　38 000

　　贷:库存商品——精华油　　　　　　　　　　　　　　　　　38 000

(8)唐明公司特制了一批化妆品美颜素,在新年前夕作为福利发放给公司的员工。该批产品的成本为 350 000 元,成本利润率为 5%,无同类产品售价。

销项税额=350 000×(1+5%)÷(1-30%)×16%=525 000×16%=84 000(元)

应纳消费税=350 000×(1+5%)÷(1-30%)×30%=157 500(元)

① 借:应付职工薪酬——职工福利　　　　　　　　　　　　　766 500

　　贷:主营业务收入　　　　　　　　　　　　　　　　　　　525 000

　　　　应交税费——应交增值税(销项税额)　　　　　　　　　84 000

　　　　应交税费——应交消费税　　　　　　　　　　　　　　157 500

② 借:主营业务成本　　　　　　　　　　　　　　　　　　　350 000

　　贷:库存商品——美颜素　　　　　　　　　　　　　　　　350 000

(9)唐明公司向外地销售香水一批,不含税价值为 100 000 元,由本企业非独立核算车队负责运输,收取运费 3 480 元,款项已收妥存入银行。该批香水的成本为 40 000 元。

销项税额=100 000×16%+3 480÷(1+16%)×16%=16 480(元)

应纳消费税=[100 000+3 480÷(1+16%)]×30%=30 900(元)

① 借:银行存款　　　　　　　　　　　　　　　　　　　　　119 480

　　贷:主营业务收入　　　　　　　　　　　　　　　　　　　103 000

　　　　应交税费——应交增值税(销项税额)　　　　　　　　　16 480

② 借:税金及附加　　　　　　　　　　　　　　　　　　　　30 900

　　贷:应交税费——应交消费税　　　　　　　　　　　　　　30 900

③ 借:主营业务成本　　　　　　　　　　　　　　　　　　　40 000

　　贷:库存商品——香水　　　　　　　　　　　　　　　　　40 000

(10)12 月 15 日,开出银行支票购买纸皮箱一批,取得增值税普通发票上注明金额 20 000 元(取得增值税普通发票不能作为进项税额抵扣销项税额)。

借:周转材料——包装物　　　　　　　　　　　　　　　　　20 000

　　贷:银行存款　　　　　　　　　　　　　　　　　　　　　20 000

(11)唐明公司的一个非独立核算的销售部门本月销售化妆品情况如下:销售玫瑰香水,开具增值税专用发票 25 份,不含税销售额合计 1 600 000 元;另有一批玫瑰香水未开发票,金额为 16 000 元;销售眼霜,开具普通发票 2 份,共计 100 000 元。已知玫瑰香水总成本为 520 000 元,眼霜总成本为 30 000 元。

不含税销售额=1 600 000+(16 000+100 000)÷(1+16%)=1 700 000(元)

销项税额＝1 700 000×16％＝272 000（元）

消费税＝1 700 000×30％＝510 000（元）

　①　借：银行存款　　　　　　　　　　　　　　　　　　　　　　　1 972 000

　　　　贷：主营业务收入　　　　　　　　　　　　　　　　　　　　　　1 700 000

　　　　　　应交税费——应交增值税（销项税额）　　　　　　　　　　　272 000

　②　借：税金及附加　　　　　　　　　　　　　　　　　　　　　　　510 000

　　　　贷：应交税费——应交消费税　　　　　　　　　　　　　　　　　510 000

　③　借：主营业务成本　　　　　　　　　　　　　　　　　　　　　　550 000

　　　　贷：库存商品——香水　　　　　　　　　　　　　　　　　　　　520 000

　　　　　　　　　　——眼霜　　　　　　　　　　　　　　　　　　　　30 000

（12）唐明公司其他情况如下（根据当地主管税务机关的规定，房产税、城镇土地使用、车船税采用按年计征，分月预缴的方式）。

　①　设立生产经营账簿共60本，"实收资本"总账一本，记载金额9 370万元。

　②　唐明化妆品有限公司实际占用土地面积共计80 000平方米。其中，企业内的绿化占地20 000平方米；生产车间和办公楼占地28 000平方米；另外有一块空地专门用于开办学校，方便企业职工子女上学，占地面积32 000平方米（城镇土地使用税为5元/米）。

　③　公司自有房产7栋，房产原值共计1 680万元。其中1栋用于职工食堂，房产原值160万元；1栋用于职工宿舍，房产原值为240万元；1栋办公楼，房产原值240万元；3栋用于生产经营活动，房产原值共计1 000万元，1栋用于出租，房产原值40万元，每月不含税租金收入5 000元（当地政府规定房产余值的扣除比例为20％）。

　④　公司拥有车辆情况如下：载客汽车2辆，载货汽车3辆，自重吨位分别为：20吨、15吨、16吨（载客汽车年税额为150元/辆，载货汽车为40元/吨）。

根据上述资料，唐明公司12月份应纳税款如下。

　①　应纳印花税＝60×5＋93 700 000×0.5‰＝300＋46 850＝47 150（元）

　②　应纳城镇土地使用税＝（80 000－32 000）×5÷12＝20 000（元）

　③　应纳房产税＝[（16 800 000－400 000）×（1－20％）×1.2％]÷12＋5 000×12％＝13 720（元）

　④　应纳增值税＝5 000×10％＝500（元）

　⑤　应纳车船税＝[2×150＋（20＋15＋16）×40]÷12＝195（元）

　①　借：管理费用　　　　　　　　　　　　　　　　　　　　　　　81 065

　　　　贷：应交税费——应交印花税　　　　　　　　　　　　　　　　47 150

　　　　　　　　　　——应交城镇土地使用税　　　　　　　　　　　　20 000

　　　　　　　　　　——应交房产税　　　　　　　　　　　　　　　　13 720

　　　　　　　　　　——应交车船税　　　　　　　　　　　　　　　　195

　②　借：银行存款　　　　　　　　　　　　　　　　　　　　　　　5 500

　　　　贷：其他业务收入　　　　　　　　　　　　　　　　　　　　　5 000

　　　　　　应交税费——应交增值税（销项税额）　　　　　　　　　　　500

（七）计算所涉税种的应纳税额，并填写纳税申报表

【步骤1】 根据企业账簿等资料填列相关纳税申报表

（1）填写增值税纳税申报表，如表 10-7 所示。

表 10-7 增值税纳税申报表（适用于一般纳税人）

根据《中华人民共和国增值税暂行条例》第二十二条和第二十三条的规定制定本表，纳税人不论有无销售额，均应按主管税务机关核定的纳税期限按期填报本表，并于次月一日起十日内，向当地税务机关申报。

税款所属时间：自 2018 年 12 月 01 日至 2018 年 12 月 31 日

填表日期：2019 年 01 月 09 日 金额单位：元至角分

纳税人识别号	913440101268682680								所属行业：工业	
纳税人名称	唐明化妆品有限责任公司（公章）	法定代表人姓名	李孝明	注册地址	××市冈州区景新路 98 号		营业地址	××市冈州区景新路 98 号		
开户银行及账号	中国银行××市东圃支行，账号：2468151826		企业登记注册类型		有限责任公司		电话号码	87504321		

项目		栏次	一般货物及服务		即征即退货物及劳务	
			本月数	本年累计	本月数	本年累计
销售额	（一）按适用税率征税货物及服务销售额	1	2 493 000			
	其中：应税货物销售额	2	2 488 000			
	应税服务销售额	3	5 000			
	纳税检查调整的销售额	4				
	（二）按简易征收办法征税货物销售额	5				
	其中：纳税检查调整的销售额	6				
销售额	（三）免、抵、退办法出口货物销售额	7			—	—
	（四）免税货物及劳务销售额	8			—	—
	其中：免税货物销售额	9			—	—
	免税劳务销售额	10			—	—
税款计算	销项税额	11	398 580			
	进项税额	12	290 100			
	上期留抵税额	13	—		—	
	进项税额转出	14	16 800			
	免抵退货物应退税额	15				
	按适用税率计算的纳税检查应补缴税额	16				
	应抵扣税额合计	17＝12＋13－14－15＋16	273 300		—	

（续表）

	项目	公式			
税款计算	实际抵扣税额	18（如 17＜11，则为 17，否则为 11）	273 300		
	应纳税额	19＝11－18	125 280		
	期末留抵税额	20＝17－18	—	—	—
	简易征收办法计算的应纳税额	21			
	按简易征收办法计算的纳税检查应补缴税额	22			
	应纳税额减征额	23			
	应纳税额合计	24＝19＋21－23	125 280		
税款缴纳	期初未缴税额（多缴为负数）	25			
	实收出口开具专用缴款书退税额	26		—	—
	本期已缴税额	27＝28＋29＋30＋31			
	（1）分次预缴税额	28		—	—
	（2）出口开具专用缴款书预缴税额	29		—	—
	（3）本期缴纳上期应纳税额	30			
	（4）本期缴纳欠缴税额	31			
税款缴纳	期末未缴税额（多缴为负数）	32＝24＋25＋26－27	125 280		
	其中：欠缴税额（≥0）	33＝25＋26－27	—	—	—
	本期应补（退）税额	34＝24－28－29	125 280		
	即征即退实际退税额	35	—	—	—
	期初未缴查补税额	36		—	—
	本期入库查补税额	37		—	—
	期末未缴查补税额	38＝16＋22＋36－37			

授权声明	如果你已委托代理人申报，请填写以下资料： 为代理一切税务事宜，现授权为本纳税人的代理申报人，任何与本申报表有关的往来文件，都可寄予此人。 　　　　　　　　　（地址） 　　　　　授权人签字：	申报人声明	此纳税申报表是根据《中华人民共和国增值税暂行条例》的规定填报的，我相信它是真实的、可靠的、完整的。 　　　　声明人签字：

以下由税务机关填写：

收到日期：　　　　　　　　　　　接收人：

主管税务机关盖章：

（2）填写消费税纳税申报表，如表 10－8 所示。

表 10－8　消费税纳税申报表

纳税人识别号：913440101268682680

纳税人名称（公章）：唐明化妆品有限责任公司　　　　　　　　　　金额单位：元（列至角分）

税款所属时间：自 2018 年 12 月 01 日至 2018 年 12 月 31 日　　　　填表日期：2019 年 01 月 09 日

应税消费品名称	税目	按比例税率计算应纳税额			按定额税率计算应纳税额			本期应纳税额
		销售额	适用税率	应纳税额	销售数量	适用税率	应纳税额	
1	2	3	4	5＝3×4	6	7	8＝6×7	9＝5＋8
化妆品		2 488 000	30%	746 400				746 400
合　计			—			—		
本期应抵扣税额		10						
本期应代收代缴税额		11						
本期减（免）征税额		12						
本期预缴税额		13						
本期应补（退）税额		14＝10－10＋11－12－13			746 400			

纳税人或代理人声明：此纳税申报表是根据国家税收法律的规定填报的，我确定它是真实的、可靠的、完整的。	如纳税人填报，由纳税人填写以下各栏：	
	办税人员（签章）：叶小单	财务负责人（签章）：王晴
	法定代表人（签章）：李明孝	联系电话：87504321
	如委托代理人填报，由代理人填写以下各栏：	
	代理人名称：	经办人（签章）：
	代理人（公章）：	联系电话：

受理人（签章）：　　　　受理日期：　　年　　月　　日　　　受理税务机关（章）：

本表一式三份，一份纳税人留存，一份主管税务机关留存，一份征收部门留存。（3）填写综合纳税申报表，如表 10－9 所示。

表 10 - 9　广东省地方税收纳税申报表（综合）

填报日期：2019年0月0日

纳税人电脑编码：

正常申报 □延期补报 □自查补报

纳税登记号：13401012 6868 2680

纳税人名称（盖章）

申报流水号：

管理机关：

计算单位：元（列至角分）·m²·本·份·吨

| 开户行 | 中国银行××市东圃支行 | | 注册地址 | ××市冈州区景新路 98 号 | | 注册类型 | 有限责任公司 |
| 账　号 | 246815826 | | 联系电话 | 87504321 | | 邮编号码 | 512000 |

征收项目 税费品目代码	征收品目	税费子目代码	税款所属时期	申报计税总额或总数量	允许扣除金额或数量	计税金额或数量	税（征收）率（单位税额）	速算扣除额	应纳税（费）额	扣除税（费）额 批准减免额	批准抵缴额	实际应缴纳税（费）额	税务机关已核定额	车牌号码及类型或房产、土地证号或项目管理码
1	2	3	4	5	6	7	8	9	10	11	12	13	14	15
城建税			2018 年 12 月			871 680	7%		61 017. 6			61 017. 6		
教育费附加			2018 年 12 月			871 680	3%		26 150. 4			26 150. 4		
印花税			2018 年 12 月						47 300			47 300		
房产税			2018 年 12 月						13 720			13 720		
车船税			2018 年 12 月						195			195		
土地使用税			2018 年 12 月						20 000			20 000		
合计									169 166			169 166		

（续表）

房产税附列资料	房产建筑面积	本期实际房产原值	本期房产原值			
			从价计税的房产原值	从租计税的房产原值	批准减免税的房产原值	租金收入
	m²	16 800 000	16 400 000	400 000	0	5 000

如纳税人填报，由纳税人填列以下各栏

如委托代理人填报，由代理人填写以下栏

纳税人声明：此纳税申报表是根据国家税收法律的规定填报的，我确定它是真实的、可靠的、完整的。

声明人签名：叶小单

代理人声明：此纳税申报表是根据国家税收法律的规定填报的，我确定它是真实的、可靠的、完整的。

声明人签名：

主管会计	经办人		税务代理机构名称	税务代理机构地址	经办人
王晴	叶小单	叶小单			

受理人签名：	审核人签名：	录入人签名：
年 月 日	年 月 日	年 月 日

由税务机关填写

（4）根据企业利润表，填报企业所得税月（季）预缴纳税申报表，如表 10 - 11 和表 10 - 12
所示。

表 10 - 10　利润表

编制单位：唐明化妆品有限公司　　　　　2018 年 12 月　　　　　　　　　单位：元

项　　目	行　次	本期金额	累计金额
一、营业收入		2 493 000	25 000 000
减：营业成本		1 014 000	18 000 000
税金及附加		564 900	935 000
销售费用		858 000	2 930 000
管理费用		356 215	1 826 215
财务费用		21 385	256 785
资产减值损失			
加：允许价值变动收益（损失以"－"号填列）			
投资收益（损失以"－"号填列）			58 000
二、营业利润（亏损以"－"号填列）		−321 500	1 110 000
加：营业外收入		0	0
减：营业外支出		195 000	450 000
三、利润总额（亏损以"－"号填列）		−516 500	660 000
减：所得税费用			165 000
四、净利润（净亏损以"－"号填列）			495 000
五、每股收益			
（一）基本每股收益			
（二）稀释每股收益			

表 10 - 11　中华人民共和国企业所得税月（季）度预缴纳税申报表（A 类）

税款所属期间：2018 年 12 月 01 日至 2018 年 12 月 31 日

纳税人地税计算机代码

纳税人识别号：913440101268682680

　　纳税人名称：唐明化妆品有限责任公司　　　　　　　　金额单位：人民币元

行　次	项　　目	本期金额	累计金额
1	一、据实预缴		
2	营业收入	2 493 000	25 000 000
3	营业成本	1 014 000	18 000 000
4	实际利润额	−321 500	660 000
5	税率（25%）		

（续表）

行　次	项　　目	本期金额	累计金额
6	应纳所得税额（4 行×5 行）	0	165 000
7	减免所得税额		
8	实际已缴所得税额	0	165 000
9	应补（退）的所得税额（6 行－7 行－8 行）	0	
10	二、按照上一纳税年度应纳税所得额的平均额预缴		
11	上一纳税年度应纳税所得额		
12	本月（季）应纳税所得额（11 行÷12 行或 11 行÷4 行）		
13	税率（25%）		
14	本月（季）应纳所得税额（12 行×13 行）		
15	三、按照税务机关确定的其他方法预缴		
16	本月（季）确定预缴的所得税额		
17	总分机构纳税人		
18	总机构　总机构应分摊的所得税额（9 行或 14 行或 16 行×25%）		
19	中央财政集中分配的所得税额（9 行或 14 行或 16 行×25%）		
20	分支机构　分支机构分摊的所得税额（9 行或 14 行或 16 行×50%）		
21	分配比例		
22	分配的所得税额（20 行×21 行）		

谨声明：此纳税申报表是根据《中华人民共和国企业所得税法》《中华人民共和国企业所得税法实施条例》和国家有关税收规定填报的，是真实的、可靠的、完整的。

法定代表人（签字）：李明孝　　　　　　　2019 年 1 月 15 日

纳税人公章： （唐明化妆品有限责任公司 印章） 会计主管：王晴 填表日期：2019 年 1 月 15 日	代理申报中介机构公章： 经办人： 经办人执业证件号码： 代理申报日期：　年 月 日	主管税务机关受理专用章： 受理人： 受理日期：　年 月 日

国家税务总局监制

【步骤 2】　向税务机关申报

（六）企业所得税年度汇算清缴

【步骤 1】　查阅企业有关报表和账簿资料

唐明公司 2018 年有关报表和账簿资料如表 10 - 12～表 10 - 15 所示。

表 10-12　利润表

编制单位:唐明化妆品有限公司　　　　　　　　2018 年　　　　　　　　　　　　单位:元

项　　　目	行　　　次	本期金额	上期金额
一、营业收入		25 000 000	
减:营业成本		18 000 000	
营业税金及附加		935 000	
销售费用		2 930 000	
管理费用		1 826 215	
财务费用		256 785	
资产减值损失			
加:允许价值变动收益(亏损以"－"号填列)			
投资收益(亏损以"－"号填列)		58 000	
二、营业利润(亏损以"－"号填列)		1 110 000	
加:营业外收入		0	
减:营业外支出		450 000	
三、利润总额(亏损以"－"号填列)		660 000	
减:所得税费用		165 000	
四、净利润(净亏损以"－"号填列)		495 000	
五、每股收益			
(一)基本每股收益			
(二)稀释每股收益			

表 10-13　销售费用明细账

　　　　　　　　　　　　　　　　　　　　　　　　　　　　　　　　　　　　　单位:元

2018 年		凭证号码	摘　　要	借　　方					
月	日			租赁费	广告费	运输费	水电费	工资福利	合计
12	1		支付租赁费	650 000					650 000
	8		支付广告费		80 000				730 000
	22		支付运输费			38 000			768 000
	30		支付水电费				30 000		798 000
	31		计提工资及福利					60 000	858 000
	31		本月合计	650 000	80 000	38 000	30 000	60 000	858 000
	31		本年累计	650 000	800 000	400 000	360 000	720 000	2 930 000

注:2018 年 12 月 1 日发生经营性租入固定资产业务,租赁期 10 个月,租赁费 650 000 元。

表 10－14　管理费用明细账　　　　　　　　　　　　　单位:元

2018 年		凭证号码	摘　要	借　方					
月	日			招待费	研发费	准备金	税金	工资福利	合计
12	8		支付业务招待费	15 000					15 000
	20		新产品研发费用		100 000				115 000
	30		计提坏账准备金			120 000			235 000
	31		计提各项税额				81 215		316 215
	31		计提工资及福利					40 000	356 215
	31		本月合计	15 000	100 000	120 000	81 215	40 000	356 215
	31		本年累计	145 000	1 000 000	120 000	81 215	480 000	1 826 215

注:计提的坏账准备金,未经税务机关核准。

表 10－15　营业外支出明细账　　　　　　　　　　　　单位:元

2018 年		凭证号码	摘　要	借　方				
月	日			财产损失	罚款支出	公益性捐赠	其他	合计
12	15		现金短缺	5 000				5 000
	30		支付行政罚款		20 000			25 000
	30		公益性捐赠			200 000		225 000
	31		非正常损失	195 000				420 000
	31		本月合计	200 000	20 000	200 000		420 000
	31		本年累计	200 000	20 000	200 000	30 000	450 000

注:捐赠支出 20 万元,其中通过境内公益性社会团体捐赠,并取得相应发票的捐赠支出 15 万元;财产损失,未经过税务机关批准。

【步骤 2】　根据税法规定进行纳税调整

通过查阅企业的利润表及有关成本和损益类相关明细账记录。需要进行的纳税调整项目如下(假设唐明公司本年度的 1～11 月份没有发生其他纳税调整项目)。

(1) 2018 年 12 月 1 日发生经营性租入固定资产业务,租赁期 10 个月,租赁费 650 000 元;因此,12 月份允许在销售费用中列支的租赁费为 650 000÷10＝65 000(元),应调增 650 000－65 000＝585 000(元)。

(2) 允许在税前扣除的广告费为 25 000 000×15％＝3 750 000(元),企业实际发生广告费 800 000 元,在扣除限额范围内允许在税前据实扣除。

(3) 根据税法规定,企业用于新产品的研究开发费用,允许加计扣除 50％,即调减 1 000 000×50％＝500 000(元)。

(4) 允许在税前扣除的业务招待费限额为 25 000 000×5‰＝125 000(元),企业实际发生业务招待费的 60％为 145 000×60％＝87 000(元),应调增 145 000－87 000＝58 000(元)。

(5) 没经税务机关核准的坏账准备不允许在税前扣除,应调增 120 000 元。

（6）没经过税务机关批准的财产损失不允许在税前扣除，应调增金额为 200 000 元。

（7）行政罚款不允许在税前扣除，应调增 20 000 元。

（8）允许在税前扣除的公益性捐赠支出限额为 495 000×12%＝59 400（元），公益性捐赠支出必须要通过公益性社会团体捐赠，而且必须取得相应发票才能在税前扣除。因此，应调增 200 000－59 400＝140 600（元）。

【步骤3】 填列企业所得税年度纳税申报表及其附表（见表 10-17 和表 10-18）

表 10-16　纳税调整项目明细表

填报时间：2019 年 3 月 15 日　　　　　　　　　　　金额单位：元（列至角分）

	行次	项　　　目	账载金额	税收金额	调增金额	调减金额
			1	2	3	4
	1	一、收入类调整项目	＊	＊		
	2	1. 视同销售收入（填写附表一）	525 000	525 000	0	＊
＃	3	2. 接受捐赠收入	＊			＊
	4	3. 不符合税收规定的销售折扣和折让				＊
＊	5	4. 未按权责发生制原则确认的收入				
＊	6	5. 按权益法核算长期股权投资对初始投资成本调整确认收益	＊	＊	＊	
	7	6. 按权益法核算的长期股权投资持有期间的投资损益	＊	＊		
＊	8	7. 特殊重组				
＊	9	8. 一般重组				
＊	10	9. 公允价值变动净收益（填写附表七）	＊	＊		
	11	10. 确认为递延收益的政府补助				
	12	11. 境外应税所得（填写附表六）	＊	＊	＊	＊
	13	12. 不允许扣除的境外投资损失	＊	＊		＊
	14	13. 不征税收入（填附表一[3]）	＊	＊	＊	＊
	15	14. 免税收入（填附表五）	＊	＊	＊	
	16	15. 减计收入（填附表五）	＊	＊		
	17	16. 减、免税项目所得（填附表五）	＊	＊		
	18	17. 抵扣应纳税所得额（填附表五）	＊	＊		
	19	18. 其他				
	20	二、扣除类调整项目	＊	＊		
	21	1. 视同销售成本（填写附表二）	＊	＊	＊	
	22	2. 工资薪金支出				
	23	3. 职工福利费支出				
	24	4. 职工教育经费支出				
	25	5. 工会经费支出				

（续表）

行次	项　　目	账载金额	税收金额	调增金额	调减金额
		1	2	3	4
26	6. 业务招待费支出	145 000	87 000	58 000	*
27	7. 广告费和业务宣传费支出（填写附表八）	*	*		
28	8. 捐赠支出	200 000	59 400	140 600	*
29	9. 利息支出				
30	10. 住房公积金				*
31	11. 罚金、罚款和被没收财物的损失	20 000	*	20 000	
32	12. 税收滞纳金		*		*
33	13. 赞助支出		*		*
34	14. 各类基本社会保障性缴款				
35	15. 补充养老保险、补充医疗保险				
36	16. 与未实现融资收益相关在当期确认的财务费用				
37	17. 与取得收入无关的支出	650 000	65 000	585 000	
38	18. 不征税收入用于支出所形成的费用		*		*
39	19. 加计扣除（填附表五）	*	*	*	500 000
40	20. 其他				
41	三、资产类调整项目	*	*		
42	1. 财产损失	200 000	0	200 000	
43	2. 固定资产折旧（填写附表九）	*	*		
44	3. 生产性生物资产折旧（填写附表九）	*	*		
45	4. 长期待摊费用的摊销（填写附表九）	*	*		
46	5. 无形资产摊销（填写附表九）	*	*		
47	6. 投资转让、处置所得（填写附表十一）	*	*		
48	7. 油气勘探投资（填写附表九）	*	*		
49	8. 油气开发投资（填写附表九）	*	*		
50	9. 其他				
51	四、准备金调整项目（填写附表十）	*	*	120 000	
52	五、房地产企业预售收入计算的预计利润	*	*		
53	六、特别纳税调整应税所得	*	*		*
54	七、其他	*	*		
55	合计	*	*	1 123 600	500 000

注：
1. 标有＊的行次为执行新会计准则的企业填列，标有#的行次为除执行新会计准则以外的企业填列。
2. 没有标注的行次，无论执行何种会计核算办法，有差异就填报相应行次，填＊号不可填列
3. 有二级附表的项目只填调增、调减金额，账载金额、税收金额不再填写。

经办人（签章）：叶小单　　　　　　　法定代表人（签章）：李明孝

表 10-18　中华人民共和国企业所得税年度纳税申报表（A 类）

税款所属期间：2018 年 01 月 01 日至 2018 年 12 月 31 日

纳税人名称：唐明化妆品有限责任公司

纳税人识别号：913440101268682680　　　　　　　金额单位：元(列至角分)

类　别	行　次	项　目	金　额
利润总额计算	1	一、营业收入(填附表一)	25 000 000
	2	减：营业成本(填附表二)	18 000 000
	3	营业税金及附加	935 000
	4	销售费用(填附表二)	2 930 000
	5	管理费用(填附表二)	1 826 215
	6	财务费用(填附表二)	256 785
	7	资产减值损失	
	8	加：公允价值变动收益	
	9	投资收益	58 000
	10	二、营业利润	1 110 000
	11	加：营业外收入(填附表一)	0
	12	减：营业外支出(填附表二)	450 000
	13	三、利润总额(10+11-12)	660 000
应纳税所得额计算	14	加：纳税调整增加额(填附表三)	1 123 600
	15	减：纳税调整减少额(填附表三)	500 000
	16	其中：不征税收入	
	17	免税收入	
	18	减计收入	
	19	减、免税项目所得	
	20	加计扣除	
	21	抵扣应纳税所得额	
	22	加：境外应税所得弥补境内亏损	
	23	纳税调整后所得(13+14-15+22)	1 283 600
	24	减：弥补以前年度亏损(填附表四)	
	25	应纳税所得额(23-24)	1 283 600
应纳税额计算	26	税率(25%)	
	27	应纳所得税额(25×26)	320 900
	28	减：减免所得税额(填附表五)	
	29	减：抵免所得税额(填附表五)	
	30	应纳税额(27-28-29)	320 900

（续表）

类　别	行　次	项　目	金　额
应纳税额 计算	31	加:境外所得应纳所得税额(填附表六)	
	32	减:境外所得抵免所得税额(填附表六)	
	33	实际应纳所得税额(30+31-32)	320 900
	34	减:本年累计实际已预缴的所得税额	165 000
	35	其中:汇总纳税的总机构分摊预缴的税额	
	36	汇总纳税的总机构财政调库预缴的税额	
	37	汇总纳税的总机构所属分支机构分摊的预缴税额	
	38	合并纳税(母子体制)成员企业就地预缴比例	
	39	合并纳税企业就地预缴的所得税额	
	40	本年应补(退)的所得税额(33-34)	155 900
附列资料	41	以前年度多缴的所得税额在本年抵减额	
	42	以前年度应缴未缴在本年入库所得税额	

纳税人签章: 经办人: 申报日期: 2019年03月15日	代理申报中介机构公章: 经办人及执业证件号码: 代理申报日期:　　年　　月　　日	主管税务机关受理专用章: 受理人: 受理日期:　　年　　月　　日

参考文献

[1] 中国注册会计师协会. 税法. 第 1 版. 北京:中国财政经济出版社,2017.

[2] 全国税务师职业资格考试教材编写组. 税法 1,税法 2. 第 1 版. 北京:中国税务出版社,2017.

[3] 左卫青. 税法. 第 3 版. 北京:高等教育出版社,2016.

[4] 王曙光. 税法. 第 7 版. 大连:东北财经大学出版社,2016.

[5] 易茜,石廷安. 税法与税务会计. 第 1 版. 上海:立信会计出版社,2016.

[6] 寇娅雯,石光乾. 税法与税务会计. 第 2 版. 北京:清华大学出版社,2017.

[7] 崔淑芬. 税法. 第 1 版. 上海:上海财经大学出版社,2017.

[8] 吴健,吕士柏. 个人所得税实务. 第 2 版. 北京:中国市场出版社,2017.

[9] 王晓秋主编. 新编税法. 北京:中国商业出版社,2016.

[10] 林敏洁. 办税业务处理. 北京:高等教育出版社,2010.

[11] 冀晓伟,陈园. 纳税业务模拟实训教程. 北京:电子工业出版社,2009.

[12] 汪蔚青. 营业税改征增值税试点的政策研究——以上海试点为例. 中国知网,2012-06-10.

[13] 刘霞. 交通运输业改征增值税问题研究. 中国知网,2012.

[14] 卢丽涛. 广东营改增启动发票衔接设 8 个月过渡期. 第一财经日报,2012-11-01.

[15] 秦文娇. "营改增"会计处理案例解析. 中国税务报,2012-08-06.

[16] 王敏. "营改增"尴尬:部分行业税负不降反增. 中国企业报,2012-04-17.